知行合一要落地

曾伟 著

SPM
南方出版传媒
广东经济出版社
·广州·

图书在版编目（CIP）数据

知行合一要落地 / 曾伟著. —广州：广东经济出版社，2018.6
ISBN 978-7-5454-6235-7

Ⅰ. ①知… Ⅱ. ①曾… Ⅲ. ①企业管理-研究-中国 Ⅳ. ①F279.23

中国版本图书馆CIP数据核字（2018）第082512号

出 版 人：姚丹林
责任编辑：易 伦 甘雪峰
责任技编：许伟斌
装帧设计：柏拉图

知行合一要落地
ZHIXINGHEYIYAOLUODI

出版发行	广东经济出版社（广州市环市东路水荫路11号11~12楼）
经销	全国新华书店
印刷	北京嘉业印刷厂（北京市大兴区黄村镇李村）
开本	787毫米×1092毫米 1/16
印张	19.5
字数	260 000
版次	2018年6月第1版
印次	2018年6月第1次
书号	ISBN 978-7-5454-6235-7
定价	49.80元

如发现印装质量问题，影响阅读，请与承印厂联系调换。
广东经济出版社常年法律顾问：何剑桥律师

序言

问题都是想出来的

常人总认为有问题是正常的，问题往往都是客观存在的，但其实很多问题往往都是我们想出来的。

我曾经亲身经历过一次被劫匪打劫，但最终化解了。

有一天晚上，我和夫人在一个偏僻的小路上散步，突然听到身后有摩托车的声音，由远而近地过来，在我身后不远处停了下来。我回过头，借着微弱的月光，看见有人在做着什么，没等我看清，就听到一个声音传过来："打劫！"紧接着，就看到远处有一个人拿着一把长长的刀走了过来。

我站了两秒钟，然后向这个劫匪缓慢地迎了上去，同时观察到，这是一个有点慌慌张张的年轻人，不像是惯犯，我便有了些底气。等他快靠近时，我出其不意地问了一句："你知道我是谁吗？"这是一句很莫名其妙的话。听到这句我自己都觉得莫名其妙的话，对方愣住了，停顿了大约有好几秒。我更加断定这是个并无"杀气"的新手，于是接着说："抢什么劫啊？这里人来人往的，多危险啊，要逮住你就麻烦了。"

他开口说话了："大哥，我没钱吃饭了，给点钱吧。"我说："晚上出来散步，还真没带钱，快点走吧，来人你就走不了了！"他停了一会儿，我又催了一下："快点走！别让你爹妈替你担心！"他竟然走了回去，把刀放进摩托车的后备箱里，开车走了。

我现在回忆这件事，脑海中最清晰的印象就是，我当时没有把他当成一个劫匪，也没有把当时的处境当成一个问题，只是快速地在觉知和反应，没有思考，只有快速地应对整个过程，还真有点流畅，这应该也叫知行合一吧。

其实，任何人在紧急情况下都只是应对，而不是思考，因为没有时间思考。没有思考也就没有问题，而只是在做当下必须做的事。所以，当我们知行合一时，问题变成了事情；当我们知而不行时，事情变成了问题。所以，知了以后立马就去做，不要给自己想来想去的时间，是解决问题的最有效的方式。问题没了，做事而已，内心就没了障碍，日积月累就一定见效。

有的人想发财，但总是想来想去，而不去做，发财就成了一个问题；有的人想赚钱，立马就去做一些能赚钱的事，比如说去打工，或者自己创业，遇到障碍，持之以恒地坚持，这种人，赚钱对他来讲就没有问题了，只有事情。事实也是这样，凡是持之以恒做对别人有用的事情的人，一定会赚钱的，只是赚多赚少而已。而一个天天想赚钱却不做任何有用的事情的人，注定是赚不了钱的，赚钱最终对他来讲就成了天大的问题。

我们在企业做管理也是这样，很多事情明明立马就可以做，也不难做，但我们一迟疑，想一想，脑海中就可能冒出一些莫名其妙的问题，比如说：凭什么别人不做我要做？做了是不是一定有用呢？这些问题好像都有道理，但其实根本就立不住。比如说“别人都做你才做”，人人都这么想，不就永远没人做吗？“做了是否有用”，你没做，这个问题哪有答案啊！把这个问题放在做之前，显然又是一个解决不了的问题。也就是说，这些问题是根本不会有答案的，是没有意义的，唯一的办法就是不去思考，不给大脑思考的时间，立马就做，也就是知行合一，才是真正的解决方案。

我们欧博管项目的老师，以及老师们在项目企业抓效果时，都是通过稽核检查来让人没有思考的时间，知道就去做。这看似笨办法，但很有效，因为它抓住了问题的实质：问题都是想出来的。

让我们没有想的时间，问题就只是事情，一件一件去做就好了，做多了一定有效，这就是知行合一的奥妙所在。

知行合一是解决问题的有效方法，因为它让我们没有时间思考，从而也就不会生出问题，只是做事而已。但有些事情想做也没法做，那又怎么办呢？比如说：有人得了癌症，去也去不掉，治也治不好，在这样的事情面前，我们能做什么呢？

事实上，很多得了癌症的人，一动手术、一化疗，往往没几个月就走了。所以，在这个地方，按照知行合一的思路，知病（知）祛病（行），好像效果不理想，因为这个病祛除不掉，也治不好，那该怎么办呢？

我认识两个得了癌症的病人，其中一个自确诊后已经活了11年，而且现在活得挺硬朗的。他的经验就是与疾病和解，把疾病当成身体的一部分，不与疾病对立，不整天想着让这个疾病怎么从自己身上离开，不整天想着怎么去灭掉（治）这个疾病，而是与这个疾病长期和平共处，养着它，这叫养病。

事实证明，对这种人类都无能为力的疾病，养比治更重要。因为你在生理上，药物或仪器在帮你削弱疾病；但在心理上，你这种与疾病势不两立的对抗状态，毫无疑问也给疾病细胞注入了能量，反而强化了它。这种对抗肯定加速消耗你身体中生命的能量，生命力会下降得更快，很多处在这种治疗当中的病人就是这样虚弱地走向死亡。而我看到的这位朋友，11年来从未显出非常虚弱的状态。毫无疑问，不与疾病对立，而是接受、包容的心态，保证了他巨大的生命能量和生命力，从而让他好好地活着。

另一个病例是：去年一位60多岁的朋友查出了癌症，医生当时认为他必须化疗，预估他也就半年左右的生命时间。事实是，一年多已经过去了，他却活得特别地精神，皮肤白嫩而红润，比他病前更显健康。

这一年发生了什么呢？他没有去进行化疗，也没有四处求医，而只是在当地的一个修行人开的私立医院吃了一些中药，调养了一段时间。最关键的是，他彻底改变了生活习惯——戒烟、戒酒、戒牌，几乎所有的不良嗜好快速戒掉。然后，在这位医生的陪伴下，他前后两次去山上修行，一去就是半个月，整天诵经，真心忏悔，真心感恩，才发生了如此不可思议的变化。

这又是一件不是消灭疾病、而是接受疾病的例子。他不是从如何对付疾病的部分入手，而是从如何改变不良习惯的部分下手，戒掉那些坏习惯。不与疾病对立，不去嗔恨疾病。我把这种方法称之为“随缘放下”。

所以，知行合一让问题无从产生，把问题变成事情，做事而已，效果明显；随缘放下，通过接受问题，消除对立，慈悲同体，从而化解问题，也是我们面对问题的有效方法。一动一静，一个积极，一个包容，阴阳相济，能让我们的生活、我们的工作只有事情，没有问题。

事情是需要的，是生命力绽放的舞台；而问题是想出来的。知行合一或慈悲同体，就能让问题直接消失。

本书正是从知行合一与慈悲同体两个方面来谈问题的解决之道。其实，慈悲同体是知行合一的本质，知行合一是慈悲同体的显现，合二为一即是修行。这也正是曾子《大学》所讲的“大学之道”。

目 录

第八章

良知的妙用

第九章

慈悲的力量

第十章

念头如何修

第四篇
放下对的，才是至善

第一篇

管理的力量来自哪里

第一章

人行动的力量从哪里来

知的力量

很多做管理的人认为管理的力量来自于制度、奖罚、人情。

制度有没有力量？有，因为制度可以约束人。一讲到“约束”这个词，我们就会感觉到一种力量，“奖罚”这个词本身也带着一种力量。“奖罚”“约束”“控制”“规定”“制度”这些词都会让人有一种力量感。人情也是有力量感的，但人情不是那种很强硬的力量，它有一种润物细无声般的柔软的力量。我们经常说：“不能欠人情”，这说明人情对我们有力量。

但遗憾的是，我们现在的很多企业制度流于形式，奖罚通常只能奖不能罚，讲人情导致做事不认真。那么，管理要靠什么来做呢？管理的力量究竟来自哪里？

看到“制度”“奖罚”“人情”这些词，我们能感觉到力量。但是看到“知”这个字，能不能感觉到力量？往往感觉不到。我们会觉得“知”这个字很中性，它只是信息，不管你得到的是真相，还是假象，它无非就是个信息。

“知”有没有力量呢？乾隆皇帝批奏折有一个习惯，他喜欢在奏折上批三个字：“知道了”。这三个字有没有力量？有。做大臣的看到这几个字，做事就很小心。所以，“知”不那么中性。

“知行合一”是王阳明提出来的，我们也经常讲“知行合一”。所以，“知”本身是有力量的。因为“知”当中含着“行”。

但是，很多人认为“知行合一”是先知后行，是知了要行。把“知”和“行”当成两段来看，就会认为知归知、行归行。管理者为了让下属知了以后还去行，就必须要奖罚，必须要定制度，必须要讲人情，于是就特别重视奖罚、人情和制度，因为他认为光有“知”没用。

很多人不知道“知”本身的价值。王阳明怎么理解“知行合一”？我们看下面三段话：

所谓诚其意者，毋自欺也。如恶恶臭，如好好色，此之谓自谦。（曾子《大学》）

见好色属知，好好色属行，只见那好色时已自好了，不是见了后又立个心去好；闻恶臭属知，恶恶臭属行，只闻那恶臭时已自恶了，不是闻了后别立个心去恶。（王阳明《传习录》）

我如今说个知行合一，正要人晓得一念发动处便即是行了。（王阳明《传习录》）

“恶恶臭”是什么意思呢？前面那个“恶”读“wù”，意思是厌恶；后面那个“恶”读“è”，“恶恶臭”的意思是讨厌恶臭。“好好色”是什么意思呢？前面那个“好”读“hào”，是喜好、喜欢的意思；后面那个“好”读“hǎo”，是一个形容词。“色”是指所有物质性的东西。所以“好色”就是好的东西，“好好色”就是喜欢好东西。

王阳明讲“见好（hǎo）色属知，好（hào）好（hǎo）色属行”是什么意思呢？就是看见好东西属知，喜欢好东西属行。看到一朵鲜花，我们会喜欢。所以，看到一朵鲜花，就是知；喜欢这朵花就是行。我们去买菜，看到新鲜的蔬菜，也会喜欢。所以，看到蔬菜新鲜，这是知；喜欢新鲜的蔬菜就是行。王阳明讲得很明白，看到一个东西好，这叫知；看到好东西我们自然就喜欢，这叫行。看到一个东西好，我们就喜欢，这是人的本能。在王阳明的概念里头，行和知是连在一起的。所以，**“知行合一”准确来讲应该叫“知行一念”。也就是说，知和行是一个念头。**

“知行合一”准确来讲应该叫“知行一念”。

看到好东西，我们自然就喜欢，不需要想一想再喜欢。有时候想一想，其实只是买不买的问题，不影响我们对它的喜欢。很多女同胞一看到漂亮时装就喜欢得不得了，不买也会念念不忘。所以，“喜欢好东西”这个行是自然而然的，这个行是指一个愿望、一个想法。

知道这个东西好和想得到它的这个愿望是同时的，产生这个愿望不需要理由，不需要别的原因。

“只见那好（hǎo）色时已自好（hào）了，不是见了后又立个心去好（hào）”，这句话的意思就是：一见到好东西，喜欢的愿望就产生了，不是见了好东西以后，再生出一个喜欢它的心思。其深层意思是：“知行合一”就是知了以后一定会行。王阳明讲的“行”是去做的愿望、想法，这个念头是含在“知”里头的。

“闻恶（è）臭属知，恶（wù）恶（è）臭属行”也一样。就是闻到一个东西臭是知，讨厌这个臭东西是行。讨厌臭的东西也是本能。

“知道臭”和“讨厌臭”中间还要不要动个别的什么念头？不需要。“只闻那恶（è）臭时已自恶（wù）了，不是闻了后别立个心去恶（wù）”，这句话的意思就是：一闻到恶臭，你就会讨厌，就想回避、逃避，不是闻到恶臭以后，再动一个讨厌它的心思。

我们要让别人产生真正的行动，必须首先让他产生行的愿望。

解决企业的行动力问题，不管是制度规定的行动，还是考核希望的行动，最终要取决于员工自己愿不愿意去做。员工有这个愿望，他愿意去做，愿意去达成，他才会行，否则，就会应付交差。

所以，王阳明为我们企业的执行问题找到了一个突破口。怎样才能让一个人愿意去做呢？就是让他去知。因为真正知了以后，他自然而然就有行的愿望。

想让一个人有行的愿望，要从知入手，这是最好的切入点。要让他知道每天的业绩。知道今天的业绩好，他第二天就愿意做得更好；知道今天的业绩不好，他第二天就想改。管理者要相信这一点。稻盛和夫先生就相信这一点。

稻盛先生每天给每个“阿米巴小组”，甚至每个人算出业绩，但又不搞奖罚。为什么算出业绩又不搞奖罚呢？因为他相信，当一个人面对真实业绩的时候，有一个愿望一定会生出来。什么愿望呢？要么就想坚持好的，要么就想改正错的。这就是稻盛先生创建了几个世界五百强公司的原因。

为什么“阿米巴模式”风行中国？为什么稻盛先生创建了几个世界五百强公司？因为他抓住了根本来做管理。日本人把西方的术和中国传统文化的道糅到一起，创建了有效的管理模式。他们知道西方的术加中国的道了不起，但中国人自己经常不要道，总是跟在西方人的屁股后面学术，最后又跟日本人学道、学术。其实，稻盛先生也是阳明心学的信徒。

阳明心学厉害在哪里？厉害在对人心透彻的把握。拿现在管理学的语言来讲，阳明心学为管理界解决了一个行的动力问题：管理者可以从制度入手约束下属，也可以从考核入手激励下属，还可以从人情入手温暖下属，但这都不是最重要的。最重要的是让下属自发地去做。怎么样才能自发呢？自知才能自发。

知也叫觉。自知就是自觉，所以我们经常说“要自觉”。我们希望自己的员工、自己的下属自觉、自发、自动地把事做好。

自觉、自动、自发是超越制度管理、超越奖罚管理、超越人情管理的像金子般的东西。有了它以后，我们再讲制度、奖罚、人情就对了。自觉就是知，自动就是行。行动的愿望产生出来，把愿望变成现实就叫自发。**觉是知，动是行，发是生发、生成。**

愿望和现实之间还有一个距离，但要首先解决愿望的问题。

愿望的问题来源于时刻知道真相。知道真相，愿望就会生出来。所以，知不是只有信息，知还包含了能量，知有很大的力量。

良知的力量

什么是良知？

孟子曰："人之所不学而能者，其良能也；所不虑而知者，其良知也。"（《孟子·尽心上》）

"不虑而知，谓之良知"，"虑"在这里是指思考，这句话的意思就是：不用思考就能知道的叫良知。什么叫不用思考就能知道？眼睁睁地看着它，看得清清楚楚、明明白白，还用不用思考？不用。我们思考出来的可能是这样或那样，而眼睁睁看到的只能是一个结果，不可能是其他，这样的一个"知"就叫良知。

用王阳明的话说就是："良知原是完完全全，是的还它是，非的还它非。"（《传习录》）所以，**还事情以本来面目的知就是良知；还事情以本来面目就是真知，就是正知。**这跟我们理解的良知有点区别：我们把良知理解成好的、善的，恶的、坏的不在其中。

孟子和王阳明讲得很明白，良知不论善恶，只论是不是真，是不是正。你的知是真知、正知，它就是良知。恶的，你知它恶；善的，你知它善，这就是良知。**良知不是善，不是恶，良知是对善、恶的知。**所以，王阳明说"知善知恶是良知"（《传习录》）。

良知不是善，不是恶，良知是对善、恶的知。

企业中具体怎样唤醒良知做管理呢？我们看几个例子。首先是企业执行力的问题。

执行力是企业非常关心的一个话题，但很多企业抓执行力是有误区的。第一个误区：要提升执行力，就要在制度上下功夫，要把制度定得更细、定得更准。第二个误区：要在奖罚上下功夫，你不做，我就重罚；你做了，我就重奖。在制度上下功夫、在奖罚上下功夫，的的确确是很多企业提升执行力的传统方式，但效果很不如人意。

执行力可以说是企业的头号问题：品质问题可以归结为执行力的问题，计划问题也可以归结为执行力的问题。不管你的企业是什么样的问题，最后似乎都可以归结为执行力的问题。

为什么执行力成了企业的老大难问题呢？因为我们没有在知上下功夫，没有在唤醒员工的良知上下功夫！

很多老板都抱怨自己企业的执行力如何如何差，但你要问他究竟什么事情没有执行？究竟谁没有执行？究竟没有执行多少次？究竟什么时候没有执行？他就答不上来了。可见，执行力低的真正原因是我们对执行和不执行的事实不知。

执行力只是一个笼统的概念，你说他执行力高、执行力低，他的执行力有多高、有多低，你拿得出准确的数据吗？拿得出多少事实呢？

所以，只有每天针对每一项事情来检查，做了还是没做我们都清清楚楚，企业的执行力才能提高。企业里的很多事情都不难做到，然后对查出来的结果进行公布，事情公布出来，没有做的人一定有压力。特别是将检查的结果以日志的形式报告给总经理，让他从中看到企业执行力的实际情况。有了这些知，不按要求做的员工，就一定会有压力。这个知就是真知，是还事情以本来面目的知，是良知。

真知到这个层面，员工就会去做。因为他不做，老有人盯着他；老不做，自己都不好意思。所以，当你到了真知，行自然就会有了，知和行是连在一起的。王阳明讲的"知而不行，只是未知"(《传习录》)，就是这个意思。所以，"知行合一"也有前提，前提就是这个知必须是真知。

抓执行力，我们要靠真知、良知产生的知行合一，抓生产计划也是靠知行合一。我们通过反复的生产前排查，特别是物料的排查，很容易发现生产条件的欠缺，特别是物料的欠数。知道欠，就能快速追欠、快速补欠，这样，计划的条件就很容易达成。其实，知道了欠，追欠、补欠相对简单，就是抓执行的问题了。所以，知了以后容易行，因为知和行是合一的。

抓员工激励也要靠知行合一。

我们在湖南一家食品企业，为了调动员工的积极性，在工厂员工上下班必经的路上做了一块几十米的看板。这家企业的包装车间有一百多人，我们把这一百多人的效率和品质数据写到这个看板上，然后将每个人的名字和照片与业绩数据相对应，数据每天更新，最后不奖不罚，一个月下来，员工的业绩提高了30%。为什么简单排一下名，业绩就能提高30%？包装车间共有一百多员工，老排在最后几名的有压力，上下班被别人看得都不自在；而排在前面的走起路来都很骄傲，这就是动力。

在生活的舞台上，不一定每个人都想战胜别人，但愿意被别人打败的人，一个都没有。在企业里搞一块看板，把每个人的名字、业绩都写在上面，那里就成了一个“拳击擂台”，员工不参加都不行。在这块擂台上打擂，好的就会更好，差的就会追。阿米巴就是这样：既不奖钱，也不罚钱，只是每天公布业绩。稻盛和夫先生就是抓住了人的心理：只要公布业绩，大家就会形成PK，就会调动员工的积极性。这就是知行合一的力量。

很多人把王阳明的“知行合一”理解成知了以后要去行，知道以后就要去行动，这是错误的。王阳明认为知和行是一不是二。你闻到鸡蛋臭了，你就会厌恶。不是先知道恶臭，然后再来决定是不是讨厌。没有先后，也没有一个决定是否厌恶的心理活动，没有这个念头，没有这个过程。

知、行是一体的，知和行是一个念头。知的念头真正到位了，行的念头就在里头，两者不是分开的，说成是两者，只是为了说话的方便。

但知、行统一必须有一个前提：知必须是真知、良知，如果不是真知，不是良知，知、行不会合一。关于怎么把人的行动力提起来，王阳明等于给我们开了一个方子：要得到“行”，就要在“知”上下功夫。要下到什么程度？下到让那个“知”变成“真知”“良知”“正知”，直到见到事实的真相。

好看是真相，恶臭是真相，知道这两个真相，你立马就会喜欢或讨厌，你立马就行。所以，企业里面怎么提高执行力？企业人的“行”怎么提高？在“知”上下功夫，让知达到真知。

知不仅仅意味着信息，它还意味着能量。如果知只是信息，那就属于知识。很多企业的人知识不低，甚至很有知识，但为什么很多问题没解决？就是因为很多人的知属于知识，不属于真知。他们掌握的信息多，但真相不多。这些信息更多是书本上的，或者是别人的经验，或者是自己过去的经验，并不是企业当下的实际，所以解决不了问题。解决企业的问题要从哪里入手？多去掌握企业的实际，这叫真知，这叫真相。

很多朋友甚至因为知识多，成了障碍，因为知识越多，他就越认为没有他不知道的。知识层面我们是知道很多了，但真相层面知道得多吗？真相跟人的学历、知识没关系，因为真相每天不同：仓库昨天有，今天不一定有；供应商说物料明天送过来，明天他是不是一定送得过来？不一定。前道工序说加工件过两天给你，是不是过两天他一定给你？不是的。真相每时每刻都不同，它瞬息万变。所以，知真相跟学历没关系，跟过去的经验也没关系。要知真相，一定要当下去知。

“活在当下”，这句话讲得非常精辟。我们一定要有“活在当下”的精神。要“活在当下”，就要跳过过去的知识和经验，去获得真知，要真正在“知”上下功夫。

人人心中有杆秤

“知”的第一个概念是信息，第二个概念是能量。知意味着能量，意味着行动。“知”还有第三个概念：标准。知也意味着标准。

人的内心都有一些标准，这些标准我们不用学就知道。

看到哪个地方杀人了，你会认为这事不对，不管怎么样都不能杀人。不要说杀人，就是谁打人了，我们也会经常讲一句话：不管怎么样，动手打人是不对的。打人都不对，杀人就更不用说了。这样的标准需不需要老师教？不需要。

孝顺父母，需不需要老师教？不需要。尽管很多人在“孝”这一方面都做得不怎么好，但是他知不知道自己有问题？他知道的。

我们走在路上，有一个老头突然在旁边摔倒，你内心肯定想去扶他。一个小孩从楼上掉下来，你刚好路过，你要不要思考“我的手伸不伸过去”？不要。这时你要想想黄继光，再想想董存瑞，再把手伸过去，那孩子就没命了。所以，对很多事情，我们内心是有是非标准的。只要知道事情的真相，我们内心就有标准去判断对错。所以，知还有一个功能，什么功能？它还提供基本行为标准。

知不仅带来信息量，带来行动力，还带来辨别力。因为知本身就含了标准。

孟子说：“恻隐之心，仁之端也；羞恶之心，义之端也；辞让之心，礼之端也；是非之心，智之端也。”孟子告诉我们，人天生就具备四颗心：恻隐之心、羞恶之心、辞让之心和是非之心，也即“仁、义、礼、智”四心。其实四心为一心，就是人之本心。

“恻隐之心”也可以理解成怜悯之心、慈悲之心。一个老人倒在地上，我们看着心里难受，这属于“恻隐之心”。一个叫花子在路上乞讨，我们忍不住拿一块钱给他，这也是“恻隐之心”。是不是别人教你，你才有这个心呢？不是的，人天生就有这样的心，本能地就有这样的心。

人是不是都有“羞恶之心”呢？都有的。王阳明的下属有一次抓了一个盗贼，盗贼很傲慢。王阳明的下属骂这个盗贼，盗贼无所谓；打这个盗贼，盗贼也无所谓。最后王阳明说：“把他的衣服给我扒了！”这盗贼是男的，扒他衣服他也无所谓。王阳明又说：“把他的裤衩给我扒了！”这个盗贼立马恼羞成怒，大喊大骂。王阳明就对周围的人说：看到没有？盗贼也有“羞恶之心”。这个故事出自王阳明的《传习录》。王阳明怕人不相信良知，所以就在书中举了一个实际的例子。

孩子一生下来，父母就专门教他做小偷，这种事应该很少很少。小偷一般都教别人的孩子做小偷，他也知道这玩意儿不能传给自己的后代。这证明“羞恶之心”小偷也是有的。那个盗贼肯定从来没被别人扒过裤子，正因为他还怕羞、怕丑，王阳明就跟他聊，最后那个盗贼也知错了。

再看“辞让之心，礼之端也”。

夫妻之间是不是要懂得辞让呢？老婆扛煤气罐，老公在旁边甩手看着，那别人就要狠狠指责这个老公了：怎么能让一个女人扛煤气罐呢？男女各有分工，男的不会跟老婆抢着去生孩子，男的要抢着干家里的重活，这就是“辞让之心”。“辞让之心，礼之端也”，其实“礼”就是分工，以及基于分工基础上的职责和本分。

再看“是非之心，智之端也”。

其实，每个人的内心都有一个关于是非对错的标准，都有一个是非对错的概念，比如忠、孝。对于什么是忠，什么是孝，我们每个人心中都有一个大致相同的标准。所以，孟子才说：不学而能，谓之良能；不虑而知，谓之良知。“不学而能”就是不需要学习就具备的能力，就知道事情该怎么做。

不需要学习都会做，这叫“良能”。**良能就是良知**：良知是从“知”的层面讲的，良能是从“行”的层面讲的。也就是说，我们自己会判断对错，我们的内心有是非标准，并且会按这个标准去做。

知包含信息量、行动力和辨别力，这样的知叫真知。真知本质上是内在的，真知是一个人本来就可以做到的，因为这是人人具备的。良知是人人具备的，我们把它开发出来，比定多少制度都强。一个人有辨别能力，就代表他有一定的自控能力。他知道对错，就会自控。错的，就不会总去做；对的，就会一直坚持。辨别力意味着自控力，辨别力就是自控力。所以，**真知带来信息，带来行动，带来自控。**如此，我们还有必要总想着去控制员工吗？总想着控制员工，既辛苦又低效。

真知带来信息，带来行动，带来自控。

所以，人真正的行动力和控制力来自于人的内心，根植于人的道德之中。我们看一看中国人是怎么样造这个“德”字的，就会明白人一切的动力源自何处。我们看一下“德”字的甲骨文。

图 1–1 “德”字的甲骨文

甲骨文是殷商时期的文字，距今三千多年，是我们现在能找到的最古老的文字。在“德”字的甲骨文里，我们会看到一个十字路口，还有一只眼睛。这代表什么呢？代表一个人在十字路口左看右看。他为什么要看？因为他在找方向。那么他找着了吗？找到了。他的方向在哪里？坐南朝北的一条直线代表了他寻找的方向。一个人站在十字路口，清清楚楚地知道自己该怎么办，该往哪里走，人的内心有方向，就是“德”字的甲骨文的意思。再看一下“德”字的金文。

图 1–2 “德”字的金文

金文的“德”字把右边的部分去掉了，左边变成了“行”的偏旁，即双人旁，代表“行”这个字；除此之外，它还代表路，代表十字路口。右边上面那个箭头代表什么呢？在建筑工地干过泥瓦匠的人知道，砌房子需要一根绳子，绳子下面要吊一块锥，这样绳子就可以一直垂直，砌墙就不会偏离方向，就不会把墙给砌歪。甲骨文和金文是同一时期的，甲骨文写在动物的骨头或龟壳上面，金文是写在青铜器上的。

图 1–3 “心”字的甲骨文

图 1–4 “心”字的金文

“德”字金文的右半边下面是一个“心”字，这是告诉我们什么？在十字路口要找准方向，这个方向在心里。也就是说，是非的标准在每个人的内心，这就是“德”的意思。什么是德？“德”就是我们中国的老话：

"人人心中有杆秤""公道自在人心"。当我们说一个人有道德、有品德、有德行的时候，我们的意思就是：第一，人心里有一个是非对错的标准；第二，人会按照内心的标准行事。两千多年前，孔子的学生曾子在其著作《大学》中，把这称为"明德"。"明德"就是每一个人的内心都有一个标准，哪些事该做、哪些事不该做，他自己知道。

所以，只要把人内心的明德开发出来，他自然而然就知道什么该做、什么不该做。这和"知行合一"是一个意思：看到好的，人自然喜欢；看到不好的，人自然厌恶。把一个人的"明德"开发出来，人自然知道怎么做。

当我们认为一个东西好的时候，这个好的标准来自哪里？来自我们自己的内心——我觉得它美，我就会发自内心地自然而然地喜欢；我觉得它臭，我内心自然而然就厌恶它。正因为是自己内在升起来的感觉，所以，是好的，你立马喜欢；是臭的，你立马厌恶。你的喜欢或厌恶不需要外在条件，不需要别人跟你定个制度、搞个奖罚。

父母爱自己的孩子要不要制度？不要。孝顺自己的父母要不要制度？不要。孝和慈是制度规定的、奖罚导致的，还是人内在的本能？是人内在的本能。尽管有的人尽孝做得不是很好，但他依然知道尽孝做得不好是错的。凡是对父母不够尽孝的，他内心百分之百有愧。

孝顺父母不需要谁来告诉我们，不需要国家定制度强制我们，也不需要用奖罚迫使我们去孝。对孩子的爱也一样。父母对子女的爱，需不需要别人教？不需要。需不需要制度规定？不需要。需不需要奖罚？不需要。

比如我们捡到一个钱包，里面有一些钱。尽管没人知道你捡了这个钱包，你不捡别人也会捡，但是，当你使用这些钱的时候，心里是不是多多少少有一点不安？你花这些钱的心态会和用自己工资中的那些钱一样吗？肯定不一样。赌博有没有赢家？没有。因为赌博赢的钱，你会使劲地花。赌博的人都不把赢来的钱当钱的，他赢了，非得花个精光才痛快。他输了呢？就更没钱了。所以赌徒是发不了财的。钱来得容易的人对钱会很珍惜吗？不会。有些人中彩票以后，不是妻离子散，就是家破人亡，这类事情经常会见诸媒体报端。你办工厂每年挣五百万跟你买彩票中五百万是一回事吗？绝不是一回事！钱是一回事，但你对钱的态度不是一回事。

买彩票中五百万，你会觉得这个钱来得太容易了，你会花天酒地，甚至把自己赔进去，并且把自己周围的关系搞得一塌糊涂，因为兄弟姐妹要来分你的钱。你办工厂挣五百万，你的兄弟姐妹会不会一起跑到你家里面来分钱？不会。他们知道你这个钱来得不容易。你自己会不会拿着这五百万花天酒地、乱花一通？不会，因为你知道这个钱来得不容易。天理会告诉你好好地对待这笔钱，结果这笔钱让你把事业做得更大。但如果是意外之财，你就会糟蹋，会把自己赔进去，这都是天理良知在起作用。

天理良知在不在？在。天网恢恢，疏而不漏。人逃得过道理，逃不过天理，逃不过内心的良知。外在地给人定标准，外在地给人以压力，远不如把人内心当中本来就有的那个标准激发出来。

每个人的内心其实都有一个关于对错、美丑的内在判断标准。

古人造“德”这个字的时候就发现了人心的一个秘密：**每个人的内心其实都有一个关于对错、美丑的内在判断标准。**对于什么是对、什么是错、什么是好、什么是坏，人是心知肚明的。每个人的内在标准跟别人的内在标准不会根本不同，这个标准大致相似。这是一个伟大的发现，中华文明之伟大就在这个地方。甲骨文是殷商时期的文字，三千多年以前，我们的祖先不是随便造了一个“德”字，他们创造出一个“德”字是要告诉我们，在我们左右为难的时候，在我们不知对错的时候，多问问自己的内心，我们的内心会给出答案，因为我们的内心有标准。

三千多年过去了，我们把“德”字是怎么创造的给忘了。我们认为制度才是标准，没有制度，企业就没有标准。

那么，制度要不要？要，但那是外在的标准。奖罚要不要？要，那也是外在的标准。外在的当然要，外在的约束相当于路，没有路，我们不好行走。但“德”字的甲骨文告诉你：光有路还不行，还得有明确的方向，否则你就不知道该走哪条路，也不知道路会将你带向何方。好在这个方向根植于人的内心，是人人皆有的良知。

企业里面要有制度、要有奖罚，那些都是路，但我们不能离开内心中的那盏明灯。因为，只有我们内心中的那盏明灯，才能照亮我们前行的路。

假话背后的良知

我们在管理中经常遇到这种人：他工作没干好，还喜欢讲假话。如果你只知道他讲假话可恶，你就很难做好管理。为什么呢？因为你没有觉知他内心的良知。其实他内心是有良知的。你可能会奇怪：他有良知怎么还讲假话呢？其实，他讲假话，是因为他的羞耻心起来了。如果他真的没有羞耻之心，他就会无所谓，假话都懒得讲。

工作没干好的人常会找一些借口、说一些假话，管理者不要被他的借口、假话迷惑住。如果你觉得他都被你逮住了还讲假话，因此你就要惩罚他，那么你就很容易把他逼到反面去。你要看到，他讲假话的后面是出于羞耻心，要不然他也犯不着跟你讲假话，他反而会问你：你能把我怎么样？或者不说出口，也会显出这个态度。

他为什么会讲假话？因为他在掩饰自己。他为什么掩饰？因为他要承认了，内心其实也挺难受，毕竟他自己的工作没做好。看到这一点，你就发现良知了。讲假话不好，但起码比死不要脸好。你要透过他讲假话，看到后面的良知。这时候我们该怎么办？是劈头盖脸地处罚他吗？很多企业就是这样：你事没做好，还讲假话，我罚死你，罚得你下次再也不敢讲假话。但是，只要你没解决他怎么把事做好的问题，他下次还会讲假话。

假如在受良心的责备和外面的处罚之间选一个，人会选择逃避哪个？选择逃避良心的责备。因为处罚就那么一下，你总不能老处罚他，但是良心的责备是时时刻刻存在的。所以，他会选择逃避良心的责备。他逃避良心责备的方式就是讲假话，把这个事情说成另外一个事情，这样他的内心就没那么难受。他非要找一个理由、原因：什么物料没回来，什么供应商没有及时送过来，什么上道工序影响了我，什么设备坏了……其实这里面有很多障眼法，搞障眼法的目的就是不想真实地面对他"没有做好工作"这个事实，因为一旦面对这个事实，他就会受到良心的责备。

一个人害怕受到良心的责备，是好事还是坏事？是好事，因为这是他转变的契机。如果你只是罚，恰恰是让他与你为敌，因为良心的责备他逃避不了。只要业绩上不去，他良心的责备一定时时刻刻都在发生。

为什么很多企业罚了那么多，最后没有效果？因为我们没有把员工内心真正的痛苦解除掉，又给他加上另一层痛苦，让他的内心雪上加霜。这是一个好的管理者吗？管理能这样做吗？事实上很多企业就靠这个方法：员工业绩不好，他就罚、罚、罚，最后把人罚好了吗？没有。这种方法至少不是长久之计，不是通用之计，大部分时候是没有用的。如果员工找理由、找借口，还给你罚他的机会，说明他的内心其实还有良心，只是我们没有意识到。

所以，当下属业绩不好的时候，麻烦管理者静下心来，跟他一起去看一看，看他到底卡在哪里。但是，现在有几个当领导的、当老板的愿意沉下心来跟下属一起去研究事情，看一看问题到底出在哪里，并想办法帮他解决？没几个领导是这样的，绝大部分领导是骂，然后罚。"我只要看结果"，很多老板就是这样，他只看结果，他不懂管理，不懂人心，不懂人心里有一个良知。

员工说假话，当然不对，但要真正解决他的问题，我们只有一条出路：沉下心来，帮他分析生产过程，分析工作过程，跟他一起找外部原因，然后帮他配齐外部的条件，最后帮他把业绩提起来，让他摆脱良心的谴责。管理者要体会到下属没有达成业绩时的那种内心的煎熬，产生这种煎熬不需要你的下属有多高的道德水平。

管理者该怎么帮助下属呢？具体可以分为三步走。

第一，以提升业绩为目标去帮助他。

第二，静下心来细找原因。找到一切严重问题背后的简单的原因，找到马上就能做、做了就有用的那些原因。即很多大问题都来自于小原因，以及这些小原因的累积。

第三，原因找到之后就要死死盯住他。这个时候你就不要客气了，这时候就不要怕他难受，要有刮骨疗伤的气魄，因为我们必须改变他的业绩。

方法找到了，又不难做到，如果是下属的习性问题，不肯这样做，就不要对他客气，必须严格跟进检查，直到他做出成绩。这时候的检查不是为了惩罚，而是为了帮他摆脱业绩差造成的良心责备。

“人人心中有杆秤”，这是人心最大的秘密。

第二章

怎样让人产生真正的行

让心停下来

我们懂了“知行合一”，懂了“知”的力量，不代表我们就到处能见到、做到“知行合一”。为什么呢？怎样真正让自己、让别人做到“知行合一”呢？让“良知”的力量产生真正的效果和行动，还需要掌握一整套正确的修法。这就是四书五经的首部——《大学》这一儒家重要经典所探讨的核心话题。

《大学》中有一段关键性的话：“知止而后有定，定而后能静，静而后能安，安而后能虑，虑而后能得。”这里有七个关键字：知、止、定、静、安、虑、得，南怀瑾先生把《大学》里面的这七个字叫“七证”，也就是七个修法、七个步骤。由此可见，儒家的修行从知开始。

前面我们讲了“知”，现在我们讲“止”。“止”是什么意思呢？表面来说，就是停下来、停止的意思。从字面上来看，“知止”就是知道了以后，马上停下来。但如果把“知止”理解成知道以后就停下来，就跟“知行合一”矛盾了。“知行合一”告诉我们知了以后要行。知了以后就停，企业还怎么搞，管理还怎么做？

那么，“知止”的“止”究竟是什么意思呢？我们还是看一看“止”字的甲骨文。

图 2–1 “止”字的甲骨文

“止”字的甲骨文像三个脚趾头或三个手指头。你把你的三个脚趾头、三个手指头同时撑在地上，是一个什么姿势？是一个准备起跑的姿势。如果旁边的发令枪一响，你就可以跑了。我们可别以为中国古代就没有奥林匹克运动会，这就是奥林匹克运动会。

一个人的两只手、两只脚撑在地上的姿势，就是止。这个动作是不是停？它是停，但它又不只是停，它是即将冲出去的一瞬间。这个动作既是静又是动，既是停又是冲。“止”就代表着这么一种临界的状态，什么样的临界状态呢？有的东西要卡住，有的东西要积蓄，积蓄是为了冲出去。这就是“止”的含义。

如果你把“止”仅仅理解成“停”，曾子讲《大学》就没啥意义了。《大学》的意义就是让你体会“止”的正确含义。从表面上来讲，“止”的含义是停着；但是从趋势上来讲，它是冲的瞬间。所以，我们看待一个事情，既要看它的现状，也要看它的趋势。就“止”这个字来说，现状是停着，趋势是冲。也就是说，它有静有动。

在管理当中，知道一件事情后，我们一般有什么心态？本来想去做，想一想又不做了。为什么？因为别人也没做，因为做了也没有什么好处。你看到一个老头摔倒在地上，本来想去扶他，但想一想又不扶了。为什么？因为怕麻烦。常人知了以后，往往会产生一个“行”的愿望，但这还只是一个愿望。这个愿望起来的同时又产生一个念头。什么念头？判断、计较。所以，所有的人知了以后都会有这两个东西产生。

看到一个老头摔倒在地上，你有恻隐之心，这是你的本能，这是你的良知。你可怜他，你想去扶他，但另外一方面你又担心惹麻烦，又担心做了好事不得好，所以你就会停下来，你的心不会止于良知。企业的大部分人做事也是这个状态。什么状态呢？他知道不好，想去改，但是又想：别人是不是也会改、自己改了有什么好处……他在不断地计较。这时我们要怎么办？要止住他的计较心、他的妄念，要让他“行”的愿望往下走，要让他的行真正发生。止住妄心，止于良心。

所以，知了以后，该止的要止，该生的要生。“知止”不是说知以后就不做了，而是知以后要把反复想来想去的念头掐掉，该做的马上去做。

止是“去人欲，存天理”。

止是“去人欲，存天理”。人欲并不是人的所有需求，跟天理有矛盾的地方，才是人欲。你想活下来，这算不算人欲？不算，你想活下来叫天理。你晚上回家吃饭算不算人欲？不算，那是天理。你晚上回家吃饭非要喝酒，这算不算人欲？算。有的人吃顿饭，喝一杯酒还不算，还要喝一斤，这都是人欲。以前我遇到一个老板，他说自己每天都得喝一瓶酒，而且必须是茅台。每天必须喝茅台酒，这算不算天理？不算。如果每个人每天必须喝一瓶茅台酒也算天理，那很多人就没法活了，因为很多人都没有条件每天喝一瓶茅台酒。所以，那肯定属人欲。吃饭是正常的，吃菜也是正常的，吃饭非得喝茅台、吃龙虾鲍鱼就不正常了。抽烟算不算人欲？抽烟是典型的人欲，因为人本来就不应该抽烟——吸烟有害健康。

对自己的身体有影响、对自己的管理有影响、对把事情搞清楚有影响的情绪、行为都是人欲。一知道问题就发脾气，一知道事情没做好就发脾气，对搞清楚事情一定有负面影响。所以，人欲肯定要制止。

常人的知，既含天性，又含个性；既知天理，又藏人欲。

关系大过天

《大学》里说“知止而后有定，定而后能静，静而后能安，安而后能虑，虑而后能得”。这里的“定”是什么意思呢？

从字面上我们可以讲，“定”是知了以后止住妄念，然后一心一意去做。我们常人对“定”的理解就是定在一件事上，一心一意不要变。但问题是一心一意去做就一定是做好事吗？不一定。这个一心一意还要符合大家的要求。所以，这个“定”并不仅仅指一心一意。

我们看一下“定”字的甲骨文和小篆。

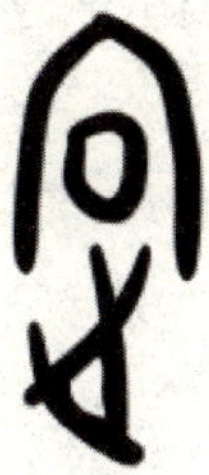

图 2–2 “定”字的甲骨文

图 2–3 “定”字的小篆

甲骨文的“定”字上面是个宝盖头，下面是一个坐着的女人。宝盖头代表家。从“定”字的篆文里面我们可以看得更清楚：宝盖头的下面是一个“正”字。家里面有一个“正”，代表什么意思？代表各安其位。这就是营销里面经常讲的一句话：定位。所以，这个“定”的准确意思是什么呢？是指找准自己的位置。并不是一动不动，就叫定。你做的一切符合你的身份、符合你的定位、符合你这个位置，就叫定。在企业里面，我们所做的一切符合我们的位置，就是各司其职。所以，“定”的准确意思就是每一个人都履行好自己的职责。

“定”并不是一心一意，是每一个人都履行好自己的职责。一心一意干坏事行不行？一心一意花天酒地行不行？一心一意贪财行不行？不行，这至少不是曾子讲的“定”。所以，把“定”理解成“一心一意”不通。

用王阳明的话说：“好色则一心在好色上，好货则一心在好货上，可以为主一乎？是所谓逐物，非主一也。主一是专主一个天理。”(《传习录》)很显然，王阳明认为定在天理上，才叫定。在管理当中，所谓的天理就是各自的职责，这是企业成员的天职。

当老板的要好好履行当老板的职责，当高管的要履行当高管的职责，中层管理人员要履行自己作为中层管理人员的职责，基层管理人员要履行自己作为基层管理人员的职责。就像一个家庭一样，每一个家庭成员都有自己的职责，父亲有父亲的职责，母亲有母亲的职责，儿女有儿女的职责。每一个人各安其位，自己履行好自己的职责，这就叫定。

“定”这个字企业里面也用，企业里面有规定、有制度。《大学》并不排斥制度，在“定”这里，制度就起作用了。制度用来干什么呢？用来约束人。自己止不住，就给你一个外在的约束。

企业里面要不要制度？当然要，因为制度是达到良知的必需工具。我们搞订单评审，我们进行交期分解，我们制订生产日计划，我们进行滚动排查……这一路都是“致良知”。我们进行日PK、日总结、周PK、周总结是“致良知”；为提高执行力，我们搞稽核检查任务书、稽核检查日志、稽核检查表、案例分析会也是“致良知”。所以，企业当然要制度，只不过制度是为了达到“致良知”的目的。制度实际上帮人“止”住内心的躁动、私欲、妄念，使人定在自己的职责、本分上。所以，这个“定”又可以理解成社会的规范。

儒家讲的“定”是“静”和“安”的前面一个动作。什么意思呢？就是先要在社会关系当中、在社会框架当中找准自己的一个准确位置，然后才能静，才能安。儒家认为，一个人要定得住，首先要靠他在社会关系当中找准自己的位置，找准自己的本位、本分。

实际上，制度是干什么的呢？是起约束作用的。制度约束人，是为了让人尽本分。制度不是拿来罚人的，它只是为了让人尽本分而已。制度无非告诉你该做什么，该怎么做，该做到怎样，以及后果。这只是告诉人们：你的本分是什么。如果定制度就是为了罚人，那就天天闹对立了。

“定”字的家庭含义更重，它就是要我们每个家庭成员都在家里头找准自己的位置：父亲要找准父亲的位置，母亲要找准母亲的位置，孩子要找准孩子的位置。父母要慈爱孩子，孩子要孝顺父母，每一个位置都有他必须要做的事，这叫“分”，叫本分。用另外一个词来说，就是“忠”。

为什么现在有那么多社会问题？问题就出在不忠。两口子不忠，老公出轨或老婆出轨的事太多。领导不忠于职守，滥用职权；员工不忠于工作，该做的事不做，频繁跳槽……不要只把“忠”理解成忠于皇帝。岳母在岳飞背上刺字，刺的是“精忠报国”，她要岳飞忠于的是国家。

在企业里面，我们应该忠于什么？说忠于企业，我们可能觉得别扭；说忠于老板，可能更觉得别扭。但说忠于工作，恐怕就没什么不妥了。我们应不应该忠于自己的本职工作？太应该了！做老板的就应该做好老板，做总监的就应该做好总监，做厂长的就应该做好厂长，做经理的就应该做好经理……每一个职务都有它该做的事。把自己该做的事做好，就是尽本分，就是忠于本职工作、忠于职守。

儒家不搞盘腿，它用社会关系把人框住——只要把你放到某个社会关系当中，让你担当某个社会角色，你就立马在修行了。因为你立马就受到了约束。只要在组织当中待着的人，就没有不修行的，只不过有的人是被动修行，有的人是主动修行。

所以，对于怎样“止”，儒家开的方子很简单：**让社会关系把一个人给定住，让他做他该做的事情，尽他的本分，借以“止”住他的妄念。**

让社会关系把一个人给定住，让他做他该做的事情，
尽他的本分，借以“止”住他的妄念。

我们看一下这个“忠”字怎么解，就更能理解“定”的意义。“忠”字上面是一个“中”，下面是一个“心”。我们都知道自己是中国人，但中国的“中”是什么意思呢？

其实，“忠”字上面的“中”不是指空间上的中间。河南话把“中”念成“zhǒng”，“中”（zhǒng）是什么意思呢？就是对、正确、符合。符合什么？符合各安其位，符合各自本分。所以，“忠”不是让你忠于谁，是忠于你的本分，忠于你的职守，忠于你的职责。所谓“中国人”，是指凡事都不背离天理、天道的人。天理就体现为社会的规则和要求。《礼记》说“礼者，理也”，就是这个意思。

由此，我们就明白什么叫人欲。人欲就是跟大家的要求相矛盾的东西。你活得好，这跟大家的要求矛不矛盾？不矛盾。你活得健康，这跟大家的要求矛不矛盾？不矛盾。但是你去花天酒地，就跟大家的要求相矛盾了，起码你老婆就不高兴。这就属于“人欲”，因为这不符合你的本分。本分属于天理。

儒家讲：“君君臣臣，父父子子”。“君君”的意思就是做君主的要像君的样子，要做君的事。“君”要讲仁。“臣臣”是什么意思呢？就是“臣”要像臣，做臣子该做的事，为“臣”要忠。“父父”是什么意思呢？就是做父亲的要像父亲的样子，“父”要讲慈。“子子”是什么意思呢？就是“子”要像子，“子”要讲孝。

“君君臣臣，父父子子”这句话里头，有没有哪一方是占绝对优势地位的？没有。在孔孟的思想里面，讲“君君臣臣”不是说“君”就可以为所欲为。为什么这样讲呢？因为孟子讲过一句话：民为贵，社稷次之，君为轻。“社稷”是指国家。孟子的这句话表明，他认为老百姓是最重要的，国家是次要的，君王最轻。孟子没有说君王高于一切，所以，儒家怎么可能认为“君”超越一切呢？

孔子没有说君就可以为所欲为，当然也没有说臣可以为所欲为，父可以为所欲为，也没有说子可以为所欲为。孔子告诉我们，每个人都要扮演好自己的角色——君要像君，对臣子要仁；臣要像臣，对君要忠；父要像父，要慈爱孩子；子要像子，要孝顺父母。这些话里头有一个非常重要的思想，这个思想就是中华传统文化的核心，就是**社会关系高于每个个体。**

社会关系高于每个个体。

“社会关系高于每个个体”的意思就是：君不能凌驾于君臣关系之上，君要仁慈，臣要忠心；父不能凌驾于父子关系之上，父要慈爱，子要孝顺。一仁一忠，一慈一孝，刚好构成一个稳定的关系。谁都不要爬到相互关系之上去，谁都不要凌驾于相互关系之上；如果爬上去了，你就是不安其分。因为这种关系本身对任何一方都好，都有价值，都起保护作用。你把这种关系破坏了，损害的只是一方吗？不是。

如果君把君臣关系破坏了，是不是只把臣给损害了？君受不受伤害？一定受伤害。明朝的崇祯皇帝是一个非常勤勉的皇帝，但大明江山最后葬送在他手里。这是什么原因呢？因为他把自己的地位凌驾于君臣关系之上，任意处理臣子。袁崇焕被他凌迟处死，洪承畴被逼投降清朝。在他当皇帝的不长时间里，他处理过、换过的丞相、大将在明朝历代君王里头也许是最多的。

其实，做君主的只要扮演好君的角色就可以了。君王是有很大的权力，但这并不意味着他可以随意处置臣子。随意处置臣子，就把自己凌驾于君臣关系之上了。你可以凌驾于臣子之上，但不可以凌驾于君臣关系之上。不能凌驾于“君臣关系”之上是什么概念呢？就是不能破坏规则。

你可以凌驾于臣子之上，但不可以凌驾于君臣关系之上。

做君主的权力是比臣子大，可以处理臣子，但在处理臣子的时候，不要让所有的臣子都寒了心。臣子都寒了心，自己就完蛋了，因为你把君臣关系彻底破坏了，你把君臣间的信任彻底破坏了。明朝末年有那么多大臣降清就是这个原因，做臣子的知道，跟着这样的皇帝稍有差池就可能被杀，不如干脆跑到清朝那边去。

做老板的绝不可以把自己凌驾于劳资关系之上，如果你认为你在劳资关系之上，就会把劳资关系玩弄于股掌间，最后一定输得很惨。其实，当老板当久了，你绝对知道当老板不是一件你想怎么干就怎么干的活儿。

做老板的要懂得修行。为什么中国传统文化那么提倡修行？因为你不修行，又有权力，就会不知不觉地爬到社会关系之上，就会以为社会关系可以被自己所操纵。所以，孔孟之道是教做皇帝的、做君主的要小心：君也只是君臣关系中的一方，臣子在你之下，君臣关系不在你之下，你得尽责，君王的责君王要尽，不可以为所欲为。父和子也一样，父亲不可以随意打骂孩子，做父亲的要慈。在西方很多国家，家长打孩子或大声骂孩子都会受到警察的干预，严重者可能剥夺父母的监护权。

所以，孔孟之道揭示了一个真理：只有当社会的每一个成员，都能够在恰当的社会关系里头各安其分的时候，这个社会才是最理想的，是给任何一方都能带来保护、益处的，这是最大的价值。用一句话来表达就是：**社会关系是第一生产力。**甚至可以说，**社会关系是人类的第一大发明。**

社会关系是人类的第一大发明。

所以，什么是定？各安其位、各安其分、各安其责、各司其职就是定。孔子讲“君君臣臣，父父子子，夫夫妻妻”，并不是认为君有无限的权力，父有无限的权力，夫有无限的权力。他是认为各有其位，各有其职。在各自的职位上，君要受约束，臣要受约束，父要受约束，子也要受约束。每一个人都有自己的职责所系，你心甘情愿地受你的职责约束就是定。 知以后要止，止以后要定。把我们的妄念去掉，把心定在自己的职责上，这就是“知止而后有定”。

定力是一个人事业成功的基础。孟子说：“故天将降大任于斯人也，必先苦其心志，劳其筋骨，饿其体肤，空乏其身。”“苦其心志，劳其筋骨，饿其体肤，空乏其身”就是一个人心智成熟、增加定力的过程。孟子讲得很明白：一个人干大事，能力、智慧都是次要的，最重要的是他的定力，“定”代表了心智的成熟度。

做管理是跟神打交道

《大学》说“定而后能静，静而后能安”。“静”是什么意思？很多人认为静就是安静。既然是安静，为什么后面还要搞一个“安”字呢？

孔孟那个时代离甲骨文时代不远，那时候“静”“安”是什么意思，大家还能明白。但汉字经过这么多年的演变，很多字本身的意思我们已经看不出了，它们的意思已约定俗成，它们原来的意思我们都逐渐遗忘了。

我们看一下“静”字的金文。

图 2–4 “静”字的金文大篆

“静”字没有甲骨文，我们找到了“静”字的金文。金文和甲骨文同时代。“静”字的金文的右边是甲骨文的另外一个字：争。甲骨文的“争”字是什么形状呢？是一个人的左右手往相反方向用力，在使劲地拧着一个东西。我们洗完衣服、被单都要拧一下，有时一个人拧不了，还要两个人一起拧。拧衣服、被单的时候，我们的双手是一个向左用力，一个向右用力；一个是逆时针，一个是顺时针。我们的双手向相反的方向用力，衣服、被单就被我们拧干了。

本来“静”是很安静的一个字，为什么在它的右边搞一个“争”字？

“静”是安静。都安静了，都沉静了，都啥事没有了，怎么还要搞争？“争”意味着什么呢？“静”不是啥事都没有。“静”是两个完全相反的力量在使劲纠结，在博弈。这种状态企业里面有没有？在变革最激烈的时候，企业人的身上就有两股相反的力量在纠结，他们在改与不改、在前进与后退、在支持与反对间纠结，在良知和习性间纠结。

《大学》说“知止而后有定”。知以后你知道该怎么做，但你同时又有妄念，我们要把妄念止住，按照自己的职责要求去做，这叫定。但是让每个人都按自己的职责要求去做，他是不是很舒服？不是。

企业把规定定出来，把制度定出来，员工是不是就知道怎么干，然后就老老实实、欢天喜地去干了？不是。企业的规定、制度会跟他内心的习惯冲突，每个人都想随心所欲，都想按自己的意思办，企业给他定了那么多条条框框，他高不高兴？不高兴。所以，职责要求是一回事，他内心能不能完全遵守又是一回事。这时候他就开始矛盾了，表面上他平安无事，但是他的内心中波澜起伏，这个矛盾直至平息的过程就称之为静。

宋朝儒学大师周敦颐说过一句话：“动而无静，静而无动，物也。动而无动，静而无静，神也。”一张桌子，它动就是动，不动就是不动。它不会动里有不动，不动里有动，物体就是这样。但神不是这样，神是动里面有不动，静里面有不静。

所以，人都是“神”。企业里面做变革，人们表面上若无其事，心里头波澜壮阔；表面上举手同意，骨子里坚决不做。你还奈何不了他。为什么？他此时都已经超越了人的概念，他成“神”了。所以，我们做管理不仅仅跟人打交道，还跟“神”打交道。企业里面有好多“神”，有时候各路“神仙”、各路“诸侯”搞得你焦头烂额，所以企业不好管，因为你管的是“神”。神有什么特点：动而无动，静而无静。企业里面的好多人就是这样，你说他动了，他又没动；你说他静了，他又不静。他永远在矛盾状态，你不知道怎么办，这个过程要持续很久。

是不是定了以后就完事了？不是。好多企业都搞制度，制度的目的就是定，就是让每个人定下来，让这个人知道他该干什么，让那个人知道他该干什么，然后每个人按规定去做。这似乎很简单，但是《大学》里讲得很清楚，定了以后有一段“神”的过程。定的是人，但人立马变成神，他立马就“神”了，他的神通马上就来了。你定什么他都有办法对付你：表面上他不反对你，实际上他又不听从你，这个过程要持续很久，这就叫静。

所以，我们搞个制度就行了吗？搞制度最后把人变成了神。不搞制度他还只是人，他有什么就是什么，只是随心所欲；而一搞制度，他为了对付你，立马变得不是人，而是神。这个神的阶段是个必经的阶段。神到最后是什么呢？神到最后就成圣了。

到了圣就是孔子所讲的“七十而从心所欲，不逾矩”。这时他做什么都能遵从规矩，而又不违反他的内心。所以，“神”是一个中间阶段，只要我们一直坚持，制度一直坚持，他还能一直神下去吗？不会。他会放下纠结，进入真正的静的状态，并且从静走向安。

所以，静是一个非常微妙的阶段，所有的事情、所有的故事都在这里发生，这时候我们能不能坚持、能不能持续非常重要。

静是一个由不静到静的过程。这个过程结束了，人们的私欲放下了，最后才能达到老子在《道德经》里讲的“不欲以静”。

“定”是拿社会关系约束人。我们用制度约束员工，员工会纠结，但他会不会一直纠结？不会。推一个制度下去，员工一开始会问：我为什么要服从？我为什么要遵守这个规定？我凭什么要遵守这个制度？我凭什么按你的做？他的心里总有很多“为什么”。

那么，制度是回答“为什么”还是回答“是什么”？其实，制度回答“是什么”，制度告诉你该怎么做，但是我们人一定要问“为什么”。

所以，“静”的状态是：你的“是什么”出来了，马上他的“为什么”

也出来了，两股力量拧巴着。表面上风平浪静，实际上暗流涌动，硬对抗、软对抗都有，纠结得不得了。因为他的内心老问“为什么”“凭什么”，总要找理由。如果我们一直坚持，最后他会放下“为什么”，就只管“是什么”了。因为他觉得反正搞来搞去也没用，除非自己离开。放下了“为什么”，人就安了。

人不要老在“为什么”上纠结，“为什么”问多了，人心里无法安静。

只要一个人问“为什么”，就会有一个对和错的问题。等你把答案给了他，他马上又开始怀疑：难道真的对？会不会搞错？

买鸡蛋的时候，你一眼看到一个大个的，但当你把它拿到手里，你又发现它不是最大的，于是你把它放回去，又拿一个大的。可这一个拿到手里，你一看又不是最大的，你挑来选去，最后就搞不清哪个大、哪个小了。为什么你搞不清哪个大、哪个小？因为你总是不敢肯定自己的判断，心总不定。所以，人不要老在对错上纠结，因为一切的对错来源于行动，来源于你去做。放弃就一定错，坚持往往就对。老执着于对错，就会举棋不定，就会六神无主。你只有经常横下一条心：做！管它是对还是错，吃这碗饭就认这个命。

放弃就一定错，坚持往往就对。

不管遇到什么事，老想“为什么”，人的心不可能静。不静就会不安，不定就会不静，所以最重要的是早点儿让自己的心定下来——管它对错，逮着一个先做！想来想去，只会越想越不对，最终就不做了。

不要助长自己的不安，不要助长自己的猜疑，不要助长自己的多变。总是猜疑，总是不安，总是多变，养成习惯，受伤害的是自己。所以，就要横下一条心，不管对错，先做了再说，然后坚持去做。**坚持到底是唯一的法宝。**真把企业搞下来的就是那些一直咬着牙坚持做的人。咬着牙说明什么？说明他已经不问“为什么”，他只管“是什么”。他觉得：有什么理由问“为什么”？谁叫我摊上这些事？谁叫我当老板了呢？死都要死在这个地方，只能硬着头皮上。最终他成功了。**静就是努力克服自己私欲的阶段。**

静就是努力克服自己私欲的阶段。

安而行之是管理的最高境界

《大学》说“定而后能静，静而后能安”。静到最后就能安，那么，“安”是什么意思？我们看一下“安”字的甲骨文和金文。

图 2–5 “安”字的甲骨文

图 2–6 “安”字的金文

“安”字的甲骨文的上面是宝盖头，下面是个女人。宝盖头代表家，这个女人是什么姿势？她在跪着。也就是说，她安安心心在家里相夫教子，她在履行她的职责，她已经超越了那个内心纠结的阶段了。

古代的男女成婚之前没有谈恋爱的过程，所以，很多夫妻一开始在一起生活并不舒服。但是，他们被定住了。女孩子得嫁鸡随鸡、嫁狗随狗，她没办法，但她内心是有冲突的。这就是止、定、静的过程。没经过恋爱的过程，两个互不了解的人不可能产生很深的感情，他们的心也不会安，他们也会有纠结。但慢慢地，他们静了下来，静到最后女孩就认了，她就真正地嫁鸡随鸡、嫁狗随狗了，然后在家里相夫教子。

相夫教子意味着什么？意味着安。所以，安不是什么都没有，安意味着什么？意味着新的生命出来了。过去，女人的首要职责是生育。所以，安了以后不是啥都没有，安了以后新的生命就诞生了。

到了安这个时候，一切都好办了。

曾子的学生子思所作的《中庸》当中有一段话："或生而知之，或学而知之，或困而知之，及其知之，一也。或安而行之，或利而行之，或勉强而行之，及其成功，一也。"意思是，一个人的行为有三种方式：安而行之、利而行之和勉强而行之。"利而行之"是什么意思呢？给他利益他就做，不给利益就不做。"勉强而行之"是什么意思？就是给他压力、处罚他，他就听你的，就勉强做；不给他压力，他就不做。

在企业里面，利而行之、勉强而行之经常是事实。我们做管理，一个靠诱导，一个靠逼迫，但这两种行为好不好呢？圣人告诉我们，其实都不好。最理想的行是哪一种行？是安而行之。一个人安了以后，就会自然而然、自发地去做。**"安而行之"是行的最佳状态。**这时他什么都不想就去做，他不问为什么，只管做什么。我们都希望自己的下属处在这个状态里头。如果员工不问为什么，只管做什么，那真是太好了。

管理的最高境界就是让下属不要去想，不停在做。

管理的最高境界就是让下属不要去想，不停在做。别以为我们搞个制度出来，搞个奖罚出来，自己就有多高的管理水平。其实那也就是在技巧上、在"术"上有一点点水平，在"道"上还挨不到边。在"道"上是要能让你的员工想都不想，然后又做个不停。

很多人反对凡事"定"死，认为这样很难受。有些人说，事情我可以在八点钟、九点钟做，也可以在十点钟、十一点钟做，那多幸福。其实，如果一件事情，你八点钟也能做，九点钟也能做，十点钟也可以做，十一点钟还可以做，下午三点、四点也可以做，你不会幸福的。为什么呢？因为如果哪个时间都可以做，你选任何一个时间做，就要给自己找一个理由。本来做一件事你不需要找理由，到时间你做就可以了，但现在你要给自己找个理由：要下班了，我赶紧做；领导要查我了，我赶快做；再不做，老板要炒我了，我赶快做……本来想都不用想你就可以去做，但你非要迫于压力才去做。这是好事还是坏事？这是很糟糕的事。

工作本来不需要你动脑的，结果你自己要产生一种焦虑、担心，你担心别人炒你，你迫于压力，你觉得拖不下去了，才把事情做了，这不是没事找事么？规定八点做，你养成习惯后，到八点的时候，你要不要想一想再做？不用。不用想三想四，不用纠结，马上就去做，你肯定幸福，因为你做起来自然而然，甚至没有感觉，那多轻松。就像呼吸，时刻进行，但毫无感觉，多好！

有些人当老板之前还打过工。当老板，你可以八点钟上班，也可以十点钟、十二点钟上班，你会觉得自己很自由。但是如果回忆一下，当初打工，下班的时候是不是有一种轻快感？现在你还有这种感觉吗？这种感觉荡然无存。打工的时候，周末的时间归你，那种感觉好幸福。但现在还有那种幸福感吗？已经丝毫没有了。表面上，自己好像九点钟还没到公司去，但实际上人一醒过来就开始上班。因为你再没有"定"了。

很多人经常说老板自在，不守制度，八点钟、十点钟都不来上班。他不知道，老板其实六点钟就上班了。为什么？他六点钟就醒过来了，他什么时候醒，什么时候就上班，这很折磨人。所以，没有"定"，很糟糕。

曾子说：知止而后有定，定而后能静，静而后能安，安而后能虑，虑而后能得。这段话告诉我们：安从哪里来？从静来；而静从哪里来？从定来。安来自于定。**安不来自于钱，也不是来自于权。有定才有安，除了定能导致安，没有别的什么东西能够让你安。**

有定才有安。

我们人可千万别以为是自己整天动脑筋才活下来的，真正让我们活下来的，都是那些想都不用想，但又不停在做的事情。

我们身上有哪些事情是这样？呼吸。晚上睡觉你可能要想一想：今晚到底是睡还是不睡？很多打牌的人就是这样。有些人吃饭都可能任性，比如小孩子，他玩饿了才吃，爹妈要哄着他吃。不管怎么样，人有一件事不敢任性，那就是呼吸。

呼吸不要我们想，又不停在做。有的人总喜欢什么事情都自己做主，自己不做主就没意思。假如呼吸这件事情要我们自己做主，那会很糟糕。因为你要想一想：我该呼吸了吧？都等这么久了，还是吸一口吧？如果你每时每刻要判断自己到底呼还是不呼，到底是吸还是不吸，时时刻刻处在这个纠结的状态，你得多难受？如果别人给你点好处，你才呼吸一下；别人骂你一句，你才呼吸一下，不知道啥时候你的命就没有了。

其实，“安而行之”在我们身上随处可见。你的心脏要不要给点钱，它就跳一下？要不要骂它两句，它就跳一下？不用。别人骂两句，自己的心脏顶多跳得快一点。但不管怎么样，它还要正常跳。不骂它也会跳，不给钱它也会跳。所以，**大自然的道其实恰恰都是安而行之。**

大自然的道其实恰恰都是安而行之。

道上的东西都是安而行之的，只有术上的东西才是利而行之、勉强而行之。所以，我们要学道。我们必须先让下属做到安。给利益，或给压力、约束，下属会行动，但这样的行其实很累。被管的人累，管的人也累。如果一个人一天到晚要注意自己的呼吸，一天到晚要想“我该不该呼吸”，一天到晚决定什么情况下我呼吸，这个人就没法活。所以，什么事情都由自己做主并不是好事，什么事情都去控制会很麻烦。人能活下来，靠的恰恰是那些不由我们控制和做主的事。

“安”从本质上来说并不是仅仅讲一种心态，而是讲一种行动力：安而行之。安是为了行，这时候我们就真的得到“行”了。而在这之前，知得到的行，只是想法和意念，经过止、定、静，你才能够真正地行，而且这个时候的行叫安而行之。知了以后，我们只有行的意念，我们还要通过止、定、静，才能够到达一个理想的行的状态。这个理想的行的状态就叫安而行之。所以，“安”指的并不是我们的心安了，就啥都不用做了。而是安安心心去做，不问为什么，只管做什么；不用去想，不停在做，这个状态才是安。

不问为什么，只管做什么；不用去想，不停在做，这个状态才是安。

安是不用去想，不停在做。呼吸就是这样，人生下来多久，它就持续多久。我们的心脏也是这样，肝脏也是这样。整个身体的五脏六腑，乃至每一个细胞干的都是这么一件事：安而行之。所以，**安而行之是天道。**

利而行之、勉强而行之是人道，安而行之是天道。人顺天道了就叫“天人合一”。其实，人的身体就是天人合一的。为什么呢？因为身体的运行规律不是人自己想的，是老天爷帮我们定的，自己根本不用想。人都是天造的。男女造人也还是天造。天道是安而行之，安而行之在我们身上体现得淋漓尽致。我们不用到外面去找天道，看看自己的身体就是天道。

注意，“安而行之”是行动，不是状态。从知开始产生行的意念，然后再通过止、定、静，才能够得到有效的行动。不问为什么，只管做什么，有没有这样的团队？看一看志愿军的抗美援朝，就知道有这样的团队。

抗美援朝的时候，中国军人是利而行之吗？是勉强而行之吗？都不是，是安而行之。那时的志愿军战士，个个雄赳赳，气昂昂，跨过鸭绿江。干吗？打仗去！最后打得美国人都怕。在战场上，伤亡的中国军人达到几十万。这是一群什么人？是视死如归的人。他们安而行之，安到什么程度？安到命都可以不要。管理的最高境界是安而行之，但达到这个境界，要经过知、止、定、静几个阶段。

心是理之凝聚

“安而后能虑”，“虑”代表什么呢？

这里的“虑”是不是焦虑？不是。那是不是思虑呢？说它是思虑也不准确。他已经不问“为什么”了，还有那么多要想的吗？经过这么久的修行，他总算把心给安下来了，这时候他的“虑”就不是胡思乱想了。

我们来看一下“虑”字的金文。

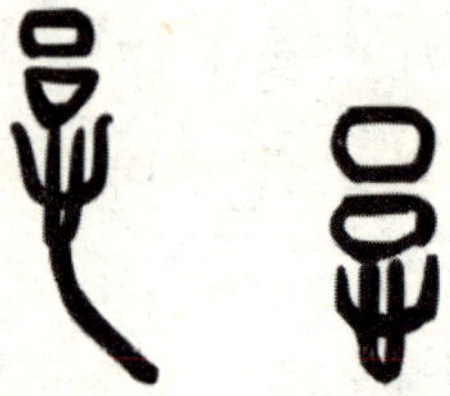

图 2–7 “虑”字的金文

“虑”字金文的上半部分是两个“口”字，下面是个“心”字。两个“口”代表两个人，两个人其实就代表了人与人普遍的社会关系。

儒家思想里有一个字出现的频率比较高：仁。“仁”字左边是“人”，右边是“二”，但是不是只讲两个人？不是，它是讲所有的社会关系。孔子说“仁者，人也”，意思就是一个人要时时处处替别人着想。孟子说“仁者，爱人”，意思是仁者对任何人都充满慈爱之心。

金文“虑”字的意思就是心里面时时处处既能想到自己，又能想到别人。一个人心安了以后，做什么都能既从自己出发，又从别人出发，考虑的是整体的利益，这才叫“安而行之”。人的行为就不是只为了满足自己的私欲，而是照顾大家，大家就是天理。

虑：所思所想不离众生，行为处世总合关系。

我们从“止”开始“去人欲，存天理”，一直到“虑”，终于完成了“去”和“存”的过程。这时候一个人时时处处都能考虑整体，这个整体当然包括自己。所以，“虑”是一种智慧，是一种自利利他的智慧。通过知、止、定、静、安这几个修行的步骤，修到了“虑”，考虑任何问题都会很自然地自利利他，这就是孔子讲的“七十而从心所欲，不逾矩”。

孔子说自己：“吾十有五而志于学，三十而立，四十而不惑，五十而知天命，六十而耳顺，七十而从心所欲，不逾矩。”什么是“七十而从心所欲，不逾矩”？就是他到七十岁的时候，可以完全按照内心想的去做，又不会违反社会的规则。这种境界表明他时时处处都能既考虑自己，又考虑别人，这就叫“虑”，这叫智慧，这叫“安而行之”。**虑的本质是知天理。**

“安”是什么？一个女人在家里生儿育女、相夫教子，意味着内心生发出巨大的能量，孕育出伟大的生命。心安，人的能量就能真正地生发出来。当一个人的能量真正起来，考虑问题就能够既考虑自己，又考虑别人，就能够“自利利他，自觉觉他”。考虑什么问题，都能既考虑自己，又考虑别人，事情就会干得很大。所以，“虑”之后就是“得”了。

一个人如果只为自己考虑，钱可能赚得到，但内心并不快乐，而且事情真要做大也难。所以，要给自己找一个正解，就是要从只为自己考虑，转到从社会关系考虑，这是一个转变。整个传统文化的核心就在这里。

时时处处从社会关系来考虑，就叫“自利利他”。**自利利他就是天理。**“天理”是什么？“天理”就是对大家都有利的那个“理”，就是在长期实践当中形成的一些社会关系的准则。“仁、义、礼、智、信、忠、孝、悌”都代表社会关系。“仁”是指以上对下，当然也包括平等对人。我们这样对别人，别人乐不乐意？乐意。员工对工作忠心，老板喜不喜欢？喜欢。父母慈，孩子高不高兴？高兴。孩子孝，父母高不高兴？高兴。夫妻之间彼此尊重，互相受到“礼”的规范，夫妻之间好不好处？好处。古人提出的这些概念是从实践当中总结和摸索出来的，这些其实就是天理，因为恪守这些准则对大家都有好处。

孔子应该是中国第一个伟大的关系学家，他讲来讲去就是讲人与人的关系，这些关系的准则就是“天理”。我们认知这些“天理”，就是“良知”。“天理”你不认知，它在不在？在。在哪里？在人的心里！“天理”深入在每个人心里，社会关系的准则潜移默化在每个人的心里，自然而然左右人的行为。“良知即天理”（《传习录》），这是王阳明讲过的话。王阳明还讲过：“心即理”（《传习录》）。其实，王阳明的这些话破解了人心的秘密。

“心即理”是什么意思呢？先看一下“心”是指什么？其实“心”这个概念是个很似是而非的概念。一说“心”，我们有感觉。但问“心在哪里”，可能又答不出来。把心理解成大脑，你的心会告诉自己：大脑不是“心”。那么，“心”究竟是什么？王阳明的“心即理”告诉了我们，“心”是什么。王阳明说过一段话：“以其理之凝聚而言则谓之性，以其凝聚之主宰而言则谓之心”（《传习录》）。王阳明认为“性”是“理”汇聚成的，他这么讲当然讲得深刻一点，其实通俗地讲就是：天理几千年在人身上潜移默化，就成了人的天性。“天性”“天理”聚集在人的身上、潜移默化在人的身上，自然会左右人的行为，它一定会主宰人的行为。

以其理之凝聚而言则谓之性，以其凝聚之主宰而言则谓之心。

王阳明的后面一句话“以其凝聚之主宰而言则谓之心”就告诉了我们什么是“心”：“天理”潜移默化在人身上，它会主宰人的行为，我们就把这视为“心”。所以，“心”是什么？“心”就是主宰，我的“心”就是我的主宰，而它背后的本质是“理”的凝聚。“心”就是“理”的聚集，它主宰人的言行。“心”即“理”，不是在讲一个逻辑关系，它破解了“心是什么”的大谜题。

我们从来没有认真思考过“心”是什么？关于“什么是心”，西方心理学也没有让人满意的回答。“心”当然不是指心脏，“心”也不是指大脑。王阳明给出了准确的回答：**天理这种社会关系的准则，经过几千年的发展沉淀，再在人的身上潜移默化，代代相传，主宰我们的行为。这一主宰，就被我们称之为“心”。**用马克思的话说就是：人是一切社会关系的总和。

“心”其实不是一个找得到、摸得着、有形有象的东西，它不在一个具体的位置上。你不去找它，放下欲望，你的心就安了。因为你放下了私欲，你就会回归天理，普度众生。这就是人的“心”呀！

所以，心在哪里？心不在内，心不在外。为什么呢？你说在内，它是社会关系形成的；你说在外，它沉淀在人的身上。所以，心不在内，心不在外，心不在中间。

理主宰万物，如心主宰人身，故理即心。
心主宰人身，即理主宰万物，故心即理。

违背良心的后果

王阳明讲“心即理”是说：从内在来讲叫作“心”，从外在来讲、从社会关系来讲叫作“理”。“心”和“理”是一个东西。

“理”和“礼”也是一个意思。《礼记》说“礼者，理也”，意思是说：社会的礼节就是对社会成员彼此有利的规则，这些规则内化到人身上主宰人，就变成“心”，外在显现出来为社会关系就是“礼（理）”，所以“礼（理）”也就是“心”，“心”也就是“礼（理）”。个人叫“心”，大家叫“礼（理）”。其实，如果把大家看成一个整体，那么这个“礼（理）”就是大家的“心”，所以古人才说“为天地立心”。

理学家张载说：“为天地立心，为生民立命，为往圣继绝学，为万世开太平”。“理”是天地的“心”，“心”是个体的“理”，“理”在个体身上称之为“心”，在大千世界就称之为“理”，所以心即理，理即心。

“理”是天地的“心”，“心”是个体的“理”。

万事万物有没有法则？有。团队有没有规则？有。既然万事万物有法则，既然团队有规则，它就有“理”，而且这个“理”会主宰万物和团队，所以，这个“理”就是万物的“心”、团队的“心”。把“心”解释为“理”，把“理”解释为“心”，万事万物都有“心”。

把“心”解释为“理”，把“理”解释为“心”，万事万物都有“心”。

关于心，有句话讲：心的体是空。有的人理解不了这个“空”，但王阳明“心即理”这一句话就告诉我们：心为什么是空？因为它是社会关系的准则通过千百年的浓缩凝聚在我们人的身上。这是不是空？是空，因为我们拿不出这个心。但社会准则浓缩在人身上，会主宰人的行为，人的任何言行都会受到这个准则的约束。一偏离它，人的心就会不安；而符合这个准则，人就心安。所以它可不是什么都没有的“空”，而是非常有力量的“空”：无形无相，有力量，有能量，这就是“心”。

我们对爹妈孝顺，心安还是不安？安。不孝顺爹妈，心安不安？不安。打牌、赌博赢了钱，人往往就会把它糟蹋掉。因为良心告诉他，打牌、赌博是不对的。赌徒的意识心想赢钱、习性想赢钱，他的人欲想赢钱，但赌徒身上人的天理、良知天天帮他糟蹋钱，大量的赌徒就是这么折腾自己。

当人欲跟天理不相吻合的时候，我们就会一天到晚地折腾自己。折腾自己的原因是什么？是人内心的不安。赌徒的心是安的吗？绝对不安。只要对酒、对赌博上了瘾的，他的心是绝不安的。为什么会不安？是什么起作用？是天理。这说明天理在人身上，人一定要违背它，它就让你不安心。

有人说，良心也只是那一下的事：看到老人被车撞了，倒在地上，你不去扶就走过去了，你只是那一下有点不安，事情过去就过去了。很多人认为过去了的事就过去了，但其实过去的绝没有过去，这就是天理的威力。

一个人做了有愧良心的事，即便年纪大了，即便成功了，他的内心里能忘得干干净净吗？不会的。该人尽孝的时候，没有尽孝，还给自己找一堆理由，比如工作太忙、路途太远，但等父母真的走了，这个人心里就会永远有一笔没办法偿还的债。而且越往后越发现，心里没完没了地觉得亏欠，没有任何人提醒你，就会这么想。所以，欠债是一定要还的，欠孩子的债也一样。很多人因为年轻或各种原因，孩子的事情管得少，或者给孩子带来了一些伤害，这笔债也是绝对要还的，很多成功的父母都在努力还债。

背离天理所欠的债是不可能消失的。

所以，**背离天理所欠的债是不可能消失的，这才是良知最厉害的地方。**良知不仅是让人知，而且知了以后，它产生的负能量会一直寄居在人身上，多少年都不会消失。种了因就一定有果。种了恶的因，不能靠做善事把它抵消掉。

背离天理，背离良心，会产生五种人。

第一种人是没办法成功。我们在生活当中会发现这种人，他很想成功，也很努力，也很折腾，但他就是没办法把事情做成。我们不要以为这只是能力问题，其实是他的心一直安不下来、定不下来。他一个劲地折腾，但做任何事都专注不下去，他做一会儿就放弃，做一会儿就放弃。

我们千万别以为不成功的人比成功的人付出得少，很多不成功的人都爱折腾，而且折腾得好辛苦。真正死了心不折腾的，那是到了一定年龄的人。只要年轻，他总想成功。可是为什么他左折腾右折腾都不成功？因为他没有办法定在一件事上。

要成功当然要定在一件事上。哪一件事的成功都不容易，因为有那么多竞争者，有那么多障碍。你不定在一件事情上，怎么成功呢？问题是很多人定不住，定不住的原因是不安。不安的原因是什么？人内心的不安从哪里来？**内心的不安是良知产生的。**良知为什么让人不安？因为他经常背离天理。人的内心有双眼睛，只要该做的事没做好，该做的事没去做，不该做的你做了，它知道得很清楚，曾子把“德”叫作“明德”，就是这个原因。人内心的眼睛明亮得很，这个叫“天眼”。“天眼”就是“天理”的眼睛，它把一切看得清清楚楚。

“天眼”就是“天理”的眼睛。

在企业里面，如果一个人做事从来都不认认真真做，表面上没人知道，但他自己的“心”知道，并且知道这样不对，心里一定会产生愧疚。这种愧疚就是负面的能量，负能量在内心沉淀下来，会成为他内心不安的种子，让他总想逃避这个环境。而在新的环境下，如果受习性的影响又不认真工作，心里面又会把这个账记下来，形成负能量，日积月累，这个负能量会大到让人无法安心工作的地步，这个人基本上就被毁掉了。

一个人在这里不安心，他在别的地方就安心了吗？很多时候都不是这样，一个不安心的人，往往是这个人有一个不安心的习惯。结果到哪里他都不安心，他这一生能成事吗？所以，不尽职责的人，良心一定会让他一直不安下去，会让他成为一个跳来跳去的人，最后一事无成。

第二种人是成功以后，失败会更多。

并不是每个成功的人都处处对得起良心，有些人没有按天理去做，没有按良心去做，他也成功了，但这种人成功以后往往失败会更多、更大。

有些老板在企业做大以后就开始个人膨胀，膨胀到对所有的社会关系、所有的人都不在乎，膨胀到一意孤行，以至于伤害合伙人的利益，伤害团队其他人的利益，最后导致企业快速消亡。这样的案例经常在市场上演。这个结果跟天理、良知有关系吗？有！天理和良知告诉我们：跟人合作，必然要为他人考虑，不考虑他人利益都要考虑别人的感受。既不考虑他人利益又不考虑他人感受，别人就一定不会支持你，甚至与你对着干。总有一天，一件小小的事情就会让自己倒下，你就会摔得很惨。

不按天理、良知做事，人的内心一定不安。

不按天理、良知做事，人的内心一定不安。这种不安如果累积多了，是非常危险的。很多企业家看不到它，以为无所谓。但是，当我们决策事情的时候，如果内心是安的，决策就会稳；如果心里是不安的，我们做的决策往往会偏、会过激，会铤而走险。一个人时时刻刻冒险，总有一天会跌得很惨，夜路走多了也会撞到鬼的。所以，心总是不安的人去发展企业，说不定哪天企业就会面临危机。只有心安地发展企业，企业才能稳稳当当——做得大我就做大，做不大我也不着急，稳着做。心安的人非要把企业做大吗？非要在明天就把企业做大吗？不会。因缘成熟我做大，因缘不成熟我稳着，甚至不好的时候我该收就收一下。中国改革开放这些年倒掉的企业太多了。为什么有这么多的企业倒掉？究其根源，跟老板的心安和不安有关。

心安为要。心安了才能“虑”，才能“得”，这样成功的人稳稳当当。人心不安的原因是什么呢？是因为不“静”，不“静”是因为不“定”。不“定”就是没有把自己摆在一个恰当的社会关系里头。我们不把自己摆在一个恰当的社会关系里，哪怕冒险成功了，失败都不知在哪个地方等着我们。如果把自己摆在一种恰当的社会关系里头，而且一直处理得很好，不管你有多大的成功，你的成功既给自己带来快乐，也给周围人带来幸福、带来福利，周围的人就会一直支持你，你就会持续成功。所以，大学之道、阳明心学所开的法门，不是只让一个人成功，是让一个人和谐地成功，是让一个人跟你周围的人一起成功。

第三种人就是尽管成功了，但心里觉得特别苦。

很多高管、老板觉得管企业很累。管企业太累当然是成功带来的。但如果我们的心一直是安的，心就不会苦。心不安是什么原因？还是来源于我们没有完全按天理去做。

天理是什么？天理是社会关系的准则和规律。顺应这些规律，我们一定能带好团队，发挥好每个人的作用。大家都努力帮你，你也全身心帮大家，你会觉得苦吗？所谓的苦，说到底就是觉得没人帮自己。

第四种人是怎样的呢？不少老板，企业成功了，身体搞差了，甚至垮得一塌糊涂。这种事情其实都是违背天理的结果。为办企业，没日没夜地熬，没日没夜地喝，是不是违背天理？拿命来拼，是不是背离天理？这当然背离天理，这个天理就不仅仅是社会关系，也包括我们跟身体的这种自然关系了。

自然关系更是天理。在一路打拼事业的过程当中，我们不该喝的喝了，不该陪的陪了，不该玩的玩了，不该熬的熬了，都会损害自己的身体，最后的表现就是事业大了，身体垮了。这能算成功吗？

第五种人就是在成功以后不断地去还债。打拼的时候没尽到孝，只要成功了，但凡有可能就去尽孝。没尽到慈的，拼命去尽慈；老觉得亏欠孩子的，一天到晚想办法去弥补，一个劲地想忏悔。但这种事情做过头了又会害了孩子。

总之，人这一生不管经历多少事，内心的良知都会记账，而且会让人在今后的日子还账。所以，最好不要在当下事情发生时去欠账。要不欠账就得按天理去做，在每一个当下尽职尽责，按照社会关系的要求去发展自己，自利利他。这就要求我们通过知、止、定、静、安的修行，让我们每一个心念起来的当下，都是自利利他的，都是符合天理的，这就叫“虑”。

心安理得

德者，得也。——（宋）朱熹

充满信心的“知”，叫良知。经过了知、止、定、静、安、虑，我们的心就真正到达了良知，“良知”的知和“知止”的知还是有所不同的。

“知止”的知，我们可以把它定位成知道事实，“良知”的知是充满信心、充满能量的。就像你爬山爬到半山腰，从山上下来的人告诉你山上的情景，甚至把山上的风景照片给你看，你是不是就不往上爬了？不会，你还是会往上爬。别人把照片都给你看了，山上的景致也都告诉你了，看起来你的“知”好像已经达成了，你为什么还要爬到山顶去？是能量的原因。在半山腰，你看到山上风景的照片，会不会欢呼？不会。但是，当你登上山顶，看到一马平川，看到眼前壮阔的景色，你会禁不住欢呼。为什么很多人到山上玩的时候喜欢大喊大叫？因为能量控制不住而爆发。

所以，“知”分两种，一种是没有能量的，一种是有能量的。知道事情，是理性的“知”，是能量欠缺的“知”，这时候我们只是知道一件事。而到了山顶上，就不是只知道一件事，我们的心跟境融为一体，心境一体，天地的心和我们身上的这颗心变成一颗心，能量就会饱满、充盈。**充满信心、充满能量的知起来，才是真正的致良知。**

充满信心、充满能量的知起来，才是真正的致良知。

“知”也是有理性的、静态的和感性的、充满能量的区别，而真正的“良知”是什么知呢？是达到能量饱满的知。人是活在能量饱满这个点上的。人是不是只追求有钱？是不是只追求有权？不是，人还追求有德。为什么要追求有德呢？因为“德”就是内心能量饱满的标志，“德”就是能量。人有德，他内心的能量就饱满了。良知就是能量饱满的状态，良知本身饱含能量。

我们为什么要跑到桂林看漓江？电视里面有关于漓江的风光片，漓江的照片也很容易看到，我们会不会因为看过漓江的照片、看过漓江的电视，就不去看漓江了？不会，反而更要去看漓江。为什么？因为我们要享受内心的能量带给自己的喜悦，而不仅仅是那个构图带来的感官上的喜悦。

能量才是这个世界的本质。德是能量，天理是能量，良知是能量。做管理、做生意、做人，其实最终都活在能量这个点上。一个人没有钱，没有权，但天天内心能量饱满，照样可以过得很快乐。

孔子曾在《论语》里面这样说颜回："一箪食，一瓢饮，在陋巷，人不堪其忧，回也不改其乐。贤哉，回也！"不管身处怎样的环境，颜回始终能自得其乐。孔子称赞颜回达到了一个理想的境界。

颜回是阿Q精神吗？不是，颜回处在内心能量饱满的状态。内心能量饱满，能乐能行，定成大事。有德，代表人的内心充满能量，这个能量时刻会放光，放光就会照亮自己，照亮别人。你说一个人缺钱、缺权，他都不会认为你骂他；但你说他缺德，他就会骂你。因为一个人缺德，内心就会黑暗、阴暗，就会痛苦，就会行恶，就是坏人。

吃喝玩乐是不是快乐？是快乐，但那是表层的快乐。真正的快乐是什么呢？王阳明说"乐是心之本体"（《传习录》），其实人回归到了心的本体层面，一天到晚都是快乐的。这时还需不需要喝个酒才快乐？还需不需要喝茅台才快乐？还需不需要一定要到高档酒店喝茅台才快乐？不需要！

有些人的快乐需要太多条件，比如要喝酒才快乐，或者要喝茅台才快乐，甚至要到高档酒店喝茅台酒才快乐，而且要有美女陪着喝才快乐……实际上，一个人的快乐需要这么多条件，就意味着这个人很难快乐。因为他快乐的条件太苛刻了。"乐是心之本体"，人的良知起来，内心充满能量，人就是快乐的。不需要喝茅台，不需要美女陪着喝茅台，不需要在五星级酒店喝茅台，就可以快乐了。为什么呢？因为你的内心有德在，"德"焕发出来就是能量，能量让人体验到发自内心的快乐。

"德"焕发出来就是能量，能量让人体验到发自内心的快乐。

我们只面对自己内心的能量，快乐就会生发，无以言表。这就叫德，也叫得。因为"德者，得也"。有些人认为自己之所以不快乐，是因为还不够成功。不断追逐更高的目标，再上一个台阶以后，发现自己还是不快乐，又认为自己还不够成功，人一直往前追。等爬得很高，还没有得到快乐，才会幡然醒悟：快乐跟外在的成功无关。在一些基本的条件满足以后，人的快乐其实决定于人的内心。

我接触过很多老板、很多企业家，发现一个事实：很多人成功以后活得很纠结、很焦虑、很苦恼。为什么会这样呢？企业没那么大之前，他面对的社会关系可能还少一点，事情还理得顺一点，人还自在一点，因为没有那么多事情纠缠，没有那么多事占据内心。但是，随着他一步一步地成功，事情越来越多，心也越来越沉重，人就越来越累。

所以，钱多并不能让心快乐起来。因为心要快乐的前提是心里轻松。只有在刺激当中，人的心才可能既紧张兴奋而又充满快感。但对成功的人来讲，这种快乐实质上是自我麻痹，说明你已经陷入不能自拔的痛苦当中了，要靠强烈的刺激来摆脱。

我们通过成功来让自己快乐，但成功本身带来更多的事情，事情会占据我们的内心，我们的内心越来越沉重，我们越来越不能快乐，这就陷入了一个悖论，陷入了一个矛盾，该怎么办呢？有些人说，放下。怎么放下？工厂不要了，给别人做，自己出家，这是不是最好的选择？不是。就算是，很多人也不会这样去做，他还是要活在世俗间的。

我们内心希望自己越来越成功，但我们越来越成功，心就越来越累，我们又不可能把这一切放弃。怎么办？方法就是学会让那些事情在我们的心外面待着，不管有多少事，你的内心都不能被它占据。学会这种方法，有再多的事，你的心都不累，事情在你的周围又有什么关系呢？

比如，我们旁边有一张桌子，它在你旁边并不妨碍你。桌子放在你旁边，它是它，你是你。你需要的时候，摆一杯茶在它上面；你不需要的时候，它在那个地方老老实实，不会干扰你，除非你一定要把它背在身上。

所以，对任何事情我们都可以做到这样：需要的时候我拿起来用，不需要的时候我把它放在旁边，这叫放下。**放下不是放弃，放下不是弃之不用、弃之不要，而是我需要的时候会拿起它，不需要的时候我不会让它压着我，这就是放下。**

需要的时候会拿起它，不需要的时候我不会让它压着我，这就是放下。

但这一切怎样才做得到？有的人说，我也想放下，也知道放下，但就是放不下，内心总是会牵挂。内心总会被事情牵扯，说到底是内心的能量不足造成的。就像一个陀螺，它如果转得慢，就很容易被外力或重力影响倒地，而当它飞快地转动时，重力、外力都很难干扰它。高速的转动就意味着它的能级很高、能量很大，它就能自主转动，不受外界干扰。

所以，内在的能量才是抵御外界干扰的内因。而人的德行、良知是人提升内心能量的标志，是抵御外界干扰、保持内心快乐自在的根本所在。

其实，经过了知、止、定、静、安、虑之后，我们内心的“观”的功夫就起来了，我们的内心就不会被外界的事物轻易黏住了。儒家讲的“虑”字，与一个“观”字对应。

“观”是一种很高的功夫。“观”是什么呢？“观”就是我既知道，又不被它黏住。就像有的人做生意，能把事情做大，而这些事情又不会累着他的心，当然，这得有很高的功夫。

“观”就是我既知道，又不被它黏住。

事情我们会去做，但又不会让这些事情所拖累，去累着自己的心，这就是一种“观”的状态。看到“观”这个词，我们会有一种什么感觉呢？如果我们“观”着这个事情，这个事情我们知不知道？知道。但“观”又同时意味着你跟它保持着一定的距离，这就意味着它不会冲到你眼前来，不会钻到你心里去，你只是远远地看着。所以，“观”代表着我们对一切事情都“了了分明”，但同时内心又不会被一切事情所累，内心“如如不动”。所以，知、止、定、静、安、虑，是要修出什么功夫？就是为了修出“观”的功夫、“虑”的功夫。

其实“观”的功夫就是“良知”的功夫。整天做事，整天不被事所累，这叫“事不入心”。但是，对常人来讲，事情不入心能把事做好吗？常人做不到。但功夫练到就可以。功夫练到，事情看得清清楚楚，做起事来明明白白，但心中却可以无事，所以其心不累。

我们开车的时候就是“观”，就是一切都知道，但一切都不会一直装在心里。看了的就过去了，过来的又看，随看随过，随来随看，并且看得都挺认真。开车，肯定要一切都知道，要看左右两边的车辆，要看前方的路标，要看沿途的风景，但是我们会不会执着这些事情？不会。如果执着路旁的某处美景，老是在那看，就会撞车。

所以，“观”是练成的，常人做不到。这样的功夫就是智慧：时时刻刻跟周围融为一体，又不被它所牵扯，练到这样的功夫，什么事情都做得成。因为你既在拼命做事，又不至于掉在每件事中而不能自拔。做归做，做得了，全力以赴地做；做不了，立马就做下一个。这样做事才洒脱，这样的人，内心才是自在快乐的。这种内心自在的状态不是感官的刺激和快乐所能比拟的。这是内心的能量饱满带来的心灵的精神的快乐。

当我们功夫不够的时候，我们会把内心的快乐和感官的快乐混淆起来。喝酒能把人喝醉，甚至喝死，但没人想喝死，甚至也没有人上桌前就想喝醉。每个醉酒的人起初都很狡猾，都会说自己酒量不大，但喝着喝着他就管不住自己，就会来劲，直至走向深渊。因为他很快就把感官的快乐和内心的快乐混淆起来了。

感官的快乐是身体的刺激带来的，内心的快乐是良知、德行带来的。良知即天理，天理在社会关系当中，在一切关系当中。

所以，**一个人的成功，应以对周围的人有没有帮助来衡量，而不是以周围的人是否羡慕你来衡量。**如果我们把成功定位成对周围人的帮助，不断对更多的人有帮助，这种成功就很有意义，大家就都希望你成功。因为你的成功对大家有好处，这种成功的方向就正确。这样的能量我们自己开发得越多，大家就越为你鼓掌，就越为你注入更多的能量，这叫加持。所以，成功的方向以什么为准？不是以你自己的感官快不快乐，而是以你周围的社会关系是不是得到帮助，最终是不是大家都能成功为标准。这种成功带来的快乐，是发自内心的，是心安的。这就叫“心安理得”。

《论语·为政篇》的第一句话是“为政以德，譬如北辰，居其所而众星拱之”，我们要靠自己的良知和德行所具有的强大能量定在“北极星”的位置，这些能量一定会吸引众星环绕，形成美妙的北斗星群。

第三章

彻底清除知行合一的障碍

谁在欺骗我们

《大学》里有一段话：

古之欲明明德于天下者，先治其国；欲治其国者，先齐其家；欲齐其家者，先修其身；欲修其身者，先正其心；欲正其心者，先诚其意；欲诚其意者，先致其知，致知在格物。

这段话啥意思？就是：要平天下，就要先治国；要治国，就要先齐家；要齐家，就要先修身；要修身，就要先正心；要正心，就要先诚意；要诚意，就要先致知，致知在格物。也就是说，格物致知、诚意正心是最基础的功夫。

那么，“格物”是什么意思？简单来讲，“格物”的第一层意思就是扫除障碍，“格”是革除的意思，“物”就是障碍的意思。扫除各种各样的假象、各种各样的印象，找到事实的真相，就是最基本的格物。

怎么格物？

首先要把假象破除、找到事情的真相，这是基本功，是最简单的格物。其次，要一步一步往内心格。“格物”实际上是由外而内逐步展开的。“格物”不是一句话，不是一件事，是层层往心里面走的一个过程。一层一层格物，才见功夫。如果把“格物”理解成一句话、一件事，那就是学问。

什么叫物？有人说客观存在就是物。如果把“格物”的“物”理解成客观存在，你就只能在学问里面了解“格物”，就没办法在功夫上了解“格物”。把“物”当成客观存在、外在存在，你可以做学问，可以研究科学，但是学不了心学，学不了心法。

那么，究竟什么是物？物从何来？我们先看王阳明先生的一段话：

身之主宰便是心，心之所发便是意，意之本体便是知，意之所在便是物。如意在于事亲，即事亲便是一物。(《传习录》)

“身之主宰便是心，心之所发便是意”是啥意思呢？就是心是身体的主宰，心动一下，念头、意念就生出来了。“发”是发动，就是起心动念。

王阳明在《传习录》里还说过这样一些话：

身之主为心，心之灵明是知，知之发动是意，意之所着为物。

知者意之体，物者意之用。

有知而后有意，无知则无意矣。

“意之所着”是什么意思呢？就是意所执着的、意所关注的那个点就是物，这和“意之所在便是物”是一个意思。

王阳明说“意之所在便是物”，他讲的“物”和我们理解的客观事物的“物”不一样。我们所讲的客观事物的“物”跟人有没有关系？没关系。比如，你面前有一张桌子，桌子摆在那里，你的眼睛看它，它在；你的眼睛不看它，它还在。你闭着眼，它在；你睁着眼，它也在。它的存在跟你没关系，它是一种客观存在，不以人的意志为转移。

意之所在便是物。

但是，“意之所在便是物”的“物”就跟人有关了。这里的“意”我们可以简单地理解成“注意力”。“意之所在便是物”的意思是：你的注意力在这里，这里就有一个什么东西在；你注意力在那里，那里就有一个什么东西在。我们先看一个西方心理学的实验。

你能从图 3–1 看到什么？能看到一个花瓶和两个人的头像侧影。什么情况下我们看到头像？当你把注意力放在黑色阴影部分的时候。什么情况下我们能看到花瓶？当你把注意力放在白色部分的时候。但是，我们不能同时看到花瓶和两个头像。看这张图时，我们的注意力实际上是跳动的，它一会儿在黑色阴影部分，一会儿在白色部分。当你注意力的焦点

图 3–1

放在黑色阴影部分，你就看到了头像。但你仔细觉知一下就会发现，当你看到头像的时候，你的注意力的焦点其实并不是一直不动的，注意力会情不自禁地在动。那一片白色的区域会把你吸引过去，你的意念你无法掌控，它自然而然要从黑色部分跑到白色部分，或者从白色部分跑到黑色部分。

你的意念在动来动去，注意力跑到白色区域，就看到了花瓶。因为头像和花瓶挨得太近，迅即，注意力又会跑到黑色区域，就看到了人像。这种注意力的跳动我们很难觉察，于是，就以为同时看到了花瓶和人像。

有些人会模糊地觉得，自己是同时看到花瓶和头像的，但其实这是不可能的。为什么呢？因为人的注意力不可能同时有两个及以上的焦点，焦点只能有一个。西方的油画就是依据这样的原理。电影、电视里头我们也会经常看到这样的情景：前面的人物清晰了，后面的人物和背景就模糊了；后面的人物和背景清晰了，前面的人物就模糊了。这就是意的聚焦性所致。那为什么我们会觉得仿佛同时看到了花瓶和人脸呢？这是一个错觉。

我们再看下一个实验。

图 3–2

在图 3–2 我们能看到什么呢？有些人说看到了船，有些人说看到了桥。什么情况下看到桥？什么情况下看到船？当你盯着左边的灰色部分，你就看到一座大桥，白色就成了桥洞；当你盯着右边的白色部分，你就能看到船，而灰色部分则成了天空。你没有办法同时看到桥和船，也就是说，桥和船这两个相不能同时成立。不能同时成立的原因是什么？就是因为人的注意力。人的注意力的焦点只有一个，你注意力的焦点在灰色区域，你就看到桥；你注意力的焦点在白色区域，你就看到船。王阳明说"意之所在便是物"就是这个意思。注意力不同，看到的东西就不同。你的意在灰色区域，看到的是桥；你的意在白色区域，看到的就是船。意放在这里，出来这样的物，这样的相；意放在那里，出来那样的物，那样的相。

其实，当你看到图 3–2 的时候，整幅图就在我们的知觉范围之内。这幅画一直没变，看这幅画的人也没变，你一直在看这幅图，你对它的知觉变不变？不变。不管你注意力怎么转移，这幅画始终没变。你始终对着它，只是你注意力的焦点在不同的地方而已。虽然你的注意力在不同的地方，但这幅画都在你知觉的范围之内。你知觉的范围没有变，被感知的东西没有变，所以，你对它的知不变。但是，你的意在变，你的注意力在变——意在灰色部分，你看到桥；意在白色部分，你看到船。

我们可以发现，真正影响成相的是意。再看图 3–3。

图 3–3

我们能在图 3–3 中看到什么呢？大多数人一下子就看到一个女孩。为什么很多人一下就能看到一个美女？因为“意之所在便是物”。人的内心容易关注那种充满生命力的事物，他的意容易被充满生命力的东西吸引过去。所以，你很容易就看到一个年轻的美女。其实，这幅图中还有一个老太太。有的人怎么看都看不到一个老太太，把他的注意力引导一下，他才能看到：把女孩的耳朵当成一只眼睛，把女孩脖子上的那条粗黑短线当成老太太的嘴巴，注意力的焦点往下移，老太太的相就出来了。注意力往上，看到美女；注意力往下，看到老太太。所以“意之所在便是物”。

不管是看到老太太的，还是没看到老太太的，我们对这幅画的知觉相不相同？相同。为什么？因为我们面对同样一幅画。我们都盯着同一幅画，我们对它的知觉是一样的，但有些人看到了老太太，有些人没看到。我们看到的物不同，是因为我们的意不同。知相同，意不同，所成的那个相就不同。所以，成相由知决定，还是由意决定？由意。

意之所在便是物。所以，这个世界呈现在人们心中的样子究竟由什么决定？由我们的意。这个世界没那么客观，这个世界不完全是由你的知决定，更多地由你的意决定。这个实验足以引起我们对管理的深层思考。为什么我们总会说这个人坏，是因为我们的意在他坏的地方。我们给他贴了标签以后，意就老往那个标签上看。结果，整天看到的就是个坏人。假如一个人脑门上贴了个标签，我们还会看他的其他地方吗？也许会看，但肯定先看标签，因为它太显眼了。所以，这个世界有那么客观吗？好人有那么好吗？坏人有那么坏吗？这个世界没那么客观；好人没你想得那么好，所以不要执着他的好；坏人没你想得那么坏，所以不要执着他的坏。要培养自己的平等心，要用好自己的意。

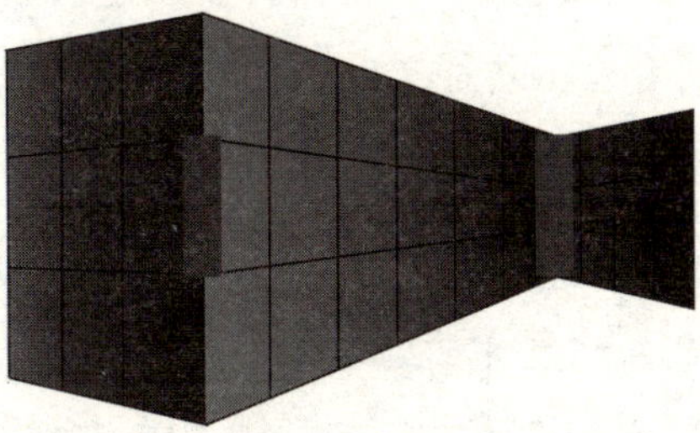

图 3–4

图 3–4 有两根粗线，这两根线是不是一样长？你凭眼睛看，不管怎么看，这两条线都不一样长，但你量一下就知道，它们实际上一样长。从知上来讲，它们肯定等长，因为量出来的数值一定是对的。但是，为什么你看到的不一样长？是因为意。你的意受到了背景的影响。当把线段后面的背景去掉，你就发现这两根线明显一样长（如图 3–5）。

图 3–5

因为这个背景在影响你的意，意在起作用，意在做加减乘除：左边这根粗线是它所在线段的三分之一，右边那根粗线是百分之百。你脑袋里就有了一个意象：一个百分之百,一个百分之三十三,百分之百当然更长一点。再加上左边的这根线是被挤压在中间的，有压缩感，而右边的那根线是没有被上下挤压的。最后你的意自然而然把它加工长了。所以，我们看到的事物，是纯粹凭知看到，还是凭意看到？都是凭意，常人就是这样。有功夫的人才能去除这个干扰，去除这个干扰就是格物、致知。

常人没有客观可言。虽然这两根线量出来是一样长，但我们现在看它就是不一样长。为什么呢？因为我们脑袋里的那个意在不断地添油加醋。

这两根线摆在我们面前，去掉后面的背景，它没动；加上这个背景，它还是没动。也就是说，去掉背景和不去掉背景，这两根线没什么不同。看的人没变，两根线也没变。所以对这两根线的知是一样的，但是我们看到的相不同，看到的物不同。这说明我们看到的物是什么起的作用？意。

这一点，古人的一句话讲得很透：相由心生。“相由心生”是什么意思呢？就是“意之所在为物”，那个心就是意。

所以，不要总注意别人的缺点。总注意别人的缺点，我们会觉得这个世界上的人都坏透了。为什么有些女同胞说天底下没一个男人是好的？因为她看男人全看缺点。你只看男人的缺点，天底下当然没有一个男人是好的。你看优点，天下男人都是好的。下级看上级其实也是如此。为什么有些员工经常说，老板都一个样，天下乌鸦一般黑？因为他只看老板的缺点。你只看老板的缺点，就只能看到“黑乌鸦”了。实际上，人是做不到真正客观的，因为意总要在里面加工。

西方心理学有一段有趣的视频实验：有两组运动员在一片不大的场地里跑动传球，一组穿白色运动服，一组穿黑色运动服。实验要求观看者数一数穿白色运动服的人共传了几次球。我在课堂上做这个视频游戏之前，一再提醒大家注意看穿白色运动服的人。视频播放完毕，有的学员说穿白色运动服的人传了 13 次球，有的说传了 15 次，也有说 12 次、16 次的。我再次播放视频，大家最后确认是 15 次，正确答案就是 15 次。

图 3–6

其实，这个实验的真正目的不是让大家数穿白色运动服的人传了多少次球，而是让大家了解自己的意。我一再提醒大家看穿白色运动服的人，

图 3–7

就是在引导大家的意，让大家的意放到穿白色运动服的人身上。视频播放完，我问大家有没有看到一个捶胸顿足的大猩猩从屏幕中走过，有的人说有，更多的人说没有。我又一次播放视频，这回大家发现确实有一只大猩猩从屏幕当中走过去了。

为什么很多人瞪大眼睛，盯着屏幕，都没有看到大猩猩？因为他们的意跑到穿白色运动服的人那里去了。意之所在为物，你的意不在这个大猩猩身上，你就看不到它。大猩猩是慢慢从两组传球的运动员中间走过去的，当你瞪大眼睛，盯着屏幕看，这只大猩猩在不在你知觉的范围内？它肯定在的。你眼睁睁地看着，大猩猩肯定进入你的视网膜了。进到视网膜，就肯定被你感知了，但是你的意不在这里，你感知了等于没感知。

大猩猩在人的感知范围，它进入人的视网膜，被人所感知，但最后却没有成相。什么原因？知在，意不在，它就成不了相。

意之所在为物。能不能看到大猩猩，就看我们的意在不在。我们的知在，意不在，大猩猩就会被我们当成“无”，就会视而不见。

所以，格物要在哪里下功夫？要在意上下功夫。

格物不仅仅是搞明白事情的真相。搞清楚、搞明白事情的真相，找到事情的真相，还是在事情本身。去假象，留真相，从假到真，也是格物，但还只是格物的很初级的形式。为什么呢？因为这个“格物”还没触及根本，还没往内心里面走。格物是一层一层递进的。**我们不仅要在客观上用力，还要在主观上用力，由客观而主观，由外而内，层层递进。**

我们在做视频游戏时，没有看到大猩猩，是因为我们完全专注一个点了。注意力专注在一个点上，就会影响其他，你的视野、视角就会变窄。

所以，学会格物，就要懂得不要被一个东西完完全全绑住。其实，格物的意思就是不让一个东西成为你的障碍。我们内心成相没关系，但如果所成的相牢牢地吸引了自己，其他的很多东西你还看得到吗？就看不到了。就像图 3–2，看到桥，就看不到船；看到船，就看不到桥。当然了，看图还好办。我们的注意力跳动一下，桥或船都还能看到。但像这个视频游戏，我们盯住穿白色运动服的人，那么大的猩猩就可能看不到了。

这说明我们的注意力如果只盯在一个点上，只执着一个点，会让我们看不到很多的真相。所以，执着于一点是有害的。但怎么样才能不执着于一点？要懂得意无所在，这是具体的修法。

“意无所在”的意思就是不要只盯着一个点，这叫不要执着。

我们平时不要认为自己想的就一定对，不要以为自己看到的就一定是真相。就像那个视频游戏，假如现场只播放一次，老板没看到大猩猩，老板的几个下属看到了，下属对老板说，视频里有个大猩猩，这几个下属肯定要挨批。老板会说：我这么大的人，这么大的屏幕，我没看着，你看着了，就你聪明！你把我当傻子啊？即使所有的人联合起来说老板错，他也不同意。为什么？眼见为实，他觉得他看得很清楚，屏幕上就是没有大猩猩。

所以，有时候我们要多听别人的意见。不要死盯着一个点，你盯着一个点，其他的东西哪怕再大，都会看不着。千万别忘了，意之所在为物。

意在不停地动，它就会造不同的相。其实，这些相都不是全部，**因为意的焦点只有一个。人的意的焦点很窄，但人的知的范围很宽。**

睡了还能知吗

知的范围很宽，意的范围很窄，因为意是聚焦式的。

意是聚焦的，而知无所不在。

意是聚焦的，而知无所不在。

老师在台上讲课，他的眼睛看着台下靠左边的学生，靠右边的学生在不在他知的范围之内？在的。尽管他看不清楚他们，但他们肯定在老师知的范围之内，因为假如右边的人大喊一声，他也能听到。尽管他没看到右边的人，但右边一有动静，他肯定听得到。他能听到，说明他的知也在右边。学生坐在台下听课，人看着前面，对后面有没有知？有。他看前面，他的注意力在前面，但他的知也在后面。他的知无所不在。要是他的知不在，后面有动静，他是怎么听到的呢？

知是无所不在的，而注意力是聚焦式的、点对点的。知是弥漫在整个空间的。其实，知才是真正的心。人睡着了，他的意还有没有？要是有，那就是在做梦。人睡着了，也不做梦，意还有没有？没有。人醒来了，他的意有没有？有。实际上，醒和睡的区别就是意的有无。当人睡着的时候，他的知还在不在？一直在。为什么？别人喊他一声，他就醒了。知不在，别人喊一声，人怎么会醒呢？

人的意从哪里来？从知上来。王阳明说“知者意之体”，等于使人醒过来的那个意是从知里面来的。要没有那个知，人醒不过来。能醒就是因为人的知一直在，睡着了，知都在。所以，一有动静，那个知就开始反应。知一动，就是王阳明所说“心之所发便是意”，心那么发动一下，知那么发动一下，意就来了。意一来，就有了我们所见到的物。人睡着了，意没了，知还在。学生坐在教室里听课，眼看着老师和黑板，意在前面，不在后面，但他的知既在前面，也在后面。人睡着了，因为知在，所以别人拍一下睡着了的人的手，人就有反应。人不是醒了以后才有反应的，是反应了以后才醒的。是谁反应？是知在反应。没有那个知，人怎么反应？

知无所不在，知无处不在。知不仅空间上随处都在，而且时间上永远都在，所以知不生不灭。

“意无所在”是什么意思呢？就是不要只盯住一个点。你盯住一个点，其他的都看不见。其实，我们本可以看得更宽，因为知是无所不在的。

意无所在，知无不在，那意到底应该在哪里？**意在知上。**

“意在知上”是针对“意不要在物上”来讲的。意之所在便是物，人的注意力放在哪个地方，就会执着它。在那个视频游戏中，你让大家数穿白色运动服的人传球的次数，他就老盯着穿白色运动服的人传球。就是因为意之所在是物，结果人心里面就只成了穿白色运动服的人传球的相，心就被这些人传球的相牢牢地吸引住、绑住，结果一个大猩猩走过来，人就看不见了。这就叫知而不见，也叫视而不见。“视而不见”的“视”就代表知，而见是由什么决定的？是意。意不在这里，这里的物你就看不见。就像图 3–2，人盯着灰色部分看，就看到桥。像图 3–3，人一眼看过去，看到美女，然后人的意就会被她牢牢地吸住。意被牢牢地吸住，就看不到别的，所以，有的人怎么看都看不出那个老太太。

意不仅仅要生成物，意还会被这个物所捆绑、吸引。

意不仅仅要生成物，意还会被这个物所捆绑、吸引。所以，要让知发挥作用，就不要让意盯住某一点，这样你的知才会最大范围地起作用，因为知的范围很大很大。这样，所有的一切就都在我们知的范围之内了。

其实，意总盯着某一点很累。靠知累不累？不累。为什么靠知不累？因为人睡着了，知都还在起作用，知起作用几乎不需要用力。

我们开车是用意，还是用知？假如你开车时总盯着一个东西，一盯就是 10 小时，你会很累。实际上，司机开 10 小时的车也没有那么累。我们很多人都开过十几个小时的车，没停车之前往往觉得无所谓，继续开也行，因为我们开车主要是靠我们的知起作用，不是靠意。我们开车不是没有意，我们当然要用意，但是意用在哪里呢？意一直跟着知走，意没有跟着外面的物走。开车时我们主要用的是知，然后意跟着知走。意跟着知走，我们就看得清清楚楚。知为主体起作用，这时候开车并不累。

很多工作特别累的人，就喜欢开车兜风。为什么呢？那种开车的感觉很舒服。一路上漫无目的地开着车，又不执着于一个地方，实际上又看到一切，这是很放松的。如果开车的时候，我们觉得前面有个景很好看，然后就死盯着看，那肯定会出问题。而你若有若无地看着、开着，感觉就会很舒服。因为你在靠知起作用，意跟着知在走。这是一个境界。

不死盯着一个地方，然后又能够对一切了了分明，开车是这样，打乒乓球也是这样。打球的时候，我们是靠意，还是靠知？靠意的人，都是乒乓球低手。高手不靠意念打球，对方一个球过来，高手想都不用想，马上就有应对的动作。他一个球打过去，第二个动作就出来了。他刚看到一点点苗头，就能挥拍过去，刚好就打中。只有那种不熟练的人，需要略停片刻，想一想怎么接对方的球。但往往还没想好，别人的球就过来了，他就措手不及。所以，如果完全靠意打球，绝对打不好。要靠知打球，然后意跟着知走。但不要走极端，不要认为意就不起作用。意起作用——意跟着知走，意完全落在知上。意跟着知走，你打球才会成为高手。

练武功也是这样。现在有很多人打太极拳假模假样，那没用。为什么呢？因为他的动作、他的知这样走，他的意却在妄念纷飞。我们的动作、我们的知这样走，意也完全跟着这样走，不走神，这就是境界了，这样打太极就是功夫。行到知到，知到意到，每一个意都紧紧黏着他的知，每一个知都紧紧贴着他的行，这才是功夫。有些人打太极拳，他的动作不能行云流水，非常生硬，就是因为知与意脱钩导致的。很多练舞蹈的人也会这样。动作很生硬，原因就是他的意跟知脱了钩。知还没到，意已经到了，意拖着知走——他脑袋里觉得这个地方该做这个动作，那个地方该做那个动作。总有这么一个意在里头，而身体的行和知都跟不上，动作就很别扭。什么叫行云流水？行到哪里，知到哪里，意到哪里，意牢牢跟着知一起走，而知和行本来就是紧密合到一起的，这样，武术也好，舞蹈也好，就是行云流水一般的，就到了一个境界。

王阳明说“知行合一”，知和行一定在一起，这不用我们去思考。知跟着行，不用人去练。因为人走到不同的地方，就有不同的知；行在不同的地方，就有不同的知。但是，意跟不跟知，就要我们练了。如果一个人的意跑快了，他想做的动作就跟不上，他的动作就很难看。只有意牢牢跟着知，知合着行，动作才好看。当然，这里的知是意之本体的知，是良知、真知，而不是常人与意识心等同的知。

所以，体育也好，武术也好，舞蹈也好，其实，功夫到了一定境界的时候，我们就能看到一个效果：行云流水。“行云流水”从哪来？意在知上。

有时我洗衣服，洗着洗着，忽然间我快乐无比，衣服动一下，心就动一下。我不是在轻轻地搓衣服，而是轻轻地揉搓着自己的心，那种感觉太美妙了。假如每个人洗衣服都洗出这种感觉来，他愿不愿意洗衣服？他会到处找衣服洗。

有时走路，走着走着，会觉得自己的心挨着地面，脚动一下，心就动一下，走路都走得特舒服。为什么会有这种感觉？其实就是因为意在知上。所有妄念都平息了，全身心都在当下正在做的事上。

意无所在，知无不在，意在知上，心安自在。

“心安自在”是什么意思呢？就是安而行之。我洗衣服的那种感觉，就是安而行之。我一在这种感觉里头，就愿意一辈子这样洗下去。因为那种感觉、那种喜悦是内心升起的。如果洗衣服洗出这种感觉来，我愿意一直洗下去。所以，心安是什么感觉？就是做一件事，不需要目的，不需要理由，而内心充满喜悦。这样的事当然能做好，当然能一直做，直至做成。心安自在就是安而行之。这就回到了《大学》前面所讲：知而后能定，定而后能静，静而后能安。“静而后能安”就是安而行之。

其实，“意无所在，知无不在，意在知上，心安自在”这几句话都是讲格物、致知、诚意、正心。**意无所在是格物，知无不在是致知，意在知上是诚意，心安自在是正心。**这四句话的前面两句是铺垫，后面一句话是描述，中间一句话是关键：“意在知上”。

意无所在是格物，知无不在是致知，意在知上是诚意，心安自在是正心。

我们欧博工厂管理的四个板块，每个板块都是练意在知上。你的计划出问题、你的执行力出问题、你的考核出问题，都是因为你的意不在知上，你的意跑了。

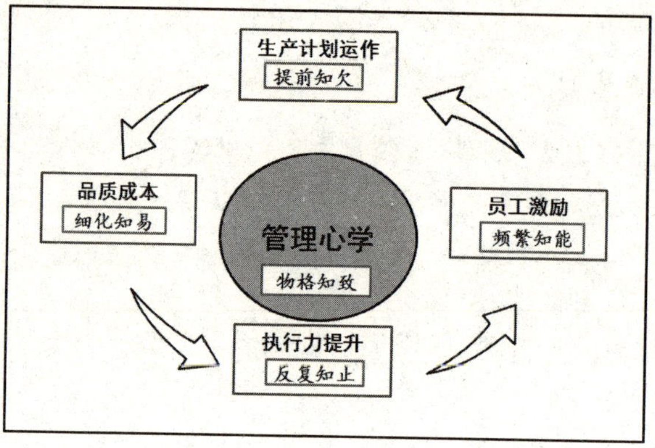

图 3–8 欧博工厂管理“知行合一”系统

任何事情练到极致，就是意在知上。打太极是这样，打乒乓球是这样，洗衣服也是这样。所有的功夫就是练意在知上。

所以，事情没有大小，所有的事情只是练功夫的方式、路径、切入点、方法不同，但境界都一样。怎么练？把它做到极致。怎么做到极致？在每一件事情上练。练什么？练意在知上。

就在管理当中，就在你的生产计划当中、在你的稽核检查当中、在你的品质改善当中去练“意在知上”的境界，这样既能赚钱，又能修行。

意有焦点，必有所失；意能成相，相必离知。

知无焦点，处处生心；知行一念，无相妙用。

未来不可知

意在知上怎么练呢？

你注意哪里，你的意就在哪里。而知在哪里？知无不在。知无不在不是拿来练的，是拿来知的。它告诉我们一个事实：到处都有知。那么，知究竟在哪里？有人说知在当下。有句话叫“活在当下”，但是我们活在当下了吗？没有。为什么？因为我们不知道当下在哪里。当下何在？

为了理解这个当下，我们看一下古代经典里的一句话：**过去心不可得，现在心不可得，未来心不可得。**

为什么过去心不可得？因为它已经过去了，所以它肯定不是当下。过去心虽不可得，但我们能不能想起过去？可以。对过去的回忆，是知还是意？意。过去心不可得，说明过去心是意，不可得说明它不是知，过去心就是回忆。为什么未来心不可得？因为未来心是想象。想象是意还是知？想象是意。所以，未来心是意。

回忆和想象都属于意，都不是知。知不属于对过去的回忆，不属于对未来的想象。那么，知跟什么有关？知是不是就是现在呢？不是。因为“现在心不可得”。也就是说，现在心还不是知，它是意。

总之，回忆不是知，是意；想象不是知，是意。为什么现在心不可得？因为你用现在心去看一个东西，都有很多意在里头。比如图 3–4，当你看到这个图的时候，你是不是用现在心？是。

你用现在心看，怎么看这两根线都是一根长一根短。那本来两条一样长的线，我们看不到，我们没有得。这就叫现在心不可得。看了没得，本来一样长的线条，我们没得到这个结论，没得到这个真知。

前面我们还做过一个传球的视频游戏，很多人第一次看的时候，愣是没看到从屏幕中走过的那么大的一只大猩猩，这些人“得”了吗？没“得”。他睁大眼睛，盯着屏幕看，这是现在心还是过去心？现在心。他眼睁睁盯着看，既不是回忆，也不是想象，而是现在。但是他还是没“得”，而本来有一个大猩猩。所以，现在心还是不可得。

“过去心不可得”好像很好理解。为什么？因为那是回忆，它都过去了，我们得不到的。“未来心不可得”也好理解。为什么？未来还没来，我们得不到。过去的已经过去，未来的还没来，所以过去心不可得，未来心不可得。对“现在心不可得”，很多人理解不了。但是，我们前面做的这几个游戏，证明了“现在心不可得”。这不需要你理解，因为做这些实验的时候，该得的你都没得——真相没得，真理没得。可见，现在心还是不可得。

现在心不可得的原因是什么？是意在起作用。尽管现在心看的不是回忆、不是想象，但我们的意在起作用。看不到那个大猩猩，就是因为我们的“意”跑到数穿白色运动衣的人传球次数上去了。“意”干扰你，“意”引导你，让你没“得”。图3–4本来是一样长的线，但我们现在看的时候没“得”。什么原因？又是“意”在里头。“意”一介入，就没“得”；“意”一离开，就“得”了。

平时我们看东西，或跟什么东西都打交道的时候，“意”是不是一直都在？一直都在。所以，“意”你摆脱不掉。“意”的纠缠让我们过去心不可“得”，未来心不可“得”。过去心完全就是“意”，是百分百的“意”，因为它就是回忆。未来心也是百分百的“意”，因为它是想象。

“现在心”还好一点，还有“知”在里头，所以你看图3–4还看到了两根线条，你看视频至少还看到穿白衣服的人。但是，由于“意”的干扰，本来等长的线变成不等长，本该看到大猩猩，最后没看到。所以，“意”就是过去心、未来心。其实，图3–6里面的干扰也是来自“意”，这个“意”是过去的经验。

凡是掉在过去的经验里头，就没有真知可言；凡是掉在对未来的想象里头，就没有真知可言。很多人做管理的时候是活在“知”上，还是活在“意”上？他活在“意”上。活在“意”上有真知可言吗？没有。活在“意”上能做出正确的决策吗？不能。

为什么很多企业做的战略规划最后不可实现、一塌糊涂？因为企业的人活在“意”上，而未来心不可得。有的企业不要说战略规划没有用，年度计划都没有用。因为这些战略规划、年度计划都是根据领导的“意”、大家的“意”做出来的，都是靠想象和主观意愿来做的。很多企业就连一个生产计划都不可行。为什么？因为它不是根据“知”做出来的，而是根据“意”做出来的。所以，凡是根据“意”做出来的计划、规划等都不可行。

假如工厂的业务员接到一个订单后，根本不问生产部门，不问车间，就直接回复客户，这个业务员是活在“意”上还是活在“知”上？活在“意”上。为什么呢？因为他凭自己的经验、凭自己的回忆、凭自己的想象、凭自己想迎合客户的心理，做了一个交期的承诺。凭经验就是过去心，凭想象就是未来心，可不可得？不可得。那么，要回复客户交货期，他应该怎么办？应该进行订单评审，应该把生产部门、采购部门等相关部门叫过来，然后大家把事实列出来。面对事实，是“意”还是“知”？是“知”。我们搞订单评审的目的就是从“意”回到“知”上。

企业里面一切的做法，无非就是让“意”回到“知”；企业里面一切的错误，无非就是因为“意”离开了“知”。“意在知上”这句话对企业管理非常有意义。如果我们没有活在“知”上，回答客户的交期就会乱来。当我们的“意”回到“知”上，就会根据事实来承诺交货日期，这时候的交期就靠谱了。所以，你的“意”离开“知”，你就会犯错。你的“意”回到“知”，你就可以做出正确的判断，这样得出来的交期分解和主生产计划就有用，因为它是你根据“知”、根据事实得出来的，你做了产能负荷分析，你不是根据想象，不是根据回忆。

很多企业做日计划是这样做的：把一个月的主计划切割成每一天，最后生成日计划。像这样不通过备料排查，不通过采购管制，不通过出货排查，直接通过分割主计划形成的日计划可不可行？不可行。为什么不可行？因为这个计划是在“意”上，不在“知”上。为什么在“意”上？因为你的日计划是从主计划切割出来的，这个日计划是想象出来的，不是依据事实得出来的。因为从主计划到日计划的实施，这中间还有很多事情没发生，我们都不管，直接就把它做了出来下给车间。这样的日计划是想象的还是基于事实的？是想象的。想象是什么？是未来心。

“未来心不可得”，你想象出来的日计划是未来心。它可不可得？不可得。而真到了那一天，如果车间按这个日计划走，可不可行？绝不可行。因为到了那一天，车间主管手里的那个日计划是过去心还是当下的知？是过去心。他的日计划是过去的某一天由计划部门做出来的，相对于现在，那时候做出来的日计划就是过去心，这个计划不是基于事实，而是基于过去的经验做出来的，所以它肯定不可行。从未来心判断，你的日计划不可行；从过去心判断，你的日计划也不可行。

怎样才能把主计划变成可行的日计划？通过滚动排查。我们通过采购的滚动排查、物料的滚动排查、仓库的滚动排查、车间的滚动排查以及出货的滚动排查，营造一个一个的当下。我们避开过去心，避开未来心；我们避开回忆，避开想象。怎么避开？主计划做出来以后，第二天你就排查一下。经过排查你再决定第二天该怎么办。由此做出来的决策是基于事实，还是基于回忆？事实。由此你就营造了一个当下。第三天你又排查一下，这个时候该调整的就调整，该追欠的就追欠，该报欠的就报欠，由此做出来的决策，是基于事实还是基于想象？基于事实，因为我们做了排查。

其实，每一次的排查都是为了营造一个当下，都是用当下来避免过去心，用当下来避免未来心。我们的做法就是排除过去心，不要凭回忆；排除未来心，不要凭想象。总之，不要凭“意”，要凭“知”。“知”就是当下的事实，“知”只可能来自于当下。每次排查，我们获得的是“意”还是“知”？是“知”。因为我们是对着事实在排查的。排查的时候有没有回忆在里头？没有。排查填到表里面的是不是回忆？不是。是不是想象？不是。排查的时候，既不是回忆在起作用，也不是想象在起作用。不是“意”在起作用，是“知”在起作用，是一个一个当下的“知”在起作用。

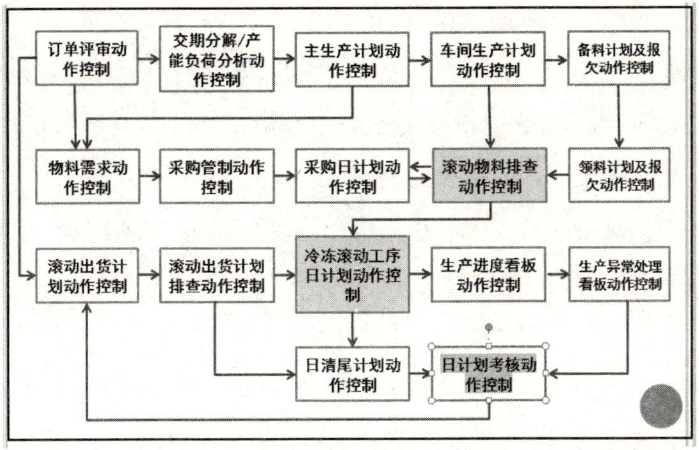

图 3–9　欧博生产计划运作图

为什么我们的计划模式那么严谨，有那么多动作？就是因为从接到订单、制订计划，到计划真正实行的这一过程，有的会成为过去，有的又只是未来。我们今天做 10 天以后的生产计划，这个计划是未来的还是当下的？是未来的。所以，我们一接到订单，一做计划，我们的计划很容易要么就是未来心，要么就是过去心。凭过去心、未来心，你得不到有用的东西，所以，要想办法把过去心和未来心都变成当下的“知”。怎么变成当下的“知”？进行一系列的排查。所以，排查让我们企业的人活在当下。

排查让我们企业的人活在当下。

我们生产计划的排查动作就是企业管理当中的“活在当下”的方法。不要把“活在当下”搞得那么深奥。在企业里面做生产管理，我们怎么“活在当下”？排查。所以，不排查的人就是没有“活在当下”的人，做排查的人就是“活在当下”的人。

再看执行力。怎样提高执行力？我们的做法就是频繁检查。为什么要频繁检查？因为不检查，你谈执行力要么就是过去心，要么就是未来心。

有的企业说自己企业的执行力很差，有的企业说自己企业的执行力不错，这是凭回忆得出来的，还是查出来的？是凭回忆得出来的。所以，它是什么心？过去心。因为企业的执行力差，很多管理者就谈大道理，大谈执行力该怎么提高。这有用吗？没用，因为这是什么心？未来心。

凭经验谈自己企业的执行力是好还是坏，是什么心在起作用？是过去心。凭理论说自己企业的执行力该怎么提高是什么心？未来心。你不是过去心，就是未来心，你企业的执行力能提高吗？只有检查才是当下的“知”，只有频繁检查，才能提高执行力。

只有频繁检查，才能提高执行力。

我们的东西为什么有用？因为我们通过检查，让大家活在当下。我们的计划模式为什么有用？因为它通过排查，让人活在当下。我们的稽核为什么有用？因为它通过检查，让人活在当下。**“活在当下”为什么有用？因为“意在知上”。“意”不离“知”，知行合一，当然有用。**

面对企业的品质问题，我们该怎么办？我们要到现场去，要跟老员工、班组长一起讨论。到现场去，面对生产的实际过程，面对事实真相，是过去心、未来心还是当下？当下。这里毫无疑问不是过去心，因为没有回忆的余地；这里毫无疑问不是未来心，因为没有想象的空间。我们眼睁睁地看着，凭当下的“知”就能发现，很多品质问题的根本原因都是员工操作不当所致。原因简单，改善不难，简单的方法狠抓到位就能见效。所以，品质改善最重要的也是四个字：活在当下。或叫：意在知上。

其实，企业的品质问题就出在没有活在当下。问题就出在不到现场去，不跟老员工一起讨论，不实际观察生产的每一个具体的过程。你不是回忆，就是想象，结果就会觉得问题一大堆，问题好难办。

再看员工激励板块。

很多企业做总结，不是凭经验、凭记忆，就是凭感觉，老板发一通牢骚，下属发一通高见，就算过去了。这是什么心？过去心。过去心不可得。企业里面搞总结必须要有数据，真实的数据就把过去的当下移到了现在。但即使数据是真实的，只做月总结和月考核也是不够的，要活在当下，就要想法提高激励的频次。如果只有月总结、月考核，一个月下来，员工心情的变化可能都已经发生了若干次，管理者就可能失去了最佳的激励时间。所以，我们要每天PK，每天总结。因为那时候当下还刚刚发生，还正在发生。通过日PK、日考核，我们每天的激励都能跟员工当下的心情相应。为什么阿米巴要每天核算业绩？甚至日航一个航班降落后马上要核算出该航班的经营业绩？都是为了活在当下，为了不让当下溜走，因为当下稍纵即逝。海尔以天为单位抓管理，也是为了活在当下。其实，这并不是真正的当下，但就管理而言，抓住这样的当下已经很不错了。

我们被什么绑着

我们对过去有没有“知”？对未来有没有“知”？没有！对常人而言，**“知”不可能在过去，“知”不可能在未来。**你对过去的“知”是“意”，你只是把“意”当成了“知”。你以为你对未来是“知”，其实也只能是“意”。我们常人对过去、对未来都是“意”，而不是“知”，只是我们错误地把“意”当作了“知”。“知”是当下才有的。

为什么对过去不能“知”？因为常人的“知”来源于眼耳鼻舌身。眼耳鼻舌身能不能回到过去？不能。眼耳鼻舌身能不能去到未来？不能。对于常人而言，**眼耳鼻舌身去不到的地方，“知”就去不到。**

为什么生活当中我们又说未来可以“知”、过去可以“知”呢？那些自认为对过去、对未来都可以“知”的人，其实都是在用“意”。我们再怎么想，都是在“意”里面打转。有些人觉得自己越想越聪明，能想出很多好点子，其实都只是变着法子来回答同一个问题，一点突破都没有。因为“知”到不了，只是“意”的链条在起作用而已。“意念”形成链条起作用时，会遮蔽我们本来具有的“知”，让我们失去最基本“行”的能力，即解决问题的能力。

我的助手沈家君老师曾经和学员们做过一个游戏（如图 3–10）。

●游戏1

1000
+ 40
+1000
+ 30
+1000
+ 20
+1000
+ 10

图 3–10

沈老师问台下的学员 1000 加 40 是多少？大家得出 1040 后，他又问 1040 加 1000 是多少？大家回答 2040。他再接着问加 30 是多少？学员们回答 2070。他又问再加 1000 是多少？学员们回答 3070。他接着问加 20 是多少？学员们回答 3090。他又问再加 1000 是多少？学员们回答 4090。沈老师问得一次比一次快，台下的学员也一次比一次回答得快。当加到 4090 的时候，沈老师问 4090 加 10 是多少？很多学员马上喊出 5000。

4090 加 10 是个关键点。如果我们是一个人独自做这个题目，答案肯定是 4100。现在怎么被很多人算出 5000 来了呢？因为这些人没有活在“知”上，而是活在“意”上，活在“意”的链条里。我们独自算这个加法的时候，是活在“知”上的。你知道上面是 4090，下面是 10，这两个数加起来必然是 4100。只要你在“知”上，你肯定知道 4100。沈老师一个劲地催大家迅速说出答案，当到 4090 加 10 这个地方时，很多人已经被“意”的链条牢牢绑住了，心根本不在此刻的“知”上，所以脱口而出：5000。

1040+1000=2040，2040+30=2070，2070+1000=3070，3070+20=3090，3090+1000=4090，这就是一个“意念”的链条，就是“前念今念后念，念念相续”。人的念头一旦形成链条，人后续的念头就只会跟着前面的跑，而全然不顾当下的实际，这就叫“绑”，叫“执着”。

人的念头一旦形成链条，人后续的念头就只会跟着前面的跑，
而全然不顾当下的实际，这就叫“绑”，叫“执着”。

当念头跑到 4090 加 10 的时候，我们忘了 90 加上 10 是 100。为什么会这样？因为我们的“意”在这个地方没停。从“知”上来讲，4090 加 10 怎么都是 4100，不可能是 5000。但你的“意念”跟着前面的念头走，就会不顾这个现实。往前进位，进到千位数上去了，最后就会脱口喊出 5000 来。念头连续不断的结果就是这样，而且前面的“意念”是每加一个小的数字，后面就会再增加 1000，这也大大强化了念头的惯性，导致出错。所以，念头如果不斩断，就会经常出错。活在“意”上的人，就会活在一系列错觉中。

再看沈老师的第二个游戏（如图 3–11）。

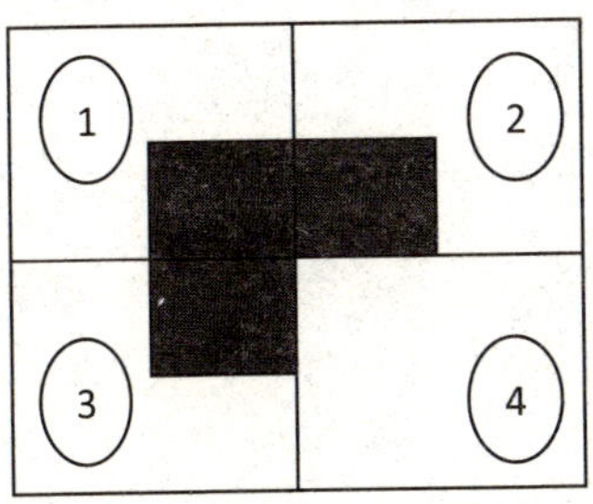

图 3–11

（读者可试做这四个题目后再往下阅读。）

沈老师先要求学员将图 3–11 中的①分成形状相同的 2 等份，将②分成形状相同的 3 等份，学员们很快就做到了，如图 3–12 所示。沈老师再要求大家将③分成形状相同的 4 等份。这个问题有难度，学员们想了一些办法，做出来的还是很少。沈老师就带着大家先将③分成大小形状相同的 12 等份，然后根据 12 ÷ 4=3，将每 3 个等份组合起来，形成了图 3–13 所示的 4 等份。沈老师的第四个题目是将图中的④分成大小形状相同的 7 等份。学员们冥思苦想了很久，都未能找到答案。有的人将④用虚线分成了

56 等份，然后来组合，当然答案是错的。其实，这个答案很简单，如图 3–14 所示。

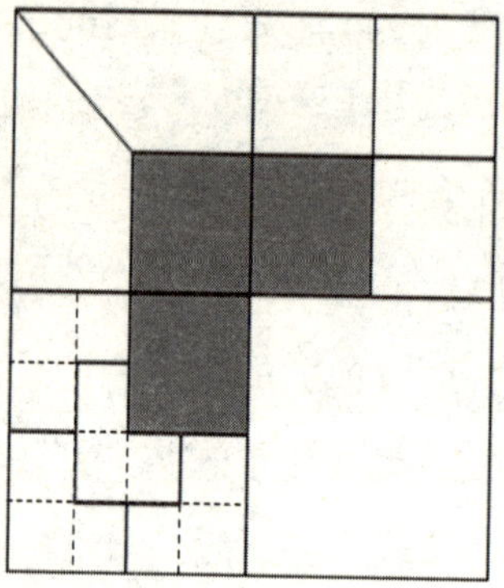

图 3–12

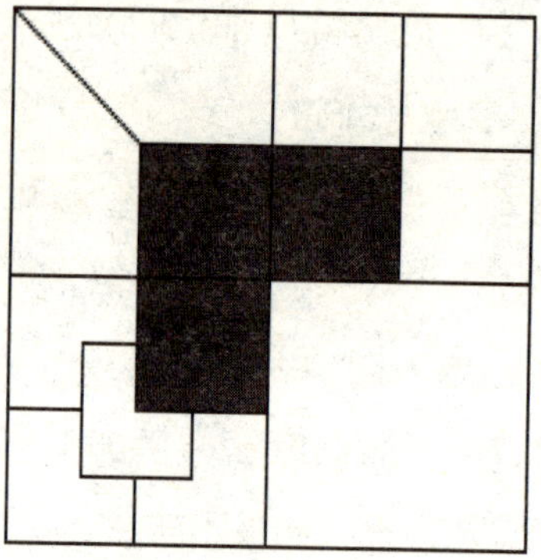

图 3–13

如果他直接要求学员把④这个地方分成 7 等份，学员们不用思考，马上就能分出来，因为谁都能分出来（如图 3–14）。而现在怎么成了难题了呢？是沈老师的引导造成了学员意念的链条，然后他让这根看不见的“意念”的链条绑住了学员的心，让学员当下本自具足的“知”不起作用。这就是奥秘。

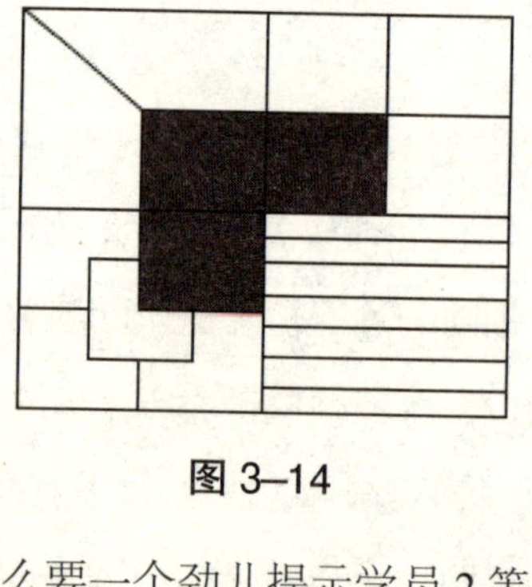

图 3–14

沈老师一开始为什么要一个劲儿提示学员 2 等份怎么分、3 等份怎么分、4 等份怎么分？他在干什么？他在营造你的意念，让你形成意念的链条。他让你在 2 等份那里想一下，在 3 等份那里想一下，特别在 4 等份那里让你纠结半天，再往后面走的时候，你就不会选最简单的分法了。因为你意念的链条已经形成：事情越来越复杂了。后面的意念就往越发复杂的方面想，结果一个小孩都能做出来的题目，大人却做不出来了。

"意"遮蔽了"知"，人心在"意"的链条中活着，人就是在错觉中活着，管理做不好，生活也麻烦。

管理有问题，生活往往也会有问题。管理上有很多问题的人，生活上没问题，跟谁都处得好，这可能吗？不可能。很多人在管理当中糊涂，在生活当中也绝不明白。如果管理当中糊涂、生活当中不明白是一种病，那病根只有一个：执着。心被意念的链条牢牢捆绑，根本没有活在当下的"知"上。通俗的说法是活得很不现实，整天不切实际，想入非非。

一个执着的人是哪里都执着的，一个固执的人是哪里都固执的。他做管理固执，生活上一样固执。他跟同事处不来，往往跟家人也处不来，跟朋友也处不来。所以，管理者要借着管理来修行，来提高我们整体生命的质量。

关于"意"，已经讲了很多，但"意"好像成了一个负面的词，到底要把"意"去掉还是不去掉？王阳明说过一句话：**"如好好色，如恶恶臭，安得非意？却是诚意，不是私意。诚意只是循天理。虽是循天理，亦着不得一分意。"（《传习录》）**这句话什么意思呢？好好色、恶恶臭本身就是"意"，但它是诚意，不是私意。诚意虽然是遵循天理的，但里面不可有一分私意。

你知道一个东西好，喜欢它。这个喜欢算不算"意"？算"意"。你讨厌臭鸡蛋，这个讨厌算不算"意"？算"意"。好好色、恶恶臭本身是"意"，它究竟是好还是不好呢？王阳明回答说："却是诚意，不是私意"。

也就是说，意分两种：诚意和私意。什么是诚意呢？如果我们也回答说："诚意只是循天理"，那恐怕意义不大。因为王阳明懂，我们未必就懂。但王阳明的话至少证明不是所有的“意”都是要去掉的。

其实，好好色、恶恶臭是人的本性。从人的本性发出来的，都不是坏的。从人的习性当中发出来的，就有可能是坏的。

人有两个性：一个是天性（本性），一个是习性。儒家里面也讲两个词：天理和人欲。宋明理学就提出一个观点：存天理，去人欲。天理就是天性。爱健康是天性，想活命是天性，这些都是好的，都是诚意。

但是喜欢喝酒，是天性还是习性？习性。喜欢喝酒是天理还是人欲？人欲。喝酒、抽烟都不是天性，没有谁生下来就喝酒、抽烟。第一口酒不好喝，第一口烟也不好抽，很呛人。既然第一口烟不好抽，为什么有的人还抽？他只是经常抽，抽上瘾了，成了习性而已。

好好色、恶恶臭是天性，是诚意。那么，什么叫私意呢？私意就是人的欲望。简而言之：符合社会规范的，就是诚意、是天理。

如果我们搞不清什么是天理、什么是诚意，就看看《论语》。《论语》列了很多的条目，我们在这些条目上走，就是在天理上走，人就是诚意的。孔子的伟大，不仅因为他提出了理论、思想，更重要的是他还提出了很多规范，为我们找到了践行天理的具体路径和动作。仁、义、礼、智、信过不过时？忠、孝、悌过不过时？不过时。孝永远不过时，忠永远不过时。有人说现在又不是封建社会，我忠于谁？忠于职责。现在的忠不是忠于某个人，是忠于职责、忠于岗位、忠于职守。这是不需要理由的，这跟老板好不好也没什么关系。人养成了不忠于职守的坏习惯，就是遇到好老板，也不会忠，也干不好。如果觉得老板不好，就不忠于职守，这只是找借口而已。

诚意、天理往往是人本能的反应，就像人的第一念。人在当下的知上产生的第一个念头是诚意，后面生出来的念头往往是私意。

人在当下的知上产生的第一个念头是诚意，

后面生出来的念头往往是私意。

看到一个老头倒在地上，我们的反应绝不是上去踩一脚。如果谁看到老头倒在地上，就想上去踩一脚，说实话，这种人不是极恶之人，就是一个病人、一个疯子。看到一个老人倒在地上，正常人的第一个念头是：去扶他。但第二个念头就可能是：我到底扶不扶？第三个念头：万一扶了，会不会有麻烦？之后，第四、第五、第六个念头就都出来了。第一念后面的念头都叫私意。为什么讲要把念头切断？因为往往第一个念头是好的，到了第二、第三、第四就出问题了。其实，把念头的链条切断，让每个念头都不跟着前面的念头跑，而是回到当下的知上，这就叫诚意。

把念头的链条切断，让每个念头都不跟着前面的念头跑，
而是回到当下的知上，这就叫诚意。

我们再看王阳明的另一句话：

忿懥几件，人心怎能无得？只是不可“有所”耳。凡人忿懥，着了一分意思，便怒得过当，非廓然大公之体了。故有所忿懥，便不得其正也。（《传习录》）

“忿懥几件，人心怎能无得”是什么意思呢？就是忿懥等几种情感，人心怎么能没有呢？王阳明这个人很通情达理，他绝不搞什么伪圣人、伪君子。他认为人有点脾气是很正常的。

“只是不可‘有所’耳”是什么意思呢？就是你发点脾气没关系，但你不可执着于这个脾气。下属业绩不好，你都没脾气，这好不好？不好。下属业绩好，你高兴，你鼓掌；下属业绩差，你也高兴，也鼓掌，你要么就是一个傻子，要么就是存心拆老板的台。

下属的业绩差，管理者总会有情绪。但不能“有所”。“有所”就是执着。看到别人业绩不好，我们就愤怒，就想收拾他，这就执着了。下属业绩差有可能是他没经验，有可能是他知识不够，有可能是我们根本没有把生产流程理顺，有可能是他自己家里出了什么变故，我们要先把问题搞清楚。没搞清楚情况就劈头盖脸地骂，这就是“有所”。

不要把人搞得跟神一样，王阳明不赞成这样，儒家不赞成这样。《中庸》也好，《大学》也好，阳明心学也好，都是这个观点。

“凡人忿懥，着了一分意思。”这句话是讲凡人有了忿懥后，又不断添加自己的情绪，就怒得过当了。一个管理者看到员工业绩不好，心里生气，本来这是站在企业的角度，是对的。但是，你批评下属，下属不服，你们吵起来以后，你就可能想：事没做好还敢顶撞我，看我怎么收拾你！后面的收拾、后面的愤怒是出于我们的职责还是私心呢？私心，这就是“着了一分意思”，意思是添了私心就不该了。看到下属业绩不好，我们有情绪，这可能是职责所在。但后面把自己的意思加进去，“便怒得过当，非廓然大公之体了。故有所忿懥，便不得其正也”。

像诚意和私意一样，“有所”和“忿懥”也要分开看。忿懥只是情绪反应，有所就是执着心。如果是职责所在，纯粹为了职责，别人服你，因为你是公心。但是，你如果目的就是想要让别人服你，别人会不会服？不会。因为你这是私心。所以，意也要分诚与私，并不是所有的“意”都是不好的。从根本上来讲，“意”也是来自“知”。王阳明言：“知之发动是意”“知者意之体”（《传习录》）。如果说“知”相当于大海，“意”就相当于大海中泛起的浪花。但我们不能执着这些浪花，因为它会生生灭灭，后浪推前浪。浪花本身也无法执着，双手捧一朵浪花，就只剩下海水。想把浪花与海水分开，单独拥有浪花，就是私。让浪花归于海水，我们只是欣赏浪花的美丽，不去执着占有朵朵浪花，就是公，就是诚。

我们说过：知是当下的。但有一种人可以知过去、知未来。什么人呢？至诚之人。《中庸》里面讲：“至诚之道，可以前知。……祸福将至，善，必先知之；不善，必先知之。故至诚如神。”“至诚之道，可以前知”这句话的意思就是知过去、知未来。常人肯定只能知当下，知不了过去，知不了未来。但至诚之人可以，因为“至诚如神”。他的当下是过去、未来、现在集于一体的。这就是儒家对“诚”的敬仰和推崇。所以，中国人从古至今才将诚恳、忠诚、诚实、诚信等带“诚”字的东西看得那么重，因为“诚”是人突破自己的自然局限，拥有“神力”的法宝。

“诚”是人突破自己的自然局限，拥有“神力”的法宝。

怎样发脾气

实际上，喜怒哀乐也都是良知的作用。如果我们是不负责任的管理者，我们就有可能对员工业绩的好与不好无所谓。所以，生气的后面也是良知。

这样，我们就明白，不是喜怒哀乐这个情绪要被我们掐死，而是要想办法让自己在这个正常的情绪反应、良知反应之后，脑袋中、心里别多那一点点私意。多那一点点收拾别人的私意才是后面一切问题的根源。把多出来的那一点点去掉，就是恰到好处。哪怕情绪出来，也是有用的。

情绪有没有用呢？年轻人谈恋爱要不要经常表示喜悦？要，那个情绪能帮你把老婆、老公找回来。你需不需要对员工严厉一点？有时候也需要。别以为一天到晚哄着员工就好，这叫无原则。有句话说“慈不带兵”。过去的老帅、老将都是有脾气的。彭德怀元帅在朝鲜战场上对志愿军的一位军长讲过这样一句话：我彭德怀没有别的本事，斩马谡的本事我还是有的。因为这位军长有一次把美国人给围住了，但最后延误了战机，他的部队没有把美国人的一个团给全歼。他当时因为情况不明犹豫了一下而已。所以，别以为那些老帅、老将都没脾气，能带兵打仗，都有点脾气。

做管理，千万别假装好人。假好人比那个真恶人还糟，因为假好人是伪君子。在中国人的排序里头，最高位的是神，其次是圣，再其次是贤，神人、圣人、贤人这三种人都是超凡脱俗的。孔子说这三种人我都做不到，他提倡大家做一个君子，能成为君子就已经不错了。君子后面是好人，好人都做不到，就是小人了。小人下面就是伪君子，伪君子比小人更害人。因为小人你防得了，你知道这是小人。伪君子就不好防了，因为他外表上跟君子一样。

企业天天出错，客户天天投诉，我们还要处处装出一副若无其事、修养极深的样子，你的企业能折腾多久？就算你的企业能折腾，你个人能折腾吗？你的身体都受不住。所以，做管理不要装。孔孟之道没有一个人提倡装，孔子很率性，孟子也是，王阳明也是。有喜怒哀乐是正常的。当情绪产生的时候，不要只是压抑自己、压制自己，这是没用的。但是，当脾气上来了，我们让它发，会伤到别人；不让它发，会伤到自己，怎么办？

我们首先要懂得将喜、怒、哀、乐这些情绪一分为二。喜是一，怒是一，哀是一，乐也是一，但我们要把喜、怒、哀、乐拆成二。

先从“喜”字来拆。喜的实质是什么？是“我喜欢”，再准确一点是“我知道自己喜欢”。再看“怒”，实际上，“怒”是“我愤怒”，更准确地说是“我知道自己愤怒”。“哀”是“我哀伤”，准确地说是“我知道我自己哀伤”。“乐”是“我快乐”，准确地说是“我知道自己快乐”。我们把“喜、怒、哀、乐”拆成两个是什么意思呢？“喜”还是一，“我喜欢”就变成了二，喜欢的主体就出来了。谁在喜欢？我。谁在愤怒？我。谁在哀伤？我。谁在快乐？我。

表 3–1

喜	我喜欢	我**知道**自己喜欢
怒	我愤怒	我**知道**自己愤怒
哀	我哀伤	我**知道**自己哀伤
乐	我快乐	我**知道**自己快乐

喜、怒、哀、乐是四种情绪，你有时喜，有时怒，有时哀，有时乐。虽然喜欢、愤怒、哀伤、快乐这四种情绪变来变去，但有一个东西是一直不变的，就是“我知道”：我知道自己喜欢，我知道自己愤怒，我知道自己哀伤，我知道自己快乐。找到了喜、怒、哀、乐的主体，有什么用呢？

它可以让我们重新调整自己的注意力。当你把注意力放在喜欢上，你就会越来越喜欢，因为你越看越美，“情人眼里出西施”。当你把注意力放到愤怒上，你就会越来越愤怒；当你把注意力放到哀伤上，你就会越来越哀伤。

两口子吵架，有时候别人越劝越糟。为什么呢？因为两个人都把注意力放在吵输吵赢上了。其实，没人劝他们，两个人可能吵着吵着就安静下来了，自己想一想也没啥意思，只要他们的注意力不执着于愤怒，就会慢慢平静下来。所以，千万别把注意力放错地方。要把注意力放到哪里呢？放在“知道”上面：我知道我喜欢就可以了，我知道我愤怒就可以了，我知道我哀伤就可以了，我知道我快乐就可以了。把注意力放在“知道”上，情绪变来变去，但这个“知道”一直没变，这就叫“如如不动”，知道的本体如如不动。知道的对象你都清清楚楚，就叫“了了分明”。

如果我们把注意力放在“知”这个本体上去，还会把事情搞糟吗？不会，因为这个“知道”本质上是什么在起作用呢？是良知。良知在“知道”、天理在“知道”，它会不会做过分？不会。**天理、良知不会让我们过分的，它会保护我们**，上天有好生之德呀！所以，你的注意力放在“知道”这里，什么东西出来？天理、良知就出来了。因此《中庸》才说：“喜怒哀乐之未发谓之中，发而皆中节，谓之和。”所有的情绪都落在天理良知上就是中、就是和。注意力放在“知道”上，要往内观。我愤怒，千万不要以为只有愤怒，一定有一个“知道愤怒”。我看到一张桌子，是不是只有这个桌子？一定还有一个“我知道这个桌子”，一定有一个“我知道”，这里面一定有一个“知”。

所以，当我们情绪起来的时候，我们的注意力要放在“知道”上面，不要放在“知道”的对象上。要把注意力放在“知道”本身、“知道”本体上。**把注意力放在“知道”本体上，就是把注意力放到良知上，放在天理上，这就是致良知，就是诚意，就是正心。要相信良知本身具有极大的**

能量。

把注意力放在“知道”本体上，就是把注意力放到良知上，

放在天理上，这就是致良知，就是诚意，就是正心。

王阳明有四句话，称为良知四句教：“无善无恶心之体，有善有恶意之动，知善知恶是良知，为善去恶是格物。”（《传习录》）“为善去恶是格物”讲的是入门的修法，是“有为法”。因为这里有一个“为”和“去”的动作，又叫“取舍心”，“为”就是取，“去”就是舍。有了这份取舍心，也就有了“意”，善恶就不能从根本上消失。“有善有恶意之动”，意一动就必有善恶。怎样才能彻底地消除善恶呢？最终靠的不是“为”和“去”，而是“知”：“知善知恶”。此处的“知”要作“行”来解。因为我们的心回到“知”上，善恶被觉照着，就会熄灭。就像太阳照着冰雪，太阳不需要再去做什么，冰雪就会融化。因为太阳有温度，有热量，有能量。良知也是有能量的，这种能量会最终化掉善与恶。

这就是王阳明讲“知善知恶是良知”这句话的意思。这句话不仅仅告诉人们何为良知，关键是他在讲一种修法，就是通过“知”来达到“行”的效果，当然前提是你要对“知”的力量有基本的信赖。而在王阳明心中，良知本身是有巨大力量的，所以善恶被良知所“知”，就一定会改变，这就是“行”。从这个意义上去理解“知行合一”会更为准确。

“知善知恶”其实讲的就是诚意的修法。因为通过为善去恶，良知起来，然后用良知审视意念中的善恶，善恶自消，意念清净。这就是诚意，最后进入无善无恶的“心之体”，就是正心。

良知四句教的重点在于强调：要从根本上解决善恶问题，要靠“无为法”，即知善知恶的“知”。“知”有“行”的力量，而且是没有“意之动”的“行”，所以才能从根本上去恶。

当然，“为善去恶”是基本修法，是渐修，是常人必须做的基本功课。没有格物的基本功，良知都起不来，“知善知恶”的顿悟法门就无从谈起。

常人的“知”是不具备那么强大的“行”的能量的，要通过为善去恶的格物渐修才能到达良知的境界，这叫致良知。而到达了这样的境界，“知”的能量就会起来，修行就进入了无为法的境地，诚意正心就开始了。

王阳明的良知四句教讲了前后连贯的两种修法：有为法——为善去恶；无为法——知善知恶。“有为法”修到最终一定要靠“无为法”来突破，否则就会有对善的执着，就达不到至善的境界。至善是一切皆善，是没有善恶对立的。

知善知恶，为善去恶，此为认知，此为格物。

知善知恶，不取不舍，此为良知，此为诚意。

第二篇

心量格局定成败

第四章

大学之道

大人有大量

《大学》节选

大学之道，在明明德，在亲民，在止于至善。

知止而后有定，定而后能静，静而后能安，安而后能虑，虑而后能得。物有本末，事有终始。知所先后，则近道矣。

古之欲明明德于天下者，先治其国；欲治其国者，先齐其家；欲齐其家者，先修其身；欲修其身者，先正其心；欲正其心者，先诚其意；欲诚其意者，先致其知，致知在格物。物格而后知至，知至而后意诚，意诚而后心正，心正而后身修，身修而后家齐，家齐而后国治，国治而后天下平。自天子以至于庶人，壹是皆以修身为本。

《大学》是四书五经之首部，也是儒家的根本经典之一。《大学》的第一句话是“大学之道，在明明德，在亲民，在止于至善”。“大学之道”的“大”是啥意思呢？“大”字好像是指年龄，但实际上它不仅指年龄。

在中国的封建社会，那些当官的、有权势的、有地位的人才被称为大人。称呼一个人为“大人”的时候，人们是有敬畏之心在里头的。“大人”的后面加一个“物”字，就是大人物。什么叫大人物？影响力比较大的人，有地位、有名望的人。一个人被称为大人，不仅仅是因为他有权有势有地位。**“大”代表着心量，代表着格局。“大”指的就是内心的格局大。**

一个人的心量格局非常重要，可以说，一个人能不能成功、成功之后能走多远，其决定因素既不是能力，也不是财富，也不是地位，也不是资源，也不是关系，更不是长相，而是格局，也就是他的心量。他所有的财富、人脉、知识、学历、能力，都只是他格局当中的一个个要素而已。

格局才是最终的东西。我发现所有遇到问题跳不出来的人都卡在了格局上，卡在格局不大造成的困惑里，没人例外。而凡把事情做大的，最终的原因都是他的格局够大。学历越高，事业就做得越大吗？不一定。事实上，很多老板都是小学毕业、初中毕业，但是，你通过跟他接触，你会发现他们心里的格局不只是小学毕业生、初中毕业生那样的格局，他内心的格局可能比很多硕士、博士的还要大。很多学历很高的人之所以没有做出大事情、大成就，卡住他的恰恰是他内心的格局，绝不是因为他知识不够多、学历不够高、能力不够强。

很多人在大企业里面做事情做得还可以，他还是有能力的，但一旦自己创业就会遇到难以逾越的障碍。什么原因呢？心里的格局卡住他了。大企业营造了一个大格局，在大企业里头工作，他只是扮演一个角色而已。但是，当他自己做一番事业，他就要"平天下"了。别看他的天下很小，但那也是一片天，再小国家的皇帝也称自己为寡人。为什么？因为他要包容他那个天下，他自己会很孤独。

四书五经的第一部是《大学》,《大学》是儒家思想的核心、基础。《大学》究竟在讲什么呢？其实，把"大"字一看懂，就知道《大学》在讲什么了。**"大"是格局、心量的意思**，所以,《大学》讲的就是如何把心里的格局做大的方法，这就叫"大学之道"。

把心里的格局做大是一个人成就事业的前提，因为，心量决定一切。

有人挣钱很轻松

《大学》这个著作很有意思，它是一个系统结构。但这个结构当中，它又采取了循环反复的方式。也就是说，整个《大学》的思想、整个儒家的思想其实已经在《大学》第一段里面讲完了："大学之道，在明明德，在亲民，在止于至善。”《大学》的第二段是“知止而后有定，定而后能静，静而后能安，安而后能虑，虑而后能得。物有本末，事有终始。知所先后，则近道矣”，这是对第一段话的展开，等于又把第一段话循环了一遍，但是在个人修法上讲得很细。《大学》第三段是“古之欲明明德于天下者，先治其国；欲治其国者，先齐其家；欲齐其家者，先修其身；欲修其身者，先正其心；欲正其心者，先诚其意；欲诚其意者，先致其知，致知在格物。物格而后知至，知至而后意诚，意诚而后心正，心正而后身修，身修而后家齐，家齐而后国治，国治而后天下平。自天子以至于庶人，壹是皆以修身为本”。这一段还是在循环第一段的内容，只不过讲得更细，而且更具体，具体到怎么应用于人的社会生活当中。

《大学》的格局差不多是几次反复：第一段把怎么扩大心量的方法讲完了，第二段展开讲，第三段更展开讲。《大学》前面的这三段就是通常人们说的《大学》的经部，意思是核心思想所在。《大学》后面的部分称为“传”，是对经部的展开阐述，讲的是历史典故，通过历史典故再一次证明这些思想。每一次的循环反复都让人体会得更深。

也有人说，《大学》的第一句话就把怎么扩大心量全部讲完了，后面那两段话都是多余的。把“大学之道，在明明德，在亲民，在止于至善”搞懂就全都有了，剩下的都不需要了。其实，对很多人来说，不看后面的，前面的他就不明白。明白的人看第一句话“明明德”就够了，更明白的人看第一个字“大”就够了，一切都在“大”里头。但我们不能这样讲，这样讲《大学》就成了玄学，听上去很高深，其实什么都没讲。

“大学之道”是指扩大心量、扩大格局的方法，“在明明德，在亲民，在止于至善”是具体讲怎么扩大心量、格局，它讲的是修法。这里的“明明德”是什么意思呢？前面这个“明”是一个动词，意思是“明白”。后面的“明德”是一个名词。“大学之道，在明明德”是什么意思呢？就是扩大心量、扩大内心的格局，方法在于明白每个人内心都有一个“明德”。

什么叫“明德”？我们先看一下这个“德”字。“德”字我们很熟，小时候在学校读书，老师要我们“德智体美劳”全面发展，学校还开设品德课，道德、德行、品德这些词我们也很熟，但“德”到底是什么意思？前面我们讲过“德”字的甲骨文。（见图 1–1）

“德”字的甲骨文是一只眼睛在十字路口。十字路口有一只眼睛代表什么？代表一个人走到十字路口瞅来瞅去。瞅什么呢？瞅方向。我们人经常有迷茫的时候，比如我们开车到一个陌生的地方，当走到一个十字路口，我们往往要想一想接下来该往哪个方向走，看看是往前开、往后开，还是往左开、往右开。但“德”字表示我们并不迷茫，“德”字的甲骨文里有一只眼睛，这只眼睛的上方有一条竖线。这条线代表什么？代表方向。

这表示，我们人在迷茫的时候，我们内心其实是有方向的。这个十字路口只是个比喻。我们谈心量，是因为我们有困惑；我们有困惑，我们才要找方向，才要把心量扩大，把格局做大。我们把格局做大、把心量扩大是为了能够摆脱困惑。所以，把格局做大也是为了解决困惑。

大学之道就是做大格局的方法，《大学》的第一句话就告诉我们，当我们迷茫、困惑的时候，我们其实是有方向感的。我们的方向在哪里？在我们自己的心里，这太重要了。“大学之道，在明明德”告诉我们：要扩大心量、扩大格局，要排除自己的困惑，我们要到哪里找方向？要到我们的内心找。这是《大学》的第一个观点，是孔孟之道的核心观点。

现在很多老板遇到问题、遇到困惑却不这样想，他认为必须有很多钱才能解决他的问题，必须找一批能干的人才能解决他的问题，他总是抱怨资金不足、下属不给力、没良心的人太多。他经常说：跟着我的人没良心。而他下面的人也会经常说：我怎么老遇到没良心的老板！大家都在外面找原因，找得到吗？找不到的。孔孟之道有两千六百年了，《大学》的第一句话就告诉我们要在哪里找原因——先要回到内心。因为我们的心里有方向，这就是“德”的价值和意义。

我们的心里有方向，这就是“德”的价值和意义。

我们的内心是有方向感的。不要总想着把谁干掉，不要总想着用钱解决问题，《大学》给我们开的药方不是这样，《大学》要我们在哪里找方向？在我们的内心。有些人说这不可信。说实话，传了两三千年的东西，你还是信吧，因为两三千年来，有那么多人都信了，皇帝也信了。不信我们可以到山东济宁看看孔庙、孔林、孔府、曾庙、孟庙、孟府。两千多年过去了，它们依然巍然屹立。历朝历代没人敢动孔庙，日本鬼子打到中国都不敢动孔庙。中国人敢动皇帝，但不敢动孔庙。

中国几乎历朝历代的皇帝都去孔庙拜谒孔子，皇帝不去，就派大臣去。蒋介石跑到中国台湾没忘了把孔子的嫡长孙带走，还有孟子的嫡长孙。当然，孔孟现在的嫡长孙也经常回来。所以，传了两千多年的东西我们都不信，那恐怕不是个事。现在社会的很多问题，都跟我们不信这些有关。

现在很多人都信钱。中国有百家姓：赵钱孙李，周吴郑王，冯陈褚卫，蒋沈韩杨……百家姓变成一家姓好不好？起码生物的多样性就没有了。全国人民都一个姓，姓钱，那也不是个事。孔孟之道让我们信内心，但我们很多人都不信，都只信外面的东西，这个社会人心怎能不浮乱？

企业难管跟人心有关。假如人的心都是很善、很正的，企业当然就好管。人心乱了，企业就难管。人们什么都不信，社会、企业都难管。

《大学》告诉我们，要解决问题，就要把注意力从外转向内，因为人人内心都有一盏明灯。“德”就是灯，“明德”就是明灯。我们内心有一盏灯，它能照亮我们前面的路，能让我们看清方向，这就是“明德”的意思。

人人内心都有一盏明灯。“德”就是灯，“明德”就是明灯。

为什么“德”前面加个“明”？“明”代表“德”的用。“德”起什么作用呢？让我们看清路，看清方向。你内心的“德”是让你看清路的，不是帮你挣钱的。你想挣钱，也得先看清路。你挣钱也得办个企业，办什么企业、做什么产品、怎么做营销、到哪里做市场、用什么样的营销策略、用什么样的管理方法，这是钱还是路？这都是路，都需要内心先把“明德”这盏灯给点亮。这叫“明明德”。

我们想挣钱，得先把路看清楚。路都没看清，只想着钱，就像打球的人只盯着记分牌。打球的时候，如果球员球也不看，人也不看，只盯着记分牌看，他必输无疑。你不好好打球，只盯着记分牌，你的分数会越来越差。你好好打球，记分牌上的分数自然会上去。有的人恨不得球不打了，翻记分牌去。现在有些人做事就是这种心态，表面上好像很务实，经常说：我这个人很实在，没钱的事我不干！这和打球只盯记分牌一样，有用吗？没用！好好打球要靠什么？靠打球的方法，靠辛苦地打。

在有些人看来，不谈钱好像不足以证明他的实在。谁跟他谈一点方向，谈一点怎么走路，他一句话都听不进去。这说明他的心里格局已经很小了。能做大生意的人是只盯着钱的吗？李嘉诚做的很多生意，十年以内都未必收得回钱，但他还是去做，霍英东也是这样。

有些人挣两个钱苦得要死，整天一副苦大仇深的样子，不累死自己和别人不算完。霍英东、李嘉诚这些人是怎么做生意的？他们看方向，而且看得准。所以，看钱重要还是看方向重要？当然看方向重要。方向对了，那边就是钱；方向错了，那边就是坑。哪有直接看钱的？你看得到钱，别人就看不到吗？大家都看到钱的地方，不早挤成一锅粥了吗？所以，要看方向。在哪里看方向？《大学》的第一句话告诉我们：方向要往心里看。

方向首先在心里，这是整个儒家思想、整个中国文化的核心，儒释道三家都告诉我们方向首先在心里。为什么？“德”字就表示我们内心的方向感清清楚楚，内心的方向感其实就是我们经常说的一个词：良知。

良知是什么？良知就是天理。也就是说你想赚大钱，你就一定要做很多对他人有利的事，而前提就是你一定要清楚他人有什么问题，有什么需要。这不就是现代营销理论吗？找准客户需求以及满足客户需求是任何一个学市场营销的新生都必须懂得的基本常识，怎么我们老祖宗将这些道理用“良知”“明德”这样的词表达出来，我们就不信了呢？

人人心里都有良知，都看得清方向，你去做对大家都有利的事就好了，这就是良知指给你的方向。所以，儒家修行叫“明明德”。我们内心本身就有方向感，我们内心本身就有方向，这个方向照亮我们前进的路，这就是“明德”。明白真正的方向感在我们的内心，就是“明明德”。

明白真正的方向感在我们的内心，就是“明明德”。

总之，答案要在心里找。所以，以后遇到问题，不要去责骂别人。要骂就骂自己，要打就打自己。为什么？是你内心没看清，自己的内心堵住了，你怪谁？所有的问题都要在自身找答案，都要在内心挖掘。其实很多哲人都讲过类似的话，但曾子在两千六百年以前就讲了。曾子为什么会得出这个结论？曾子在《论语》里面讲过一句话：“吾日三省吾身——为人谋而不忠乎？与朋友交而不信乎？传不习乎？”这个“三省”是几天三省？是一日三省，也就是每天都要三次反省自己。古代的“三”代表多，曾子的意思是要时时刻刻反省自己。老师要学生反省，学生会把头低下来；皇帝要大臣反省，大臣会把头低下来。你低着头，代表你看内；你昂着头，你就看外了。所以，低头不代表认错，而表示内观。

我们要懂得经常内观自己，觉照自己。“三省吾身”这个观点实际上是曾子早年提出的观点。当曾子后面研究孔子思想、最后形成儒家整个思想结构的时候，他马上提出了“在明明德”，“明明德”和“三省吾身”一脉相承。曾子在《论语》中提出“三省吾身”，在《大学》的一开篇就提出“明明德”，可见内观的重要。所以，我们遇到问题，要懂得在内心找方向，在内心找答案。对的在内心，错的也在内心。你把“明德”开发出来，你就会对；你的“明德”被遮蔽住了，你就会错。

总之，这个世界是自己跟自己玩的游戏。人生几十年，说到底都是自己跟自己玩了几十年而已。玩对了是自己跟自己玩了几十年，玩错了也是自己跟自己玩了几十年。怪别人干吗呢？正因为如此，孔子才说：“古之学者为己”(《论语》)。说人生到头就是自己跟自己的事，有些人会问：那我周围的人算什么呢？这个问题留待后面来说。

人的良知是怎么失去的

“明德”是我们内心的一盏明灯，它能照亮我们前进的方向。明白这一点，就称之为“明明德”。当然，这还只能叫初步的“明明德”，相当于“悟道”，离“得道”这个真正的“明明德”还是有一段距离的。俗话说“人人心中有杆秤”，对于是非对错，我们心里其实是很清楚的，孟子把这称之为“良知”。孟子说过一句话：所不虑而知者，其良知也。“虑”是思考的意思。很多事情就是这样，我们不用思考，就能判断对错。

2011 年 10 月 13 日，广东佛山的一个五金城发生了一件事：2 岁女童小悦悦相继被两辆车碾轧，7 分钟内，有 18 名路人路过，但都视而不见，漠然而去。最后，一名捡垃圾的阿姨救起了小悦悦。但小悦悦最终伤重不治，离开了人世。

小悦悦被碾轧的视频资料我们至今还能在网上看到。看到一个稚嫩的生命被无情碾轧，看到那么多人无动于衷，我们的心很痛，我们难受，我们气愤。我们心痛、我们难受、我们气愤，与利益有关、与道理有关吗？不是。一看到这种情景，我们想都不用想，就会心痛，就会难受，就会气愤，这说明我们的良知一直都在。良知人人都有，小悦悦身旁的那些人也有良知，可他们为什么那么冷漠、那么无动于衷呢？

从当时的监控视频来看，最后救起小悦悦的是一位捡垃圾的阿姨。她在那 19 个人里头应该是生活在社会最底层的。前面那 18 个人应该都活得比她好，这 18 个人有的开车，有的骑摩托车，即使是步行的人，从他们的穿着打扮来看，他们也比一个捡垃圾的过得要好。所以，我们的良知是怎么失去的？是日子过好了失去的。某种程度上说，太强的幸福感反而让我们的良知失去了。

按照世俗的价值观，这位捡垃圾的阿姨应该是最没有幸福感的人，但就是这样一个生活在社会最底层的人还拥有那份良知。为什么这年头没良心的人、没良心的事越来越多？因为我们的日子过得太好了。因为日子太好，幸福感太强，很多人连一些最基本的判断都失去了，他们的良知被遮住了。他们的“明德”虽在，但他们没有“明明德”。所以，有时候日子过好了也未必绝对是好事，我们可能连这么最基本的有关人性的事情都不去做了。而恰恰是一位捡垃圾的人，那个一天到晚都在贫困线上挣扎的人，还保留了那份人的良知，她的天良还在。这真的很悲哀。

2003 年春天，一种叫作“非典型肺炎”（简称“SARS”）的传染病突然爆发，全国上下展开了轰轰烈烈的抗击非典的斗争。当时，非典这个病是没办法治的，在抗击非典的过程中，有不少医护人员伤亡。据一份数据统计，截至 2003 年 4 月 23 日 20 时，中国内地累计报告病例 2422 例，而医护人员达到 541 例，医护人员占了 20%左右。也就是说，死了不少医生、护士。在生命受到威胁的一瞬间，逃生是人的本能反应。但在汶川大地震中，都江堰市聚源镇聚源中学的教师们却放弃了转瞬即逝的逃生机会，为不少孩子赢得了生存的希望。据了解，地震发生的时候，校舍倒塌处共有 15 个班级在上课，在地动山摇的一瞬间，15 名老师立即组织学生从各个出口向大楼外疏散。由于行动迅速，大多数学生逃离了险境，而走在最后的几名老师却遇难了。

现在医患矛盾很多，人们对医务人员的负面评价很多，对教师的非议也不少。但是，抗击非典的医生有没有良知？有。汶川地震中的那些老师有没有良知？有。这些人和小悦悦事件中的那些人是不是一类的人？是一类人。他们都是什么人？都是中国人。实际上，人和人本质上并没有区别。良知、明德人人都有，良知、明德一直在我们的内心，但良知、明德往往什么时候显露出来？在灾难面前。

我们会发现一个现象：在大灾大难面前，平时那些让你很恶心的事情没了或者少了，这说明要让人保持良知，有时候还要一个前提条件：苦难。有一句俗话叫“患难之中见真情”。为什么要“患难”？因为良知很容易被我们遮住，很容易被我们忘记，但是，灾难一来，它莫名其妙就焕发出来了。在SARS期间、在汶川地震期间，我们真的看到了很多感人的事迹。很多医护人员不顾生命安危，坚持在一线抢救病人；很多人捐钱捐物，甚至自愿跑到灾区参与救助工作。但是，平时当你遇到点难处的时候，你能在你身边发现这种人吗？你会发现很少。很多老板经常会抱怨：干企业苦啊！你觉得苦很好，因为苦能让你的良心还在，让你一直保持良知。有一句话叫“苦害有诸德”，“诸德”就是各种好的意思。别的不说，苦至少能够让你保持良知，让你狂不起来。

像“小悦悦事件”，从小悦悦身边经过的19个人里面，有18个人都比那个捡垃圾的阿姨成功。但这18个人，有的看都不看就过去了，有的人看了一眼，犹豫一下又过去了，他怕麻烦，他怕这样、怕那样，他觉得这年头还是少惹事为妙，他想了很多。但是，灾难一来，你还有得想吗？就没有了。灾难一来，你的良知马上就起来了。

所以，有时候生活不那么如意，工作当中遇到点麻烦是好事，为什么呢？它能让我们保持良知，让我们保持明德，让我们的良知、明德一直都起作用，我们至少不会干太多出格的事，至少不会干太多过分的事。

不要一遇到麻烦、一遇到苦恼、一遇到烦恼就想摆脱，你一味地摆脱的时候，说不定就走到一个误区了。而你接受这份麻烦、接受这份苦恼，你就会越做越大。哪个成功者没有这样的体会呢？正如歌里这样唱道：不经历风雨，怎么见彩虹？所以，“大学之道，在明明德”有道理，因为经历苦难，保持良心，你的格局才会大。

经历苦难，保持良心，你的格局才会大。

良心就是一个很大的格局。良心能够感应到很多东西，**良心就是同理心。**人为什么有良心？就是因为万事万物的理是相同的，人和天地的理也是相同的，我们的良知一直向内看，就能看到这个理，这个理也是天地万物的理。因为万物同理。这就是人有良知、有明德、有方向感的原因。

只有亲人能治你

《大学》的第一句是：大学之道，在明明德，在亲民，在止于至善。“大学之道”就是扩大心量格局的方法，“明明德”就是明白人的内心都有明德，都有良知。扩大我们的心量格局的第一个动作是在内心找到良知，因为这个良知所通的理，跟天地万物的理相同。扩大内心格局的第二个动作是什么？就是亲民。

亲民是什么意思？亲是什么意思？亲近、相亲、相爱。要扩大心量格局，你就要爱所有的人。要是你爱所有的人，你的心量格局当然就大了。但问题是，你这样做过吗？有些人说，我很想爱所有的人，我很想爱周围的人，我很想对周围的人好，但是我发现我对他们的好，换来的是他们对我的欺骗和伤害。所以，人不可亲。那18个人为什么不救小悦悦？很大程度上是他们怕给自己惹麻烦，怕自己被讹诈。你爱所有人，你的格局就大了，但是人不可爱、不可亲怎么办？有些人说要包容。他天天骗你，你天天让他骗。他骗一百块钱不够，骗你一千你给他，骗你一万你也给他。他打你左脸，你把右脸也伸过去给他打。一般人会不会这样做？不会。

人不可亲，不可爱，亲了白亲，爱了白爱。不亲还好，亲了反而伤你。

曾子要我们“亲民”，他是不是错了？曾子没错，《大学》传了两千六百年，曾子怎么可能错。谁错了？我们错了。我们错在哪里？错在不懂这个“亲”字。

那么，“亲民”的“亲”到底是什么意思？我们看一下“亲”字的金文。

好多朋友一生都没有搞清楚“亲”这个字。生活当中你会发现一个怪现象：你跟陌生人、跟不太熟悉的人、跟不太亲的人可能处得还好一点，处不好的恰恰是你的至爱亲朋。好亲好亲的人，亲到了一个枕头上的人，反而最终亲不起来。离你远一点的人，你会发现你和他的关系不算太好，一般也不会太坏。那些经常伤你的人，恰恰就是你曾经特别信任的人。这真是个怪事：你爱的人变成害你的人了。我们要找到这个现象的答案。怎么找？在古文里面找。

“亲”字没有甲骨文，只有金文，金文和甲骨文是一个时代的，也有三千多年的历史了。金文的“亲”字是怎么写的呢？左边是一个“辛”，

图 4–1 “亲”字的金文大篆

右边是一个眼睛。眼睛看着“辛”是啥意思？在甲骨文里面，“辛”字代表监狱。“辛”代表一个人被关起来了，代表这个人失去了自由。所以，什么是亲人？值得你去牢房看的那个人，才能称之为亲人。

我们在亲人面前有自由吗？小年轻就明白，在没遇到相爱的那个亲人之前，他想干吗就干吗，他半夜一两点钟回家都没啥问题，他可以随便跟哪个女孩子一起玩，玩过分一点也可以，大不了就结婚。但是，当他遇到那个相爱的亲人以后，当他结婚以后，他还能经常半夜一两点钟回家吗？他还能出格一点点吗？他的眼睛多看一眼别的漂亮女孩都不行。为什么？因为他失去自由了。两个人结婚其实就是彼此失去自由。好多人以为结婚是让自己好上加好，快乐加快乐，是让自己快乐到极点，他们错了。社会上流传一句话：婚姻是爱情的坟墓。这句话讲得过分了些，但它至少告诉

你要放弃自由。如果一个人结婚了，还要自由，后果不堪设想。

父子之间也是这样。小时候如果我们看到谁家孩子调皮捣蛋，我们就会跟他说一句话："你爹来了"，意思是收拾你的人来了。熊孩子的爹来了，熊孩子就不敢无法无天了，他就不那么自由了。

我们经常讲，男的一般当爹以后才开始成熟，女的当妈以后才开始成熟。为什么男的当爹以后才成熟，女的当妈以后才成熟？因为孩子让他（她）失去自由了。成熟是自由吗？不是，成熟恰恰是自律。一个人不自由了，自律了，意味着他就成熟了。如果爹妈两个人还追求自由，其结果就是幸福的孩子变成单亲孩子，好好一个家变成单亲家庭。很多夫妻离婚不就是因为各自追求自由吗？爹要自由，妈要自由，结果孩子没自由了。

"亲"的准确含义是什么？是放弃自己的自由。

所以，"亲"的准确含义是什么？是放弃自己的自由。可惜很多人不懂得这个道理，有些男的当爹以后还追求自己的自由，孩子他想打就打，想骂就骂，结果孩子要么有暴力倾向，要么无法无天，要么畏畏缩缩，这种孩子是不可能有出息的。

社会关系的本质是约束人的，是让人放弃自由的。

匈牙利诗人裴多菲写过一首诗：生命诚可贵，爱情价更高，若为自由故，两者皆可抛。为了自由，这位诗人连命都不要，连爱情都不要了。这首诗曾经非常流行。但为了自由，不要命、不要爱情的人适不适合做领导？适不适合做老板？不适合。很多老板也是"若为自由故，两者皆可抛"。他变来变去就是在追求自由，他甚至认为自己当老板的目的就是为了追求自由自在。他觉得企业定制度是约束别人的，约束他不行。他辛苦一点可以，钱大家分也可以，唯独有一点不可以。哪一点？让他放弃自由。他认为自己早上八点钟来公司可以，十二点来可以，下午五点钟来也可以。有的老板下午五点才来公司，来了就开会，开到八点让下面人讨论、拿方案，他半夜一点等下面人把方案发给他，这就是极端的自由。

其实，管理最大的问题是什么？是我们不愿意放弃自己拍板、做主、决定的权利。不愿意放弃自己拍板、做主、决定的权利，是管理最大的障碍，也是很难突破的障碍。现在当领导的、当老板的吃点苦愿意，他知道这年头要把事做好，不可能不吃苦的。所以让老板吃苦，他无所谓，但让他下面的人不听他的，他不愿意。他甚至会说：我也不想让你听我的，但是你不听我的你又听谁的？难道要让我听你的吗？我听你的也可以，但看看结果吧。有些领导、老板甚至说：我也没办法，你以为我想辛苦？你以为我想拍板？你以为我想管着你？有时候爹妈跟孩子也这样说：你以为我想操你的心？我一点也不想操你的心，但是，你看看你做的那些事。

所以，我们带队伍，我们亲民，最终会遇到一个瓶颈：谁说了算。什么事都自己说了算，这是精神层面的自由，用西方人的话说，这叫自由意志，这比身体的自由高很多。

很多人，特别是知识分子，他一切都可以放弃，甚至身体的自由都可以放弃，但绝对不放弃意志的自由、精神的自由、思想的自由。古希腊哲学家苏格拉底就是这样。苏格拉底被雅典法庭判处死刑，法官对他说，只要你以后不说那些蛊惑人心的话，就不判你死刑。他说：那你还是毒死我吧。苏格拉底选择饮下毒堇汁而死。他觉得没有精神自由，还不如死。

带团队的最大瓶颈就出在自由意志上。

所以，自由意志对很多人来说都是难以跨越的坎，带团队的最大瓶颈也就出在自由意志上。领导、老板都会面临两难：是放手还是不放手，是放弃自由还是把自由握在手里？从人的本性来讲，我们当然愿意把自由握在手里，我们想让别人听我们的，然后找一堆理由来证明别人必须听我们的。出去旅游你就发现，本来彼此不熟悉的一帮人玩来玩去，会玩出一个意见中心，会玩出一个很有影响力、很能发号施令的人来，他的话能引领大家，他说什么大家都乐意听，这当然不是选出来的。

人都有一个倾向，都希望别人听自己的，然后找理由证明如果别人不听自己的结果会如何差，听了自己的结果会如何好。不管是领导还是老板，这样管有没有效果呢？有效果，否则就没人这样做了。但是这样的做法导致的结果就是：领导、老板又苦又累。就如同旅游时玩出来的一个意见领袖一样：他本来就是想让自己处在意见中心，想让别人听自己的。但返过头他又会对别人说：你看，你们把我搞得好辛苦，你们倒好，只管玩去了，我还要帮你们想明天去哪里玩。实际上，帮别人想明天去哪里玩的那个人是最过瘾的。别人明天去哪里玩都由他定，这当然过瘾。但他还是装出一副很受苦的样子，会对别人说：你看，为了让你们玩好，我昨天差不多忙了一个晚上。他这样辛不辛苦呢？客观来讲当然辛苦，但问题是有的人就愿意找这种苦吃。因为他的精神意志是自由的。

很多人受苦是自找的。尽管很多人也吃得了苦，但这种做法，能把事情做大吗？能把企业做大吗？能把团队做大吗？不可能。为什么？因为不是只有你一个人想自己说了算，其他人都有这个想法，任何一个人都有这个想法：要是由我拍板就好了，要是我说了算就好了。

你以为一起出去旅游的时候，大家都会听那个被当成意见领袖的人？其实，好多人都想拆他的台，好多人根本不想听他的。尽管他辛苦了一晚上，为大家筹划第二天怎么玩，但结果怎么样？到了第二天，大家三五成群，你玩你的，他玩他的，根本玩不到一处去。

企业里面的人不愿放弃自由意志会出现什么情况：在我的部门里，在我的岗位上，我就按自己的意思办。因为下面的人也会想：我凭什么听你的，我听你的难受，你说的还不一定对。于是，下面的人和上面的人天天唱对台戏。这样的结果，团队的凝聚力一定很差。久而久之，这些人只要和老板、老总坐在一起，就一副不表态的样子。你在台上说，他忍着，忍不住了就找个理由出去一下，或者干脆走了。他面对你的时候忍着，他不发表意见，不表态，不提供建议，他的脑袋就是个死的，但是，他一离开你就成了孙悟空。孙悟空在唐僧面前老老实实，一离开唐僧就三打白骨精，就十万八千里，就为所欲为。企业里面有很多孙悟空，老板自己就是最厉害的孙悟空。不管你的自由意志出于什么样的目的，出于如何高尚的原因、如何立得住的原因，我们一定要想到它本身对团队的伤害。

凡是强调自己自由意志的人带不出队伍。

我们发现：凡是强调自己自由意志的人带不出队伍，他带出来的一定是一群“傻子”。有时候我们发现企业里面的人好像集体犯傻一样，但其实他们不傻，他们只是没有创造性、没有积极性而已。而一旦要伤害到他们的个人利益，一个个马上变得十二分的精神和聪明。所谓的傻，只是企业里面，好多事情都没有人去处理而已。因为下面的人觉得那些事情有老大管着，有老板管着，听上面的就行了，反正凡事都是上面说了算。

所以，企业的事情不能一个人说了算，有时候哪怕你是对的，你也要非常巧妙地变成不是你一个人的意思，这就是领导的艺术了。你不要对的错的都是你说的，对的错的都是你说的，那是找死。真正把企业做大的人，绝不喜欢一言堂。凡是强调一言堂的，他的企业绝对做不大。

原巨人总裁史玉柱在检讨失败时曾坦言：“巨人的董事会是空的，决策是一个人说了算。因我一个人的失误，给集团整体利益带来了巨大的损失，这也恰好说明权力必须制约。”史玉柱认为巨人失败是因为他什么事情都一意孤行，没人制约他。

大家知道魏徵是唐朝皇帝李世民的宰相，魏徵曾是李世民的哥哥李建成的谋士。当李世民杀了哥哥李建成的时候，魏徵是不打算活的，他就希望李世民能杀他。可李世民就不杀他，然后他就天天跟李世民作对，最后李世民在这种作对当中还得到了很多好处——避免了走极端、犯错误。

找个人天天给自己挑刺，这需要大智慧。这就如同苦难能让人活在当下，保持觉知一样。一个人能这样做，他的心量格局大不大？不大也得大，要不然他得活活被气死。所以，曾子开出来的方子有“毒”，他要你把心像充气一样充大，然后任这些人怎么在里面折腾，你都受得了。医生会告诉你：是药三分毒。那吃了不痛不痒的是保健品，但有什么用呢？

那些跟你很亲很亲的人才治得了你。

曾子告诉我们要“亲民”，曾子为什么要开这个方子？为什么要用“亲”这个字？因为就是那些跟你很亲很亲的人才治得了你。你到餐馆吃饭，你会白白被服务员气吗？你气得不行，会把她老板叫过来，再不行就拍屁股走人，不受那鸟气。你懒得理服务员，不想跟她计较，不想跟她一般见识，不想跟她打交道。但是，对待亲人你能这样吗？你跟老婆一吵架，就懒得理她，就不回来了，她会怎样？她找死你，你到哪她找到哪。

亲人才能这样折磨你，亲人才能活活把你那个心涨大，因为她会一直气你，要么你被气死，要么你的心涨大。这个活必须亲人干。所以，亲人是干吗的？是拿来练功夫的。说实话，很多人没当老板的时候，脾气一塌糊涂。有一个老板曾跟我讲，以前他要是在哪个地方吃饭被服务员气，他立马会把桌子掀了，然后再跟她讲道理。自从当了老板，他就不这么搞了。为什么？他已经被下属练出来了，他百炼成钢了。

一定要相信，带队伍非常磨炼人。《大学》后面在谈到“诚意”的修法时，借用了《诗经》里面的两句话：如切如磋，如琢如磨。古代人把骨头、象牙、玉石、石头等加工制成器物的时候，不仅要用刀切，还要用麻绳、兽皮、石片等磋一磋，磨一磨。又切又磋，又琢又磨，才有精美绝世之作。扩大心量也有套路，曾子给我们开了一个方子——跟你该亲的人好好地亲一亲，切磋琢磨，心量就大了。

康熙皇帝活了68岁，执政60多年，他感谢哪些人？鳌拜、噶尔丹、吴三桂等。凡是跟他作对的人，他全感谢。为什么？因为没有这些人，就没有康熙；没有这些人，他就是一个普普通通的皇帝而已。康熙15岁时就亲自谋划，铲除了位高权重、专横跋扈的鳌拜，他既能纵横疆场、运筹帷幄，又能经世济民、安邦治国。他的心量怎么出来的？他的格局怎么出来的？亲出来的。所以，不要只把“亲”理解成可爱，有时候真要把它理解成磨炼。亲人的麻烦、队伍的麻烦、下属的麻烦、朋友的麻烦是你扩大心量的契机、条件。在一个穷乡僻壤待着，跟谁都不认识，你不可能练出了不起的气量。

亲人的麻烦、队伍的麻烦、下属的麻烦、
朋友的麻烦是你扩大心量的契机、条件。

把心量扩大以后，你和周围的人亲成一体，就是真正的亲，就是我们现代意义上的亲了，但金文的“亲”字不是这个意思。实际上，曾子那时候提出的“亲”是一种修行的方式。**“明明德”是向内，“亲民”是向外，这叫内外兼修**，不要一直往内修，不要天天对着镜子看自己，不要以为天天把两条腿盘着就能成功，要去做很多事。其实，“亲民”的过程就是打破自己内心障碍的过程。

挣钱更好，亏钱也好

“大学之道，在明明德，在亲民，在止于至善。”我们前面讲了何为明明德，何为亲民。那么，何为至善呢？至善是不是就是我们常人理解的那个善？或者说是极致的善？要理解“至善”，还需回到第一句“大学之道”的“道”上来。我们先谈谈何为“道”？

几千年以来，“道”一直是我们所困惑的，我们觉得“道”挺难讲，很难说清楚。老子在《道德经》里面的第一句话就是“道可道，非常道”，意思好像是：“道”讲不出来，一讲出来就不是那个“道”了。“道”真有那么难讲吗？其实，“道”就像明心见性。悟了，一瞬间就明白什么是“道”；没悟，就会对它百思不得其解。

搞明白“道”就在一个“悟”字。悟是什么？悟就是扫清障碍而已。为什么我们觉得“道”那么难懂、那么难讲？不是“道”本身难讲、难懂，是我们的障碍太多了。因为我们的障碍太多，我们就看这不是“道”，看那也不是“道”，我们总认为“道”不可能是这个样子，不可能是那个样子，最后就搞出一个“道不可说”。

那么，什么是“道”？

在“道”前面加一个“天”字，称之为“天道”；在“理”前面加一个“天”字，称之为“天理”。所以，讲道、讲理就是在讲天、讲地，老子谈的就是天地。你要入这个“道”很简单，你看天看地，看看天地中间，就能看到“道”。天上有什么？地上有什么？天和地当中又有什么？生命。天地之间，生机无限。地上生长着花草，水中生活着鱼虾，山里生长着森林，天空飞翔着鸟儿，一切都是那么生机盎然。这些都是人做出来的吗？不是。是谁做出来的？老天。

天道天道，天有一个什么“道”？天理天理，天有一个什么“理”？实际上，天道、天理归根结底就是两个字：好生。上天有好生之德，这就是“道”。“道”就是老天爷喜欢生命，要让一切的生命都精彩。九寨沟极美，九寨沟的美是人做不出来的，人们用什么样的颜色都调不出九寨沟的那种美。

天有一个“道”：天要让一切充满活力，让一切的生命生机盎然。

天有一个“道”：天要让一切充满活力，让一切的生命生机盎然。好生就是天道。上天有好生之德，百姓讲帮人利人。利人包不包括利自己？包括，因为你自己也是个人。你不能只对别人好，自己不要了。利人就是自利利他。所以，天道是什么？天道就是善待生命。对一切的生命都好，就是天道，因为老天就干这个事。大自然的那些树、那些草、那些花多美，这些美丽的花草树木不是人做出来的，是老天做出来的。

天道就是善待生命，甚至贪生怕死都是天道。只不过那个“贪”字不好听，改成“好生怕死”就好听点。怕死是不是天道？当然是天道。人就是不怕死，也不会去找死。没事找死，那是有病。所有的人都是好活的，都是好生的，都是不想死的。旁边有一盆火，你把手伸过去，一感觉到烫，马上就会把手收回来，这就是天道，这就是怕死。你走到悬崖边，走到楼顶上，你觉得危险，可能会掉下去，你就会马上缩回来，这就是天道。

所有的生命都是喜好生命的，都是热爱生命的，都希望自己活得好好的。所以，"道"其实很简单。老子说过几句话：

天之道，利而不害。(《道德经》)

上善若水。水善利万物而不争，处众人之所恶，故几于道。(《道德经》)

天道无亲，常与善人。(《道德经》)

天之道，损有余而补不足。(《道德经》)

"利而不害"是什么意思呢？利就是利于生命，不害就是不害生命。老子虽然说"道可道，非常道"，但他自己给出了"道"的答案："道"就是利而不害。"几于道"是什么意思呢？"几"就是接近，"几于道"就是接近于"道"、差不多就是"道"的意思。所以，什么是"道"？善利万物而不争，就是"道"。善利万物不就是善待生命吗？不管是有生命的，还是没生命的，你都善待它，你都不破坏它，这就是"道"。所以，别以为老子在《道德经》里面讲"道"又没给出"道"的答案。他的答案很清晰：善待众生是"道"，善利万物而不争是"道"。

你只知道善利万物是"道"，但你修不成"道"。为什么？你知道它在那个地方，你得不到它，它是海市蜃楼，因为知"道"和得"道"是两码事。

"道"起码有三个层面：知"道"、修"道"和得"道"。你得先知那个"道"是什么，然后才能去修"道"，最后才能得"道"。你只是知善待生命，你把它听进去，它也只是个大道理。"道"你要知，更要去修。其实，"处众人之所恶"就是一个很重要的修法。知"道"以后，还要修"道"，修了以后才能得"道"。当然，得不得"道"就是各自的事了。我们先从《道德经》的几段话中，知一知“道”。

“水善利万物而不争”把“道”的特点点了出来，善利万物就是善待众生。不争、处众人之所恶是重要的修法，儒家里面把这称为“知止”。

“天道无亲，常与善人。”这个“善人”就是利人，就是善待生命。

“天之道，损有余而补不足”是什么意思呢？就是让多的少一点，让少的多一点，以求平衡。夏天到了，天气热了，有时热得要命，但天会不会一直热下去？不会。天热着热着，就变凉了。老天就是这样，它是循环着走的。太冷了不行，太热了也不行。天太热了，它就变凉；天太冷了，它就变热变暖。因为只有这样，生命才能够存在。

道是好生、利生，道是催生万物的生命力，

故“道生一，一生二，二生三，三生万物”。

懂得了善待生命、善利万物就是道，我们就能够去理解什么是至善。我们先谈何为善？常人讲的“善”与曾子讲的“至善”有何不同呢？

老子在《道德经》第二章说过这样一句话：

天下皆知美之为美，斯恶已。皆知善之为善，斯不善已。

老子好像对我们张口闭口所谈的善并不认同。他说天下人都知的那个善其实是不善的。也就是说，你脑袋中以为的那个善、你口里所说的善可能并不是真正的善。所以，我们要搞清楚“善利万物、善待万物”的“善”是一个什么样的善。不要只知道善就够了。

什么样的善才是真正的善？搞清楚这个问题很重要。搞不清什么才是真正的善，我们会常常觉得好心没好报。一个人经常觉得自己做了好事没好报，就再也不想做好事了，甚至觉得人的本性就是不好的，跟人打交道就会不善了。他认为自己至少要懂得自我保护吧。

我们经常听到一句话：害人之心不可有，防人之心不可无。现在的中国人活得真有智慧：我不害你，也不帮你，免得惹事。所以，现在有老人倒在地上，都没人去扶。为什么呢？因为怕给自己惹麻烦。什么是“害人之心不可有”？我不把老人撞到地上去。什么是“防人之心不可无”？他倒在地上我不管。因为万一是个麻烦呢？万一他讹我呢？万一……

现在很多人信奉“害人之心不可有，防人之心不可无”。把自己保护得好好的，表面上谁也奈何他不得。其实人活到这个份上，看起来百毒不侵，但生命的能量也就大打折扣了。

信奉“害人之心不可有，防人之心不可无”的人活得快乐吗？他可能没有麻烦，但他难以快乐，因为他的内心根本就不敢对外界开放：话不敢跟人多讲，与人打交道绝不深交，就是管下属也懒得管到别人心里去。这样的人有几个真心朋友？有几个真心追随你的人？又能改变和帮到谁呢？

纵观古今中外历史，我们会发现一个规律：凡是干大事的人恰恰都是非常率性的。彭德怀是共和国十大元帅之一。他率不率性？在朝鲜战场，他跟38军军长梁兴初讲过一句话：我彭德怀没别的本事，斩马谡的本事还是有的。意思是你下一仗再打不好，我就不客气。但还是彭德怀，在38军取得几个大仗的胜利后，高兴地写下“38军万岁”的赞美之词。这就是彭德怀的率性。

率性的人才有人格感染力，跟这样的人在一起，就像是跟一团火在一起，而不是跟一块冰在一起。领袖、老板要有非常强的人格魅力，有时哪怕露出点破绽都是好事。为什么呢？人们发现领袖、老板也有不如自己的地方，会更愿意亲近他。马云在一次公司年会上表演唱歌，上台之前很紧张，音乐人高晓松告诉他：你唱得好，大家不一定高兴；你唱得不好，大家一定高兴。马云听后马上就放松了，因为他心里就是想让大家高兴呀。

一切都是要有能量的。你的能量怎么让别人感觉到呢？要靠你把心打开。什么都藏着掖着，什么都防着，你怎么跟人有能量地交流呢？

我们要把心打开，但把心打开又有麻烦。我们对人好，往往没有好报；我们对人好，往往还有麻烦。怎么办？我们要破一破这个“善”字。怎么破？

《圣经》里有一则亚当夏娃的故事。说的是上帝造出男人亚当、女人夏娃后，将他们安置在东方的伊甸园。伊甸园里有各种树木和奇花异卉，树上的果子可以作为食物，园子当中还有生命树和分别善恶的树。上帝告诉亚当、夏娃，园中各样树上的果子他们可以随意吃，只是善恶树上的果子不可吃，吃了必死。但是，在蛇的引诱下，夏娃偷吃了禁果，还让她的丈夫亚当也吃了。上帝发现后，就将亚当、夏娃永远逐出了伊甸园。

亚当、夏娃原来就在极乐世界里面待着，他们原本可以长生不老，也不必劳作。就因为吃了善恶树上的果子，知了善恶，上帝就把他们逐出了伊甸园。而且上帝还处罚他们：女人以后要受生育之苦，男人要受劳作之苦。

上帝对亚当、夏娃的惩罚很重。上帝惩罚亚当、夏娃的原因是什么呢？是他们吃了禁果。很多人以为禁果就是男女之事，其实不是。吃善恶树上的果子，知了善恶，就是吃禁果。因为吃了善恶树上的果子，上帝就将亚当、夏娃赶出了伊甸园，还惩罚他们，这说明上帝不希望我们知善恶。

上帝在我们心中，特别在西方人的心中是至高无上的。美国总统宣誓就职的时候，他的手都要放在《圣经》上，以示神圣。上帝是很神圣的，但他处罚人类的原因竟然是人知善恶，上帝不想让人知善恶，这该怎么理解？

首先，我们要知道什么是善。老子讲：皆知善之为善，斯不善已。他首先从概念上对我们世俗的这个善进行了否定，他认为世俗人认为的善并不是真正的善。

《大学》一开篇就讲“道”，之后又说“在明明德，在亲民，在止于至善”。明明德、亲民、止于至善被称为三纲，从“道”开始，最后落在“至善”。为什么《大学》一开始就要说“至善”？它要避免我们世俗间理解的这个善。明白了“至善”，我们行善就知道怎么行，我们就知道怎么才是真正的好生、利生。

据《圣经·创世纪》记载，上帝花六天时间创造世间万物：第一天，上帝造光。上帝说要有光，于是就有了光，上帝以此为善。第二天，上帝造空气，并将空气以下的水、空气以上的水分开了，上帝以此为善。第三天，上帝造菜蔬。上帝说地要长出青草和结种子的菜蔬、结果子的树木，果子都包着核，上帝以此为善。第四天，上帝造光体，上帝以此为善。第五天，上帝造雀鸟、鱼类，上帝以此为善。第六天，上帝先造地上的活物，后照着自己的形象造人，要人管理海里的鱼、空中的鸟、地上的牲畜、地上所爬的一切昆虫，上帝以此为善。第七天，天地万物都造齐了，上帝就休息了。

上帝造出光、水、作物、植物、发光体、动物和人，他每造出一样东西，就以此为善。光、水、作物、植物、发光体、动物和人这些东西合在一起是什么？是能够让生命得以存在和延续的天地万物。实际上，上帝以天地万物为善，以生命为善，因为天地万物是生命得以生存的环境，也是生命本身。

上帝以天地万物为善，以生命为善。

所以，上帝不反对善。上帝花六天创造世间万物，他告诉人类，他造的一切都是善的。

天地万物一切皆善，这就是至善。

上帝告诉你，什么都是善的，什么都是好的。上帝为什么不让我们知善恶呢？因为他告诉我们，这个世界本来就是善的，一切皆善。他不要你再整出一个你认为的、你理解的、你以为的善，然后把其他的称为恶。在上帝的眼中，那些被我们排除在“善”以外的东西，也是上帝所造，上帝所造一切皆善，哪有恶呢？如果有恶，那我们认为的善就不是上帝认为的善了。一切都是最好的安排。至善就是这个意思。不要认为这个世间有不好的东西：工厂里的货准时出来是好的，货出不来也是好的；挣钱是好的，亏钱也是好的。

有些人说一切都是善的，那我们不成阿Q了？工厂出得了货是好的，出不了货也是好的；挣了钱是好的，赔了钱也是好的。能这样看问题吗？

工厂里面的货每次都能按时出来，这自然是好的；货没按时出来，如果我们抓住这个问题，分析它的原因，这当然也好呀。找到解决方案，找到流程中的问题，找到管理中的问题，有什么不好吗？很多人不知道把不好变成好。货出不来，他不找原因，不做分析，只管骂人，那当然就把一个本来可以改变的机会失去了。改变的机会难道不是善吗？失去它才是恶，但这个恶是人为的，而不是本来的。他只知道不好，不知道变坏事为好事。这就是执着于自己认为的“善”“恶”的结果。

挣钱是好的，亏钱也是好的。为什么？你可以找出亏钱的原因。你发现是你在某个地方判断失误，是你自己的团队问题，甚至是你自己的性格问题让你亏钱，你找到这样的原因好不好？当然好。你瞧，只要你往前走一步，一切皆善。你不往前走一步，你看到的当然是好和不好；你往前走一步，一切都是好的。一切皆善，这就是至善的意思。

承认一切都是好的，就是至善。有些人说，世界上明明有不好的东西，怎么可能一切都是好的？比如氰化钾就是不好的东西，把氰化钾往嘴里一塞，人就死了。一切不都是好的吗？氰化钾怎么就不好了呢？一定要知道，除了好和不好，还有一个相应不相应的问题。这里还要讲两个字：缘分。缘分是什么意思呢？缘分就是避免你去吃氰化钾。

我们人和氰化钾有没有缘分？想死的人和它就有缘分，想活的人跟它就没有缘分。一切都是好的，不代表你要胡乱地接受一切，你还要看相应不相应。你在路上开车，前面有一台车向你迎面开过来，你要立马打方向盘、避开它；你在路上碰到坏人拿把刀向你走过来，你得赶紧跑。

所以，除了相信一切都是好的，还要懂得相应。怎么相应？就是知。《大学》第二段讲具体修法的时候，第一个字就是“知”，你还得知。比如，你知道前面有台车，你的车就拐弯，你就别撞过去。为什么？因为你跟它不相应。你碰到坏人拿把刀向你走过来，你就赶快躲开，因为你和他不相应。你知道前面是悬崖，你就不要往前蹦了。为什么？因为你跟它不相应。你知道那是氰化钾，你就别往嘴里送了。为什么？因为你跟它不相应。臭水沟与人不相应，但却是某些动物的生存环境，它们就很相应，对这些动物而言，臭水沟也是善。

所以，除了相信一切都是善，我们还要记住一条：时刻保持“知”。也就是“保持觉知”。一切皆善还要和保持觉知配合起来用。中国道家经常讲“一阴一阳之谓道”，我们不可以执着一端，执着一端肯定出错。你执着一切皆善、什么都是好的，你就去吃氰化钾，吃死怪谁？氰化钾本身不是恶，吃在人嘴里才是恶。要避开氰化钾的恶，还氰化钾的善，你不去吃它就可以了。**一切皆善是一个底色，是一个基本的原则，但还要保持觉知。**

比如出货是好的，不出货也是好的，但前提是保持觉知，懂得相应。你知道什么原因导致货没出，然后顺藤摸瓜解决问题，理顺流程，这就是好的。把好的当成理所当然，把不好的转成好的，前提是你必须保持觉知。你没有觉知，当然一切都是不好的；你有觉知，不好的你也能变成好的。这就叫一切皆善。

天地万物，一切皆善，就是至善。

没有善恶对立的善，就是至善。

生命本身，就是至善。

第五章

生命至善

生命的本来面目

天地万物本来就是善的，你把心里的那么多杂念放下来，那么多欲望放下来，回归生命的本来，立马就是至善，因为一切都有利于生命，利生是天道。

所有的文明说的都是一个东西——天道。真理只可能有一个，儒家、道教都在讲一个真理：这个世界原本皆善。

所以我们要回归本来面目。我们看一看生命的本来面目。

图 5–1、图 5–2、图 5–3 这些美景向我们展示的就是生命的本来面目。**其实，美是什么？美的本质就是生命。**美学家关于美一直没有一个统一定义，但实际上美的本质就是生命。一个地方充满了生命力，你就觉得这个地方很美。俄国美学家车尔尼雪夫斯基说："美是生活。"马克思说："美是人的本质力量的对象化。"人的本质力量就是生命力。

美的本质就是生命。

大自然盎然的生命力很美。有生命的东西就是美的，所以我们回到良知，回到生命，我们就能感受到美。为什么有生命的东西是美的？因为生命蕴含着能量。所以，止于至善意味着什么？意味着唤醒我们内心的能量，让我们能时时处在能量饱满的状态。不要认为良心、良知只是一个道德的概念，它是个能量的概念、能级的概念。有良心的人能级高，没良心的人能级低，止于至善的人能级最高，这个能级可不是指人的体力或能力，而是指人内心灵性的能量。

有良心的人能级高，没良心的人能级低。

图 5–1

图 5–2

图 5–3

我们再看一些动植物的照片（如图 5–4、图 5–5）。

图 5–4

图 5–5

自然界的很多动物其实都非常美。很多人喜欢龟，因为它的寿命长，但其实海龟也有外形的美感。图 5–5 是一朵盛开的花，这样的花，人绝对做不出来。人做的塑料花、仿真花在形状、颜色上与自然界的花极其相似，但它们无法与真正的花相媲美，因为它们没有生命力。

接下来我们再看一组工匠的图片（如图 5–6、图 5–7）。

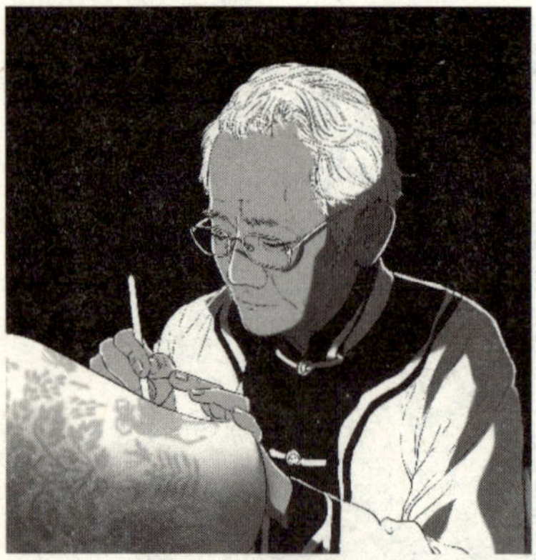

图 5–6

图 5–7

图 5–6 里的这个老头长相很普通，但他这个状态美不美？很美。专注工作的人其实很美，如果管理者懂得把这个概念带给员工，你的员工就算为了这份美感，也愿意专注工作。我们把员工专注工作和不专注工作的照片给他自己看一下，他不专注的样子说不定他自己都不喜欢。这是让员工好好工作的最好办法，因为人人追求美。

专注就是回到生命的创造力的状态。

专注就是回到生命的创造力的状态。图 5–7 的这名工匠专注地工作着，心无旁骛，这是生命在创造。这种状态多美！

下面是一张科学家的照片（如图 5–8）。

图 5–8

图 5–8 是一群科学家。这个世界是什么样子由这一拨人说了算。他们说世界是怎样的，世界就是怎样的。爱因斯坦说宇宙空间是弯曲的，我们从此就改变了空间平直的观念。

玻尔提出原子理论，告诉我们，世上所有的东西，包括我们身体的最小单位是一种原子结构。他告诉我们原子里面有原子核，核外有电子在围着它转。这叫原子模型。

海森伯（海森堡）是谁？量子力学里面一个很著名的公式叫海森伯公式，这个公式就是海森伯提出的。现代物理学有两个最前沿的理论，一个是爱因斯坦的相对论，另一个就是海森伯、泡利、薛定谔等的量子力学。

普朗克是谁？普朗克就是提出量子概念的人。

居里夫人是伟大的化学家，她发现了很多新的化学元素。

洛仑兹是谁？爱因斯坦的相对论就是在洛仑兹的公式上提出来的，洛仑兹写出了相对论的数学公式，但他只解决了数学问题，提不出物理解释。爱因斯坦提出了物理解释，才解决了物理问题、现实问题。

狄拉克是量子电动力学的创始人，薛定谔提出了有名的“薛定谔方程”，康普顿是“康普顿效应”的发现者，泡利提出了“泡利不相容原理”。

图 5–8 里面的科学家几乎影响了整个世界，其中多人是诺贝尔奖获得者。他们的生命永远载入了史册。他们的生命力推动了整个人类的历史进程，这样的生命真美。

再看一下艺术作品和艺术家（如图 5–9、图 5–10、图 5–11、图 5–12）。

图 5–9

图 5–10

图 5–11

图 5–12

图 5–9 是一件很有名的雕像，名字叫《大卫》；图 5–10 是一幅很有名的绘画，名字叫《蒙娜丽莎》。这些都是文艺复兴时期的作品。其实，这些作品的历史价值和其中的美除了作品本身的艺术性以外，更重要的是它所表述的理念：生命真美！正是这种对生命的赞美才使得西方的文艺复兴成了“人性美的复兴”，这些作品才具有一般艺术品所达不到的高度和价值。要知道当时整个西方还处在压抑人性和扭曲生命的黑暗的中世纪哟。

图 5–11 这个人叫什么名字？贝多芬。他的生命力的旺盛和饱满从他那一头乱发中都可以放射出来。图 5–12 这个人是谁？著名的指挥家卡拉扬，他指挥时的表情多么陶醉。这就是生命力的绽放。

再看一组运动员的图片（如图 5–13、图 5–14）。

图 5–13 里的这个人是谁？他就是阿根廷著名运动员、球王马拉多纳。看到这些图片，我们就能看到他们生命力的绽放、能量的绽放。这也正是足球运动的魅力所在。

以下是一些面带笑容的图片（如图 5–15）。这些照片看起来让人心情舒畅，因为这都是生命力绽放的照片。为什么那么多人喜欢孩子？因为孩

图 5–13

图 5–14

图 5–15

子的生命力是最旺盛的。而哪怕是农村的老头，他的笑容也非常感染人。这就是生命力的绽放！生命感动生命。一个小狗的笑容都能让你感受到生命力的绽放。

看了这么多图片，你会发现：只要生命力绽放，一切就很美。

生命感动生命，生命激活生命，生命很美。这就是至善。

怎样回归生命的本来面目

生活里有一个微妙的概念：现在和当下。很多人搞不清现在和当下有什么区别，我用一个例子来解释一下现在和当下的区别。

喝酒喝到一定程度的时候，别人认为你醉了，而你会认为自己没醉，这时候你的身体还能不能再接受酒精？可以接受，但你的身体一定会受到伤害。很多人得了肝病、胃病，就因为无节制地喝酒，伤害了自己的肝和胃。肝脏是解酒的，当身体不能接受过量酒精的时候，如果还继续喝酒，你的肝胆脾胃一定会给你一个信号：不喝。你也一定会收到这个信号。这个信号属于身体本身的“知”，这是生命的自我保护。肝怎么会跟自己过不去呢？我们人在外面过瘾，肝不过瘾；我们风光，肝没风光，胃没风光。

但人喝酒喝到一定程度时，一般是继续喝，还是服从身体的抗拒？十有八九都是继续喝。尽管这时你已经醉了，但是你会觉得自己真没醉，还能喝。这个能喝的信号是从哪里来的呢？从“意”上来的。

这时你会收到两个信号。你身体中的肝脾胃想好好活着，它会给你一个信号：不喝。但你还会收到另一个信号：想喝。这个“想喝”的信号从哪里来？从“意”上来。“意”从哪里来？从生活中来。为什么？因为你喜欢那种生活，喜欢那种热闹，喜欢那种刺激。一般酒鬼收到身体不喝的信号会很微弱，而且转瞬即逝。而收到想喝的信号会很强烈，而且会持续执着直至喝倒。

“知”从生命当中产生，“意”从生活当中产生。

所以，“知”从生命当中产生，“意”从生活当中产生。你活在生命这个层面，活在身体给你带来的“知”上，你就活在当下；你活在生活这个层面，活在你喜欢的气氛中，你就活在现在。喜欢是“意”，是你中意的东西，所以活在现在也就是活在“意”上。

前面讲过一句经典里的话：过去心不可得，现在心不可得，未来心不可得。有些人不知道“现在心”是什么。有别于当下“知”的那个“意”，就是现在心，其实它就是一个错觉。你实实在在已经不能喝了，但你意识当中的感觉是怎样的？能喝。这是“意”，这是个妄心，所以现在心不可得。

活在生命里面，活在当下的“知”上面，非常重要。因为活在生命里、活在“知”上，就意味着你活在真实里，活在身体的自我保护里，活在良知上。

生命是生活的本来。生命这个层面只有生和死，而生活这个层面则五花八门。一台宝马车对生活很有意义，对生命没有意义。给一个要死的人买台宝马车，他会活过来吗？吃鲍鱼龙虾对生活很有意义，因为这显得你有钱，显得你富有，但吃鲍鱼龙虾对生命有意义吗？意义不大，有时候可能还有副作用。因为到了一定年龄，过多的脂肪、蛋白质的摄入，会对人的心脑血管造成负担。所以，现在很多人提倡吃素。因为吃素对生命有意义，但对生活没意义。

当然，有时候吃素的人到餐馆吃饭是个麻烦，除非到专门的素菜馆。为什么呢？因为对方会怀疑你。人家要么怀疑你太抠门，要么就怀疑你穷得吃不起肉。西方国家就会好一点。在西方一些国家，吃素是正常现象，餐馆的菜单上专门有针对吃素者的菜谱。如果菜名的旁边打上“V”，就证明这菜是纯素。人家会尊重你的饮食选择，但中国人目前没这个习惯。

活在生命层面，我们需要什么呢？什么东西维持我们的生命？第一就是空气，然后是水，然后是基本的食物。实际上，生命对物质的需要相对很低。而生活层面我们需要什么？有无穷无尽的需要，需要别墅，需要豪车，需要名牌……

生命不认得名牌，它不知道宝马和捷达有什么区别。你用一台车把一个生命从这个地方运到那个地方，生命不会挑剔，因为它不知道这里面有什么区别。但是，生活认不认得名牌？那就太认得了。有的女同胞喜欢买名牌包包，这说明她活在生活层面。假如你活在生命层面，你的包只是用来装东西，你不需要一定用名牌包。你买名牌包是用来干什么？显示你的身份，显示你的财富。这不是生命的需要，这是生活的需要。

生命折腾制造了生活，生活清净回归了生命。

折腾，你就拿生命制造了生活；清净，你就拿生活体验了生命。

人本来都有良知，都有良心，为什么很多人失去了良知，失去了良心？因为他们活在生活层面。**活在生命层面，你不会失去良知。**

前面我们讲过一个真实的故事：佛山某五金城小悦悦被车碾轧事件。我们从当时的监控视频可以看到，当小悦悦相继被两辆车碾轧时，7 分钟之内，有 18 个人从她旁边经过，但没有一个人向她伸出援手。最后一个捡垃圾的阿姨在她身边停下来，把她抱了起来。为什么只有这么一个人在此时此刻表现出了良心？这个捡垃圾的阿姨活在什么层面？活在生命层面。她在生活的边缘挣扎，她体会到生命的不易。而前面的所有熙熙攘攘、来来去去的人，都在什么层面活着呢？在生活层面。他们的生活都有无限的可能。正因为把小悦悦抱起来的拾荒阿姨活在生命层面，所以看到一个和她一样可怜的生命，她的同情心必然起来。她自己活在生存的边缘，这个小孩也在生死边缘挣扎。所以，活在生命层面的人才有同情心，活在生命层面的人才时刻有良心。

“小悦悦事件”发生在佛山一个五金城，在这个市场的熙来攘往的人群里头，这位捡垃圾的阿姨所受的教育、所处的环境应该是最差的。但她恰恰做了一件最高尚的事情。为什么？就是因为她对生命的感知、对生命的觉知时时刻刻都在。而其他人则掉在生活五颜六色的旋涡中。

如何让生活回归生命呢？我们看下面几段取自古代经典里的文字。把这几段搞懂了，我们就会明白人回归生命怎么修，活在当下怎么活。

如熟练的辘轳匠或他的学徒，在做一个长的转动时，了知："我做一个长的转动。"做一个短的转动时，了知："我做一个短的转动。"比丘如是，在入息长时，了知："我入息长。"出息长时，了知："我出息长。"入息短时，了知："我入息短。"出息短时，了知："我出息短。"

比丘行走时，了知："我正在行走。"站立时，了知："我正在站立。"坐着时，了知："我正在坐着。"躺卧时，了知："我正在躺卧。"无论何种姿势，皆如实了知。

比丘感到乐受时，了知："我感到乐受。"感到苦受时，了知："我感到苦受。"感到不苦不乐受时，了知："我感到不苦不乐受。"

于此，比丘心贪欲时，了知："心贪欲。"心无贪欲时，了知："心无贪欲。"心嗔恨时，了知："心嗔恨。"心无嗔恨时，了知："心无嗔恨。"心愚痴时，了知："心愚痴。"心无愚痴时，了知："心无愚痴。"

先看第一段。"了知"是什么意思呢？就是知道。辘轳是一种取井水的装置：在井的上面竖立井架，加个辘轳。把一根绳子穿在辘轳上面，绳子上面绑一个桶。摇转辘轳上的手柄，桶就可以一点一点放下去，直到井下。当你再摇转辘轳上的手柄，水就打上来了。一般人摇这个辘轳，把水从井里摇上来的时候，会不会了知这是一个长的转动，还是一个短的转动？不会。为什么？打水的时候，谁会在意那是一个长的转动，还是一个短的转动？你一个劲地摇摇摇，把桶摇上来就行了。

我们摇辘轳是有目的的。什么目的呢？把水打上来。我们摇辘轳的时候，只关心水别洒了。要是经验不足，绳子晃来晃去，摇上来的水就没多少，我们还得费劲再摇。所以，摇辘轳的时候我们只关心摇上来多少水，不关心那是一个长的转动，还是一个短的转动。如果一个人摇辘轳的时候，随时知道自己摇的是一个长的转动，还是一个短的转动，这就是一个修行人。修行人打水才会这么打：他打水的时候知道那是一个长的转动，还是一个短的转动，或者是一个不长不短的转动。这就不仅仅在那里打水，打一桶水上来，还练了不少功夫。

我们平时怎么吃饭？饭、菜一个劲往嘴里扒拉，快点吃完拉倒。但是，修行的人怎么吃饭？吃饭时不能说话，要慢慢地吃，体会食物放进嘴里的感觉，体会咀嚼的感觉……如果你仅仅是把肚子吃饱，这么吃就太费劲了，这种过程简直就是多余。但是，这么吃饭对什么有用？对练功夫有用。为什么？因为你就时时刻刻活在觉知当中，活在生命当中。

摇辘轳的时候，你知道这是一个长的转动，还是一个短的转动，这就是你的生命。生命的这一分钟就过去了。过了一分钟，就少了一分钟，你一点都不知道这一分钟的生命是怎么过的，你又怎么活在生命里？很多人就是这样，事情怎么做的他一点都不知道，他只关心那个结果，这是典型的没有活在生命里。他活在哪里呢？活在生命的结果里，也就是活在生活里。很多老板张口闭口说“我只要结果，不要过程”，这样说就等于只要生活，不要生命。这其实就是不要命的活法。为什么这样讲？因为他没有了知生命。生命就是每一天、每一分钟、每一个动作构成的，这些动作、这些时间你全然不管，你全然不觉知，全然不了知，你如何活在生命里？吃饭的时候细细体会吃饭的过程，用辘轳打水的时候体会是一个长的转动还是一个短的转动，走路的时候细细体会脚抬起来、放下去的感觉，就是要你时刻活在生命里。

再看这一句：

比丘如是，在入息长时，了知：“我入息长。”出息长时，了知：“我出息长。”入息短时，了知：“我入息短。”出息短时，了知：“我出息短。”

“比丘”就是指出家人、和尚。“入息”指什么？指呼吸，“入息长”就是吸一口气吸得很长。“出息长”的意思是“呼出的气息长”。这句话是什么意思呢？就是你的注意力始终要在你的呼吸上：你入息长时，你要了知自己入息长；你出息长时，你要了知自己出息长。你入息短时，你要了知自己入息短；你出息短时，你要了知自己出息短。你的“意”要始终在“知”上，这有点像打太极，打太极的时候，你要对每个动作保持觉知。你的注意力要一直保持在身体的感受上。“意”在“知”上就是功夫。你的注意力一直在你身体的感受上，就是功夫，就是活在当下，就是觉知生命。

我们常人总是动不动就走神，比如让他打坐觉知呼吸，坐着坐着他的注意力就走掉了，他就想别的去了：今天的货出来没有？老板这月到底给不给我加工资？今天晚上要不要到外面吃饭去……

我们要练一个功夫：内观，也就是打坐、觉知呼吸。有时也会这样练习，比如坐在一个地方不动，按顺序把自己的左右手举起来，放下去，注意力一直跟着自己的手走，跟着自己的感受走。注意力不能离开，练的就是“意”在“知”上的功夫。常人的“意”会不会一直在“知”上？不会。他练着练着可能会做错，该出左手，他出了右手；该放下左手，他把右手放下了，甚至练着练着，左手右手不知先出哪个。实际上，所有的功夫归根结底就是一句话：意在知上。

我们再看这一段话：

比丘感到乐受时，了知：“我感到乐受。”感到苦受时，了知：“我感到苦受。”感到不苦不乐受时，了知：“我感到不苦不乐受。”

这就叫觉知受——你的注意力完全放在你的感受上。疼，你知道疼；痒，你知道痒，这就是觉知受。疼的时候知道疼，痒的时候知道痒，不痛不痒的时候知道不痛不痒，高兴的时候知道乐受，痛苦的时候知道苦受，常人是不是这样？常人不是这样。常人知道乐受，但除了知道以外，还要加一个东西。什么东西？喜欢。常人知道苦受，还要加一个东西。什么东西？讨厌。我们练内观是练什么功夫呢？练你知道乐受、苦受以后，不要加一个“喜欢”，不要加一个“讨厌”，在这个地方把“喜欢”或“讨厌”断掉，这叫断执着。有些人一听“断执着”，就会想：天啊！我对工作不执着，能有今天吗？这种人其实不知道断执着是断什么。断执着就是当你的好受、苦受产生时，你对好受、苦受保持了知就行了：我知道我高兴，我知道我快乐，我知道我痛苦……但常人不是这样，常人知道乐受、苦受后一定要添加执着。

断执着就是当你的好受、苦受产生时，
你对好受、苦受保持了知就行了。

常人知道是乐受，就想多来一点。比如他喝酒喝得开心，就想再喝一杯，结果喝醉。对好的不要添贪，对苦的不要添嗔。乐受你不取，苦受你不舍，你就可以停在这个“了知”上。你只了知——好的你了知好，不好的你了知不好。对好的你不添加一个“贪”，对坏的你不添加一个“嗔”，你把贪嗔心去掉了，你就不取不舍。

再看第三段话：

于此，比丘心贪欲时，了知：“心贪欲。”心无贪欲时，了知：“心无贪欲。”心嗔恨时，了知：“心嗔恨。”心无嗔恨时，了知：“心无嗔恨。”心愚痴时，了知：“心愚痴。”心无愚痴时，了知：“心无愚痴。”

这些话啥意思呢？就是你贪了，你知道就可以了；你心里嗔恨，你知道就可以了；你内心愚痴，你知道就行了。不要以为“知”很简单，“知”蕴含着巨大的能量，“知道了”解决一切。老天把生命造出来，造得很精美。一个“知”后面有一个巨大的能量紧跟其后。

其实，这几段话说来说去是一个功夫，这个功夫就一个字：知。所有修行的功夫就是一个“知”字。知在哪里？知在生命上，对生命的活动保持“知”，就是修行。别看这里讲的都是些不起眼的活动，但这都是我们生命的活动。你没有了呼吸，给你一栋别墅，你要不要？给你一台宝马车，你要不要？不要！因为命没了，没法要。

我们每天都呼吸，我们每时每刻都在呼吸，但我们是不是每时每刻都觉知这个呼吸？不会。只有当我们出不来气的时候，或者当空气质量很差的时候，我们才会觉知呼吸。而觉知呼吸就是觉知生命。生命不就在一呼一吸之间吗？所以，回归生命本来很简单，去觉知呼吸，去觉知每一个生命当下的活动即可。但关键是要停下自己的意，要让自己的意从生活当中抽离出来，回到对生命活动的知上来，这才是了知的含义。

在这几段话里面，讲了很多个“了知”，这个“了”字很重要。“了”是什么意思呢？就是“止”的意思，就是“断”的意思。“了断”不是我们生活中常说的话吗？所以，了知就是既要“知”，又要“了”。你不要只是“知”，不懂得“了”。

什么叫了知？就是知道了以后止于知。知道一朵花漂亮，你止于知，就不会产生贪，就不会摘掉它。有些老板听到厂里的货没出来，他不是止于了知，他非得把这口恶气发出来。他不把几个部门负责人叫过来狠狠骂一通，心中的怒气就平息不了。于是事情究竟是怎么回事就没人去管了。而他要是止于知，就能够顺藤摸瓜找原因，从而解决问题。

所以说要了知，也就是知止，知止就是了知。

我们扩大心量要从这里开始：我们必须要去知，知都不知，心就等于死了。但我们知了以后一定要懂得止，因为止了以后才能定。

人有欲心，也有道心。从欲心走到道心，就从富走到了贵。

第六章

心是什么

教练为何不上场

心有三个层次，第一个层次是心不取舍。

心的第一个层面是心不取舍。什么叫心不取舍？这里有四句话：

五官在知，其心在观。行在知上，不取不舍。

我们经常讲六根清净，六根就是眼耳鼻舌身意。我们这里讲的五官是五根的意思，也即：眼耳鼻舌身。那“意”到哪里去了呢？有些人说“意”就是心。“意”不是心，“意”和心有区别。曾子没有把“意”和心放在一起讲，他先讲诚意，后讲正心。心和“意”是两个层面的事。

我们说“五官在知，其心在观”，这里面没有“意”，“意”到哪里去了呢？“意”不会没了。“意”要没了，你就睡着了。“意”在哪里？“意”在“知”上。“意”已经在那个“知”上了，就不单独说了，不是没“意”了。

“五官在知，其心在观”是什么意思呢？意思是我们人什么时候都要保持一种状态：五官保持在知的状态，比如眼睛保持看，耳朵保持听，而心要怎样？心要在观。有一句话叫：看只是看，听只是听。啥意思呢？就是让你看的时候，眼睛起作用就可以了；你听的时候，耳朵起作用就可以了。这句话言外之意就是心不要扑过去，心在它原来的地方，别动。为什么心不要扑过去？因为心扑过去就会发生事情——念头就会起来。

看一朵漂亮的花，你的眼睛起作用就可以了。你的心要是扑过去，你的手就伸过去了。为什么？你的贪念起来了，你就想摘走这朵花。听到一句不好听的话，你的心要扑过来，你就会火冒三丈。

所以，心千万不要扑过去，眼睛在看就可以了，耳朵在听就可以了，心在观就可以了。眼睛在看、耳朵在听都属于知，因为我们要跟外面打交道。不要认为修行就是什么都不管，什么都不知道，那不是修行。修行要懂得“于相”，要在事相上去练。我们要用我们的眼耳鼻舌身跟外界的一切打交道，我们要去知，知就意味着要去做。

“其心在观”是什么意思呢？心不扑进去就是观。这个观怎么理解？观就是不远不近地看。远了你观不了，近了观得了吗？你拿一支笔放到自己眼睛前，然后一直往你眼睛这个方向移。起初你看得见这支笔，但当笔离你眼睛越来越近，你就看不见它了。这个比喻说明观要避免太近。太远了，没法观；太近了，也没法观，观要不远不近。

踢足球、打篮球的时候，教练就处在观的位置。为什么？他不能上场，也不能离场，他在哪里站着？他在球场旁边，在不近又不远的地方。

准确地讲，**观其实就是于相离相：在事情当中是“于相”；心不扑进去，保持在观的状态是“离相”。**

企业的老板、老总在企业里的位置就应该是一个观的位置，就应该是一个教练的位置。可是，有些老板看不过去，就上场去了，上去猛一阵拳打脚踢。这样的企业搞得好吗？搞不好。因为本来只有 11 个球员在踢球，结果现在变成 12 个；本来赛场上没有划定教练的位置，他一上场，原来的位置就会全部打乱。教练在哪个位置都能打，就意味着他到哪个位置，哪个位置都得让他。但教练能够离场吗？教练一离场还是教练吗？所以，老板既不要上场踢球，又不要离场而去。

篮球、足球场上的教练就在观的位置，球员是五官在知，教练是其心在观。赛场上的教练负责观，球员负责知。负责知的处理眼前的一件一件的事情，负责观的是在旁边观战。没出事的时候，他啥事没有；一出事他就能够出招，就能够拿方案。

五官在知，其心在观。所以，心应该在什么位置？心跟事情应该保持不远不近。心跟事情太近了，就扑进去了。扑进去有什么坏处？可能会把五官正常的工作给打乱。我们做管理就是这样，我们平时使用五官的时候也是这样。本来看到一朵花，你只是欣赏它，结果你的心扑过来，把手伸了过去，把花给掐了。把花掐掉的后果是什么？是有人要骂你。

五官在知，心保持着距离，意味着心对其他的事情还能知道。五官进去，心不扑进去，就意味着如有其他的事情出来，心能迅速捕捉到。所以，心要处在自在的状态。自由我们要放弃，但自在我们不能放弃。

自由和自在是一回事吗？不是。心处在观的位置，它就是一个自在的位置，而不是自由。如果你一会儿上场踢，一会儿又跑远了，到别处去玩，这是自由。老板不就这样吗？他烦起来就不理下面的人，就出国去了；他心情一好，又到各岗位乱窜。这个地方插一手，那个地方插一脚，这叫自由还是自在？这叫自由。老板、老总要放弃自由，要回到自在的状态。因为“观自在”，观才能自在。

心在观，心不要扑进去，是不是意味着我们做事都不用心了？我们遇到坏人也不用管了？我们知道前面有车过来，也对着它撞上去？关于“行”从哪里来，我们这么多年一直没搞明白。我们总认为行是从心发出来的，其实不是。**行从知来，行可以从五官的知直接发出来。**

是不是所有的行动都要心去下命令？你开车要心下命令吗？你明明知道要撞车了，你还要心做决定，来得及吗？知道要撞车，你立马会手脚并用把车转开。把车转开这个决定是谁做出来的？是知，心不需要参与。你一知要撞车，你马上就会行，马上就会打方向盘，把车转开。这也是王阳明讲的“知行合一”——知了就行。这一点很重要。如果你不知道这一点，你的心量就打不开。为什么？因为如果你的心量用在每一件事上，你的心量怎么够用，怎么打开？

行不一定要心来管，知就可以管，五官就可以管，五官自己能产生行。

打乒乓球的时候，球的速度相当快。你一定要判断准了，才能接球吗？根本不是。你的接球、推球完全是五官在支配。眼睛看到球的来势，动作啪的一下就出去了。你不可能有一秒钟的时间判断，你在 0.01 秒内就要做出行动。眼睛、手完全配合，身体的扭转完全配合。

其实，不仅是打球，不仅是开车，很多身体的技能达到一定程度的时候，它都不要心介入，都是知和行的直接统一。正因为这一点，我们的心才能够抽出来。如果我们的知和行不能统一，我们的心就抽不出来，这样我们就操碎了心，我们这一辈子就得累死。

我们要相信我们的下属，下属就相当于我们的五官。如果你不认为下属看到就能行动，听到就能行动，你不认为他有这个功能，他完全要你的心去支配，你的这个管理能做好吗？绝不可能做好。一定要相信，员工真看到问题，他自己能去解决。只是你没有做到让员工真正看到问题。你没有做到，不代表别的企业没做到，不代表那么多公司做不到。如果那么多企业做不到，管理还能成为科学吗？一定要相信，知和行之间不需要心介入，行不一定要心来主宰，由此我们才能把心抽出来。心抽出来干什么？观。篮球比赛的时候，场上的队员打得热火朝天，教练的心在那里如如不动，但又了了分明。这才是个好教练。所以，行在哪里？行在知上。心不取不舍就可以了。不取不舍就是定的一个状态。

不管做什么事情，你的心都投入得很大，这个人的执着心就会很重。生活当中这样的人总是心事重重，活得很累，常常抓住了芝麻，丢掉了西瓜。很多人这一辈子很冤，因为他不知道靠知其实就可以行，而且由知造成的行完全是相应的。知了就能行，心就可以腾出来。但这需要功夫，需要修行，就像熟练地开车和打球需要长时间的训练一样。

谁把大海看哭了

心的第二个层面是心能同体。

看到图 6–1，我们有什么感觉？我们会觉得舒畅、舒展、开阔。

图 6–1

你看到了大海的舒畅、舒展、开阔，你的感觉到了大海上，大海的感觉到了你心里。这时候你通过这种感觉和大海融为一体。所以，这个舒展、舒畅既是你又是大海，既不是你又不是大海，而是你和大海构成的同体。这时候你和大海“相看两不厌”，这时候舒畅就是你这颗心的感觉。

心是什么？心不仅仅是你，也不仅仅是大海，是你跟大海构成的整体，这就是心的作用。心能把你和大海完全连成一体，能把你的感觉投射到大海上去，把大海的自然属性（大海的自然属性只是开阔）变成人的属性。人的属性是什么？舒展。大海有什么舒展的？大海就是开阔而已。你的感觉是什么？是舒展。你看，心能够把大海的物性变成人的感性。所以，心能同体。

心能把你和大海完全连成一体。

看到图 6–2 我们有什么感觉？是不是激情澎湃？你说你激情澎湃，大海不知道你在讲什么。大海只不过翻了个浪，你就激情澎湃。你发现没有？这又是你那个心在起作用。你把你的激情澎湃投射到大海上去了，所以你看见大海时，大海在激情澎湃，你也在激情澎湃。

所以，心能干吗？心能把自己和周围的一切连成一个整体。把外部世界一个简简单单的物性变成我们人的感性，甚至人的心性，这就是心了不起的功能。别以为这个功能是五官起的作用。你看到图 6–1，看到这个平

图 6–2

静的大海，你产生舒畅、舒展的感觉，这仅仅是五官起的作用吗？你什么时候看都有这种感觉吗？不是。你心里烦的时候，你看大海也烦；你心情平静的时候，你看大海也特别平静，大海翻几个浪你也觉得很喜欢，这就是心物一元、心外无物。

再看一下图 6–3、图 6–4，这几张图都很美。那么，美是客观的还是主观的？有人说美是主观的，但是，我把房间的灯一关掉，你啥都看不见了，你还觉得美吗？如果你说美是客观的，你心烦的时候看这几幅图试一试，你会觉得它们没啥美的。所以，美学上关于美到现在为止都没有一个定义。为什么？因为美是没法定义的，因为它就是你的心。心怎么定义？关于心，我们知道欣赏就可以了。

一定要知道，我们看见这些图的时候，实际上是自己的心在起作用。心不宁静，看这些图就是另外一种感觉。你觉得这些画面很宁静，是你宁静的心起的作用，不是你五官的作用，五官只是知了而已，要得出这种宁静感，要靠我们宁静的心。所以，心是很有用的。心用来把握什么呢？把

图 6–3

图 6–4

握整体。有些人做管理很容易掉在细节上，很容易掉在小事上。怎样才能拥有领导力？要超越细节，至少不要掉在细节当中。

我们要进入细节。进入细节，就是知，这叫“于相”。我们一定要去知，但我们不能执着于细节，执着于细节绝不是领导。有些领导、高管整天坐而论道、高谈阔论，就是不做实事，他觉得这样才像个领导。这种人不是领导，因为他一点细节都不要。五官都不在知，这种领导没用。

有些领导、高管正相反，他每天辛苦得不得了，大事小事一把抓，越是小事越有他。这样绝对不行。为什么呢？因为这些人看大海都会一天到晚愁眉苦脸，把大海都能看哭。有一首流行歌曲叫《海哭的声音》，一个人伤心的时候都能听到海哭的声音。海不会哭，是我们的心在哭，从而感觉到大海似乎也在哭。

我们要反对高谈阔论、抠不到细节上、五官都不知，更要反对掉在细节里头，这样才能扩大心量格局。怎么才能确保你不掉在细节里头呢？你的心要抽得出来，看到大海能觉得舒展，看到高山能觉得宁静。心抽出来，心量才能大。这叫“离相”。有的老板会说：我都够操心了，我极端认真，可我的企业还是问题重重。我会对他说：你掉在细节当中了。人掉在细节里面，就一定会把自己的心量缩小。怎么办呢？很简单，五官的事交给五官去做：眼睛去看，耳朵去听，手脚去动、去处理，但你的心要保持在观的状态，保持在如如不动的状态。

心是观全局的。

心是观全局的，心是给五官提供能量的。如果一个人的心扑在一个事情上，他绝对没有太多能量，他一定没有爆发力，没有很大的感染力，没有很强的凝聚力。他最后只有一个力：苦力。

心给五官提供能量，心支持五官、协调五官。心跟万物相通，心把握全局。

图 6–5

再看图 6–5，这就是静。只有在静的时候，我们才能跟万物一体。心的作用就是与万物融为一体。

心非主观，心非客观，心非主观和客观。
主观客观，一以贯之，一即理，理即心。

你敢生孩子吗

有一次，我带队修行，遇到一位母亲。我们修行要连续好几天打坐，我就问她打坐疼不疼。她说：打坐很疼，但这种疼就像我生孩子一样，是疼而不苦。我们经常讲“痛苦”这两个字，但痛是不是一定就要苦？不一定。女同胞生孩子的时候痛不痛？痛得要命，撕心裂肺地痛，可是她苦不苦？不苦，因为她即将迎来一个新生命。

什么叫痛？什么叫苦？痛只是一种感受，苦是因为对这种感受执着而产生嗔恨。女人生孩子痛的时候会不会恨人？不会，她没时间恨，她来不及恨，她不会恨任何人。而且听到孩子呱呱坠地的声音，她心里是一种什么感觉？幸福、欣慰。所以，女人生孩子是痛而不苦。

为什么女人能够经历生孩子的痛，男人就是不行？很简单，因为女人生孩子，男人不生孩子。女人生孩子能够承受这个痛，就是因为有这个生孩子的理在。女人生孩子是天理，这一点女人心里清清楚楚的。她要是不清楚，你让她那么痛，她杀你的心都有。

女人清楚她在生孩子，而且孩子是她的未来，是她自己想生的。心通了这个理，生出来的心是什么心？慈悲心。

女性之间流传一句话：女人要是不做母亲，她的人生都是不完整的。女人生孩子是天性、是天理，心通了这个天道、通了这个天理，就是慈悲心。

所以，**心的第三个功能是通天理，这也是最重要的功能。**所以，掉在这个眼耳鼻舌身上，值不值？不值。心能够通天理，你却掉在眼耳鼻舌身上，你也太小家子气了。拿一个金子做成的碗要饭，值得吗？

心可以是慈悲心，也可以是凡夫心。男人为什么忍受不了女人生孩子的那种痛？因为男人怎么痛都生不了孩子。如果男的痛着痛着，生孩子了，我估计他也生慈悲心。男人怎么痛，都生不起慈悲心。不生慈悲心，他的心就是凡夫心。凡夫心的正常反应是什么？就是恨，就是烦，就是抱怨。所以，心的作用在哪里？心的作用不在眼耳鼻舌身上，心是用来把我们的凡夫心变成慈悲心，通天理的。通天理以后，多大的苦我们都能承受。

战争年代，共产党的一些地下工作者经常会遭到敌人的逮捕关押和严刑拷打。重庆的渣滓洞和白公馆还保留着当年革命者的很多诗。那是一些马上要死的人写的诗。写下这些诗的时候，他们绝对不会想到今天有多少人去看这些诗。那些诗是真实的，是革命者内心的写照。他们真是不惧生死，真是超越生死的。为什么他们不惧生死？因为他们的心通理。什么理？理想、理念。他们就想把社会改造过来，让人人都享受美好的生活。一个人的心通了这个理，他真不怕死，真可以超越生死。假如你今天闲坐在重庆解放碑的广场上，看着来来往往的人群，看着繁华的街景，你会觉得：他们的理想变成了现实。他们认的理没错，他们死得其所！

《大学》说“知止而后有定，定而后能静，静而后能安，安而后能虑，虑而后能得”，其实，这个安是安在哪里？安在理上。我们的心通了天理，心就是安的，就能安而行之。就像女人生孩子，她的心安在生孩子的天理上，那么大的痛她都过得去，她痛而不苦。就像渣滓洞的烈士们，他们的心安在理想、信念的天理上，生死不惧。心的价值就在这里：五官在知，心通天理。

人通天地万物于一理，谓之心。故心即理，心即天。

红衣服本来的颜色是什么

德是我们内心的方向感，我们内心有方向感，这个方向感究竟来自哪里呢？来自良知。那么，我们的良知从哪里来？从天理来。

我们的内心之所以有方向感，是因为我们的心能够通天地万物之理。如果人的心不能通万物之理，人就不可能登上月球。人的心能通宇宙万物之理，“理”前面再加个“物”就是物理。

我们中学的时候就开始学物理了。讲天理有的人可能觉得太大，讲事理可能觉得有些抽象，讲物理我们就能明白了。物理就是天地万物运行的道理、规律，天地万物的理是可以被我们人掌握的。那么多科学家是干吗的？就是让我们通天地万物之理的。相对论、量子力学、医学、生物学、化学都是万事万物之理。那么多诺贝尔奖是用来干吗的？就是奖励那些引领着我们通万物之理的人。

古代的圣人是修行修出来的。他们向内挖掘，不断地开悟。现代的圣人是怎么出来的呢？搞科学研究搞出来的。科学家至少可以称之为先知。天地万物的很多规律，科学家都比我们先知道，他们知道了以后，我们才知道。所以，他们可以称之为先知。圣人、先知说出来的那些理正被现在的人广泛地运用。这些理是靠什么通的？都是靠我们的心。我们的眼睛能不能一下子通这个理？不能。我们的眼耳鼻舌身往往只能如实知。我们经常说“眼见为实”，但我们实实在在看到的东西不一定都对。

中学物理课上曾做过这样的实验：让大小差不多的一片羽毛和一小块铁片从同一高度掉下来，结果铁片先落地，羽毛后落地。如果我们仅仅是如实知，就会出问题，我们就会得出一个结论：重的先落地（如图 6–6 的右边实验所示)。因为重的物体的重力加速度好像要大一点。

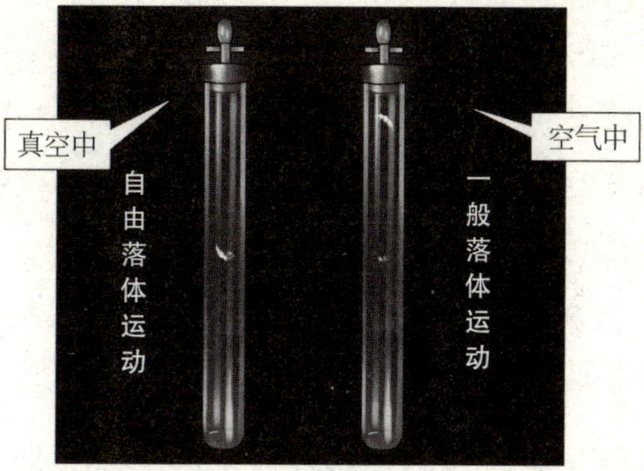

图 6–6

但当我们把装有羽毛和铁片的管子抽成真空后，再做实验发现：羽毛和铁片同时落到管底。这证明什么？证明我们一开始得出的“重的东西先落地”的结论是有问题的。所以，有“如实知”还不够，还要“如是知”。因为如实知属于相上面的，如是知才是理上面的。相和理不同。相上的东西我们用眼睛、耳朵知就可以了。

其实，在生活当中、管理当中，我们经常用眼耳鼻舌身来跟外界打交道。当然，做管理我们首先要做到这一点，首先要如实知，但这不够，因为只靠如实知，你经常会上当受骗。那些被人骗了的，往往都是因为他只是如实知。不如实知要上当，有时候如实知也要防止上当。为什么？因为那个理没有被你把握住。

所以，有时候我们知的时候也要能够不被相所欺骗。骗子搞名堂、魔术师搞名堂都是用一个相来欺骗你。所以，我们还要离相。别以为相都是靠得住的，相很多时候靠不住。做什么事我们都要懂得离相。为什么？因为我们看到的很多东西其实都是表面现象，都不是本质。

比如，让装在牛顿管里的同样大小的羽毛和铁片从同一高度坠落，你看到的是重的先落到管底，轻的后落到管底，你看到的是表象，不是本质。本质是什么？是如果没有空气浮力，不同物体下降的速度完全相同。当我们把牛顿管里的空气抽掉，我们让管子里的羽毛和小铁片从同一高度坠落，我们会发现它们同时落到管底。

为什么在有空气时羽毛和铁片不同时落地？因为空气浮力的作用。小铁片落得快，是因为它的重力远远大于空气浮力，浮力对它几乎没什么影响。但是小羽毛的浮力和重力比较接近，浮力影响了它，所以它就落得慢一点。当我们把牛顿管抽成真空，把浮力去掉，羽毛和铁皮就同时落到管底。实际上，这是一个自由落体实验。什么叫自由落体？就是物体下落过程中，除受重力的作用，不再受其他任何外界的作用力。

任何物体在相同位置做自由落体运动时，下落时间相同，这就是自由落体的理。这个理你用眼睛看得到吗？看不到。你眼睛看到的就是一快一慢，就是一个先落下，一个后落下。**眼睛看到的是相，要得出这个理，你首先要懂得“离相”，其次要知道心能通理。**

心能通理，所有的心法、所有的心学都建立在“心能通理”的基础上。而且唯有心能通理，这是什么意思呢？意思是眼耳鼻舌身通不了理，眼耳鼻舌身看到、得到的往往都是表象、假象。

你穿了一件红色衣服，你千万不要认为你的衣服本来就是红色。把这件红色衣服放到一盏蓝色的灯下，它就变成了黑色。

你之所以看见你的衣服是红色，是因为有光。没有光，你的衣服就是黑的。你的衣服并不是本来就是红色。因为太阳光有赤橙黄绿青蓝紫七种色，太阳光照到你的衣服上，其他六色光都被吸收，只有红色光被反射，所以你看到的衣服就是红色的。

只有蓝色光的时候，等于其他颜色的光都没有了。红色的衣服只能反射红光。没有红光，你的衣服也反射不了蓝光。结果没有光反射出来，你的红色衣服就成了黑色。

所以，如实知也会害人。只靠眼睛看，你还以为你本来就穿了一件红颜色的衣服。这个世界到底有没有本来？从相上来说就没有。

从相上来讲，万事万物没有本来，因为万事万物都处在永不停息的无常的变化之中，它的本来只能在理上。就拿衣服的颜色来说，红色衣服的本来之理是什么？是衣服对光的反射的理，这个理是一直都在的。红色衣服反射红光，不反射其他的光。这个理一直都在。

相上的东西靠不住，相上的东西生生灭灭，因缘和合。就拿红色的衣服来说，在太阳光下，它是红色的。把它放到蓝色光下，它就是黑的。这说明你看到的一切相都是表面现象，都是因缘合成的，这是物理学都可以证明的，我们用不着什么高深的东西来解释这个事情。

相是如实知，但如实知往往靠不住，靠得住的只是理。亘古不变的是理，是那个本来之理。在过去，人们不知道物理，人们就把这些理称之为天理。其实，物理也是天理，但天理还要超越物理。因为天理还包括我们心的理。**心的理和物的理合在一起，就称之为天理。实际上，至善就是这个天理。**

王阳明说："心即理"（《传习录》），心最后落在哪里？落在理上。通理的可不可能是眼耳鼻舌身？不可能。你靠眼耳鼻舌身，你看到的就是红衣服、黄衣服、蓝衣服，你眼睛看到的就是这些，你看得到那个理吗？看不到。不仅看不到，有时候还容易让我们的心产生执着。比如你认为你的衣服本来就是红色的。

其实，人内心的格局不大就是因为我们只是在用眼耳鼻舌身生活。我们常人毫无疑问还得用眼耳鼻舌身，不用不行。但眼耳鼻舌身是有局限的，你不要用着用着，就产生很大的执着心，然后就认为眼睛看到的就是如何如何的实在，这样就糟糕了。我们经常讲眼见为实，执着于我们自己眼睛看到的，就会导致我们的心量缩小，导致我们的心量下降，导致我们的格局变小。人的格局变小源于他用了眼耳鼻舌身以后，对它产生执着。

眼耳鼻舌身要用，但你要执着于它，你的格局就被它阻碍住了。心量、格局从哪里打开？从你的心不要被眼耳鼻舌身绑住打开，也就是从离相来打开。眼耳鼻舌身要用，但不要被它绑住。不绑住是啥意思呢？就是不要把眼耳鼻舌身所得出来的结论当成绝对真理。不要把你穿的红衣服当成绝对的红衣服。什么叫绝对？就是任何时候它都是红衣服。**其实，相上的一切都是相对的，都是因缘合成的。**

其实，知分三种：其一，由眼耳鼻舌身而产生的感知；其二，由大脑意识而产生的认知；其三，人人内心本自具足的良知。

由此，致良知也有三种途径：

其一，由眼耳鼻舌身而产生的感知，通过“于相”“离相”而到达良知。儒家叫格物致知。感知所成是相，相会给人的生活和工作带来帮助，但执着于相也会阻碍良知，“离相”才能致其良知。

其二，由大脑意识而产生的认知，通过于念无念，而到达良知。儒家叫诚意。认知是一系列的念头构成，念念相续的思维活动是人们认知很多事物的过程。但正如前文第一篇第三章谈知行合一的障碍时我们所讲到的，念头形成了链条，意就会离开当下的知。只有斩断念头的链条，让每一个念头都从知上产生，才能让意回到知上，这叫于念无念。于念无念才能让意识、认知回归良知。

其三，止于至善，心无所住，直达良知。儒家叫正心。人人内心良知本自具足，心若止于至善，放下一切分别、执着，即直达良知。**止于至善也就是“心即理”。**为什么心能通理？

让我们借用物理学的语言形象地做一个解释：同频才能共振。我们的心是一个震动，天地万物也是一个震动。我们心的震动和外界的震动能够共振。它们共振的频率就是那个理，心找到这个理，通了这个理，我们就能够跟外界的一切发生共振。王阳明讲“心即理”的意思就是**我们的心可以跟天地万物的理同频共振**，最终达到心外无物的境界。

眼耳鼻舌身意都不具备本能的好生倾向，而人心具有天生的好生倾向。

所以，只有人心能直通天理，能与天地万物同体。

第三篇

慈悲才是大智慧

第七章

一体之仁

孩子摔了，你为何心疼

“大学之道，在明明德，在亲民，在止于至善。”(《大学》)

何为大学？朱熹说：“大学者，大人之学也。”(《大学章句》)

那么，何为大人呢？在过去，大人就是懂得怎么去领导人的人。但是，我们解大人要解得更本质一点。关于大人，王阳明有一句话解得非常清楚，他说：“大人者，以天地万物为一体者也”(《大学问》)。所以，**什么叫大人？以天地万物为一体的人。**

能跟天地万物同体的人，就是大人。

能跟天地万物同体的人，就是大人。什么叫同体：相互感应。现在的人如果能够做成这样的大人，有什么问题解决不了？老板如果成了这样的大人，企业的一点点问题，他都能感应到。如果你的下属有一点点情绪、有一点点抱怨、有一点点不满、有一点点需求，你都能感应到，你的管理好不好做？当然好做。现在有的人觉得管理好做，那是因为他不用做，他采取的是眼不见心不烦的态度。但是，如果你是老板，你就不敢这样想。站在老板的角度，凡是别人不管的事，都得落在老板头上，老板就是最后那个收拾摊子的人。所以，老板不存在眼不见心不烦。老板也想眼不见心不烦，但最后一个烦的往往就是他。

对于老板而言，所有的事情你都可以不管，但最后全都是你的事，所以你最好在过程当中辛苦一点，把事情搞清楚，别一路当甩手掌柜。

现在把事情搞清楚的方式很多，王阳明讲的这个方式是最根本的方式：一体。王阳明认为以天地万物为一体的人，与天地万物同体的人，才是大人。为什么同体能够解决你企业的那些问题呢？

假如你赤着脚，你的脚底突然踩到一个钉子，你知不知道？你立马就知道。因为你的脚和你是一体的，这就是同体的好处。你不用看到钉子，只要你的脚踩在钉子上，你就知道疼。假如你旁边一个人的脚踩在钉子上，你疼不疼？不疼，因为你跟他不同体。疼在他身上，关你啥事？

一同体，管理就好做了。为什么呢？因为有一点点问题，你就能够感受到、感觉到。还是拿钉子的例子来说：别人踩着钉子你不心疼，你儿子踩着钉子你心疼不心疼？心疼，因为你和他同体。

不要把同体理解成两个人长到一块去。王阳明讲以天地万物为一体，你跟天地万物长到一块去，那要长成个啥样？王阳明讲的同体实际上不是指物质上的同体，而是指心上达成的同体。其实，你跟你身体的某个部位同体也是心达成的。你看到自己的孩子踩在钉子上，你一定心疼。因为你在心上和他同体。由此，王阳明才提出一体之仁。

只要人有一体感，人都会产生仁爱之心，这就是一体之仁。

一体之人就必然有一体之仁，“仁”是指爱。只要人有一体感，人都会产生仁爱之心，这就是一体之仁。人和仁其实也可以当成一回事。所以，《论语》里面讲“仁者，人也”，意思就是每一个人都有仁爱之心。

每一个人的内心都有仁爱之心，那为什么你看到一些人又没有仁爱之心呢？因为他没有同体感。你的左手和右手明明是分开的，但你的左手要是受伤了，流血了，你的右手要去帮忙，要把伤口捂住。为什么呢？因为这两只手是同体的，是一体的，这和前面那个脚上踩着钉子是一回事。你的脚上踩着钉子，你马上心里疼。你心里疼，马上指挥脚挪开。为什么你的心、你的大脑能指挥脚？因为大脑和脚是一体的。人不是没有仁爱之心，人的仁爱之心有一个前提：同体、一体。如果是一体、同体的，就必有仁爱之心。如果不是一体，是异体，人就不一定有仁爱之心。

人是不是只对人才有仁爱之心？不是。要是你养的小狗哪天突然死了，你也会难受。旁边人家养的狗死了，你就不一定那么难受。为什么你的狗死了，你会难受？因为你和它有一体感，你视它为“你的小狗”。

隔壁家的老头死了，你都不会哭，都不一定难受。但自家的小狗死了，却会难受，这是不是说明你这个人没有良心？不能这样说。人有没有仁爱之心，要看他和别人是不是有一体感。隔壁的老头和你不是一家人，你也许都不认识他。你跟他没有一体感，你就会认为他死了跟你没关系。你养的小狗就不一样，你可能把它当成自己生活的一部分，现在有的人甚至把小狗当成生活的伴侣。这种一体感自然让你生出仁爱之心。

可见，只要产生一体感，人就一定会有仁爱之心。你一直用惯了的一个开水瓶，有一天突然被人打碎了，你都会烦。尽管别人看这个开水瓶破旧得不得了，你还是要烦那个打碎你开水瓶的人。有的人衣服穿得很旧了，哪怕不穿了，也舍不得丢，因为这些衣服已经成了他生活中的一部分。只要有一体感，你就会莫名其妙地产生仁爱，哪怕那是一个动物，哪怕那是一件物品。所以，人有仁爱之心的前提是一体。只要一体，人必有仁爱之心。很多人说现在这个世道，人越来越没有良心，在餐馆吃个饭不安全，买个牛奶不安全，啥都不安全了。但是我们发现一个现象：现在的人对孩子的爱是上一辈人或者上上一辈人所不能比的。

所以，不要认为现在的人心简直坏透了，其实没你想的那么坏。现在的人对孩子的爱远远胜过过去的人对孩子的爱。尽管这种爱很大程度上有溺爱的成分，溺爱不好，但毕竟还是爱。所以，不要把人心全看坏了，不要认为现在的人就没有爱了，起码现在的人对孩子很有爱。这是良知复苏的起点。

为什么现在社会上人与人之间的爱少了，对孩子的爱却重了呢？就是因为现在人跟别人同不了体，唯一能跟他同体、他唯一愿意同体的就是自家孩子了。

20世纪五六十年代，人与人的关系普遍比较融洽，那时候单位给人的感觉很温暖，有一个单位就有一个保障。两口子吵架一般找谁？找单位领导。因为大家知道，一个单位就是一体。

那个年代，人跟社会容易同体，人不会把这种爱全部倾注在孩子身上，这样反而不会给孩子那么大的压力。现在社会上人与人之间的爱少了，人们就把满腔的爱给到自己的孩子，反而给孩子造成巨大的负担。

所以，人内心到底有没有爱？有，只是看对谁。人一定有仁爱，但仁爱的前提是同体、是一体。

踩在钉子上，你怎么办

大学之道就是大人之学，成为大人的方法是“在明明德，在亲民，在止于至善”。何为“明德”？仁爱之心就是德。人的内心本来就有仁爱之心，这种仁爱从哪里来？从一体来。人有同体感，有一体感，就必然有仁爱之心，这个仁爱之心就称之为德。明德的“明”是指“知”，就是一体之知。**一体必然产生仁爱，同时一体又产生良知。**一体之知是什么意思呢？就是想都不用想，你就能产生的知。

我们平时的知需要思考，而一体之知不需要思考：人的脚踩到钉子，那个痛是我们想一想、看一看才知的，还是立马就知的？你的脚一踩到钉子，你立马就知道疼。这个知不用想，这个知没有中间的过程，瞬间完成。当下就知，就叫一体之知。这样的知不可能欺骗自己，它来得又快又真实。而且知了以后必然会行，必然知行合一。你踩着地雷，也许会六神无主，会问别人该怎么办，因为你的脚抬也不行，不抬也不行。但你踩着一个钉子，会不会问别人怎么办？会不会六神无主？不会，你立马就会把脚挪开。所以，一体之知来得快，行动也快。这样的知当然称得上“明”。

只要一体，我们马上就能够清清楚楚、明明了了，没有任何东西能阻碍我们。所以，“德”前面还要加一个字：明。合在一起就称之为明德。

其实，德是心的体，明是心的用。

任何事情都可以从体、相、用三个方面来谈。桌子是一个物体，它是木头做的，那木头就是它的体；它是铁做的，铁就是它的体。桌子呈现的形状，就是它的相。桌子可以用来做讲台，有时候也可以用来做凳子，万一来了坏人，你也可以把它当武器，一把扔过去。这就是桌子的用。

德是心的体，明是心的用。一体之仁是心的体，一体之知是心的用。一体之仁就是世俗讲的良心，良心是心的体；一体之知就是世俗讲的良知，良知是心的用。

一体之知谓之明，一体之仁谓之德，
一体之亲是亲民，一体之善是至善。

你也可以有神通

我们平时遇到问题需要思考，是因为我们跟它还不是同体。没有一体，就要去想。就像我们站在一间房子的外面，如果房子里面发出猫叫的声音，我们就要想：这是真猫在叫，还是人装的猫在叫，还是机器猫在叫？但假如你走到房间里面，跟猫处在同一空间，跟它的眼睛对视，一看就知道这是一只真猫，还是一只机器猫，或者是人。你只要去除你与它之间的障碍，在空间上一体，你的知就是良知。

一定要相信，有智慧的人不是比我们更厉害，而是他能够跨过这个门，直接到房子里面去。一旦进到房间，就立马能知道那是真猫，还是机器猫，还是人学猫叫。而我们在外面猜不准，一点都不奇怪。

你觉得别人神奇，是你没有走进去，或者是你喜欢在外面，又或者是你认为进不去，你认为没有门，甚至你会说到处找了都没有门，最终你认为那个墙是进不去的。只是有那么多“认为”阻碍住了你而已。

有智慧的人在房间里面对着那个东西，当然一答一个准。所以真正的智慧是什么知？是良知，是一体之知。

王阳明是一个实干家，他能带兵打仗，却不是行伍出身。为什么他打仗那么厉害呢？很简单，他会带队伍，并且料事如神。因为他讲的良知还有一个巨大的功能，就是知因果。其实，因果全在一瞬间，都在人的当下一念之中：从哪来？去哪里？值不值得我往前走？不值得我往前走我怎么办？全在当下一念。只要你对这当下一念保持了良知，你就能知因知果，了知过去，应对未来。因为当下一念，与过去、现在、未来同体。

过去、现在、未来是不是一体的呢？当然是一体。没有爹哪有儿子？空间上万物一体，时间上过去、现在、未来一体。因不就是过去吗？果不就是未来吗？既然一体，我们就知道过去，知道未来，这就像知道钉子扎着人的脚一样。这并不神奇。过去很多有所谓“神通”的人都被人误解，其实这些人都只是一体感特别强的人，他们在时间上和空间上与万事万物没有太多障碍，事物的因果往往会直接呈现在他们心中，于是他们就成了人们心中的“神人”。实际上，他们就是因为一体感强，知因果而已。

常人看科学家就觉得科学家很有神通，因为科学家很厉害，能跑到月球上去。其实，我们学了科学，就会知道人登上月球并不神奇，那只是因果规律而已，只是天体物理学的规律而已。掌握了这些东西，人就能知因果，上天入地。在常人看来，那是神奇；在科学家自己看来，在同行、内行看来，是我们掌握了事物的因果规律，这些事物在我们内心没有什么东西能阻碍住，我们都看得很明白而已。在人的内心与万物之间没有障碍，就是人与万物同体，仅此而已。

世界本一体

一体感是先天具备的，还是后天练出来的呢？事实证明，一体感是后天慢慢培养出来的。一体感和一体是两码事。什么叫一体感？感是什么？感就是觉知，一体感就是你能觉知到这个一体。

一体是先天的，这个世界是一体的。不管你对员工的态度怎么样，你跟你的员工就是一体的。企业里面的任何一件事都是大家一起做成的，企业里面少了谁都不行，少了守门的不行，少了搞卫生的也不行。少了守门的，那就什么人都可以进来了。少了搞卫生的，很多卫生就没人搞了。很多打扫卫生的阿姨同时还是老板派的耳目，那可少不得。企业的事情本来就是谁都不可以少的。PMC（计划部门）少得了吗？生产车间少得了吗？品管部少得了吗？技术部少得了吗？财务部少得了吗？少不了。所以，大家是一体的，这种一体是事实上的。

一体感是什么？是认知上的。尽管一体是事实，但很多人不认知这件事。尽管一个企业毫无疑问是个整体，但很多人就不这样看。很多人就把员工当成工具，当成负担，当成成本，他没有把员工当成跟自己一体。由此，本来的一体在他的认知上变成了对立，所以他看员工就觉得是个麻烦，是个成本。如果谁上个月业绩做得好，他就愿意跟这个员工同体；这个月谁的业绩差，他就恨不得干掉这个员工。这是真正的一体吗？不是。

真正的一体是什么？真正的一体是帮助员工改变。你不能说你儿子今天考得好，今天他就做你儿子；明天他考得差，他就做别人的儿子。他考得差，你顶多骂他一顿，甚至打他一顿。但你会不会把他赶出家门？不会，因为你知道你们本来就是一体的。

为什么现在企业里面团队那么难带？因为这种一体感太差了。事实上，企业的人是一体，但在管理者的认知上它经常变成异体，遇到问题，他不愿意帮下属改，只想找个更好的。如果两口子这样，好的时候是一体，不好的时候各搞各的去，那就会离婚。但两口子会不会把孩子给离了？不会。离婚的时候，两口子经常要抢孩子，因为他/她知道孩子和他/她是血缘上的一体，孩子再讨厌，再让他/她糟心，他/她都舍不得抛弃。

企业里面也一样，大家实际上都是一体的，只是大家没有这么高的认知。只要员工的业绩有一点点不好，只要员工跟老板顶嘴，只要员工的思想没转过来、工作能力跟不上，好些老板就要把员工换掉。员工跟老板实际上也是一体的，但员工会因为老板抠门、说话不算数、独断专行等跳槽。如果你不从内心培养跟老板的一体感，你跳来跳去能跳出个好吗？因为你在别的老板身上会发现别的问题，挑出别的毛病来。前面这个老板是脾气不好，后面这个老板是很小气……你这么挑来挑去，跟找老婆有区别吗？你嫌现在的老婆不漂亮，等你找了一个漂亮的，你又觉得她很蠢，又想再找一个很聪明的。其实，只要没有一体感，对谁你都能挑出一大堆毛病。你只有接受这种先天的一体性，培养一体感，然后才能够慢慢磨合，各自改变、接受，最后形成真正的同体认知。

人是不可能单独发生改变的，除非周围的人一起改变。
所以，从精神层面来讲，人的存在是群体而非个体的。

一体是事实，一体感是认知，认知这种一体，就形成了我们的一体感。一体是一下子就到位的。人跟天地万物同不同体？同体。有段时间广东连续刮台风，刮得广东人整天提心吊胆。一周之内三个台风，珠海人、中山人、深圳人、香港人一下子就体会到了同体的滋味。

北京人跟天空就颇有同体感，一有雾霾，就紧张得很。奥运会期间的蓝色天空给北京人留下了难忘的印象，被冠以“奥运蓝”的美名。所以，人跟天当然同体。天热得厉害，人就会非常难受。正因如此，全球气候变暖才引起全世界的高度关注。

人跟万物都同体，这是事实。人每时每刻都要呼吸，人时时刻刻都在跟空气玩生命的游戏。空气一出问题，人就有麻烦。河水万一脏了、臭了，我们还可以离它远点；空气脏了，能躲到哪里去呢？所以，万物都是同体的。我们看到一朵鲜花很漂亮，你把它一摘，它很快就会枯萎，因为我们破坏了花与大地的同体。所以，一体不要培养，一体是事实上的，我们只要去认知它就行了。认知这个一体的过程，就是培养一体感的过程。有一个客观存在，才存在我们去认知它。没有这个一体的事实，也就不存在对一体的认知，就不存在一体感。

世界本是一体的，一体感是我们对世界一体的认知。为什么我们人不能直接获得这个一体感呢？为什么还要慢慢地培养和认知呢？我们看《大学》的下面一段话："知止而后有定，定而后能静，静而后能安，安而后能虑，虑而后能得。"这段话告诉我们：究竟是什么原因造成我们要慢慢地去认知这个一体，以及如何获得这个一体感。知、止、定、静、安、虑、得，是达成这种一体感的途径。

开个天眼试试

有人说过这样一句话：

你的心装得下一个班，你就是班长；你的心装得下一个学校，你就是校长；你的心装得下一个城市，你就是市长。

这个"装得下"是什么意思呢？就是同体，就是一体。你的心装得下一个学校，其实就是你跟这个学校的人和事能够一体。一个人事业成功的过程，其实就是他不断跟更多的人和事同体的过程，也是他的格局、境界、心量不断扩大的过程。那么，我们怎样才能够跟更多的事、更多的人同体呢？是什么在阻碍这种同体呢？

我们先回到前面讲过的佛山小悦悦被车碾轧事件：我在课堂上播放这段视频的时候，很多女同胞看了都要流泪，很多朋友都不忍心看下去，还有的人在看的过程当中不断发出惊讶的叫声。年幼的孩子被车三次碾轧，车轮每轧她一下，我们的心都会跟着紧一下、痛一下。看到车开过来，很多看视频的人心里都在喊：快停下来，路上有孩子！这时候所有看视频的人内心与小悦悦的那种同体感、一体感都非常强烈。人们觉得这孩子好像就在自己的心里被车碾轧，人人都很想阻止这件事情发生。

孟子说“恻隐之心，人皆有之”。我们虽在事件之外，但我们的心跟这个事完全融为一体，所以我们的心才会如此难受，如此受到撞击，好像车轮狠狠轧在自己的心里一样，尽管这个孩子你根本不认识，尽管现在播放的是已经过去了很久的视频。所以，人人皆有仁爱之心。凡是一体，必然产生仁爱之心，这就叫一体之仁。

小悦悦被碾轧的时候，她身边来来去去有 19 个人，只有一个人救了她。那么，另外那 18 个人有没有一体之仁？我在课堂上播放小悦悦的视频时，当时听课的有 100 多人，人人都义愤填膺。这 100 来人个个都有一体感，都有一体之仁，都产生了怜悯之心。而那 19 个人里面有 18 个人没去救，只有一个人救了小悦悦。我们能不能说那 18 个人都没有一体感，都没有仁爱之心呢？不能。因为我们不能认为这 18 个人就是一群特殊的人。凭什么他们那么特殊？凭什么他们那么糟糕？凭什么我们看视频的这 100 来人就那么善良？

假如我们从这 100 多人里派 18 个人去事发现场，把那 18 个人换到这里来听课，那么这 18 个人看到这个视频会有怎样的反应？他们会不会也义愤填膺？应该会的。他们也会一样地难受。从小悦悦身旁经过的那 18 个人很明显来自不同的地方，他们怎么可能恰好是清一色没良心的一群人呢？

假设我们派去的18个人没有看过这个视频，当他们面临这个情况的时候，他们会不会个个都伸出援手？不一定。说不定，不去救的人的比例还很高。因为这18个人和“小悦悦事件”原来的那18个人没有本质的区别。尽管我们派过去的18个人坐在课堂看小悦悦的视频，人人都会难受，个个都义愤填膺，但真遇到那种情况，他们同样不一定伸出援手。

也就是说，一体之仁每个人都有。那为什么当时的事发现场，那18个人的一体之仁没有展示出来？原因就是一体之仁的展现会受条件的局限，这就是事实的真相。

人人都有一体之仁，都有良知、良能、良心。当你只是在课堂上谈这件事，不用亲自去救小悦悦的时候，你的一体之仁立马就会得到释放。

为什么现场18个人的一体之仁我们看不到？因为他们在事发现场，他们真实地面对施救的问题。实际救人就有可能惹麻烦。

实际上，从“小悦悦事件”的监控视频，我们可以看到当时有好些人回头看小悦悦，他们回头是什么意思呢？他们想救，他们犹豫。为什么这些人最后没有上前去救？只因他的顾虑起来了。所以，我们的良知良能、人的一体之仁被什么给破坏了呢？被我们的顾虑、担忧所破坏：我们担忧救了她，反而给我们自己惹上麻烦；我们担心她的家人讹上自己，周围不明真相的人指责自己，自己说都说不清，走都走不了……这时，我们的私心就出来了。其实，顾虑是客观的，人有顾虑也正常。但宁可看着一个生命被碾轧，也不去施救，这就已经不是顾虑所能解释的了，这是顾虑引申出来的极端自私了。一体之仁人人都有，但是一体之仁是被什么东西破坏的？私心。顾虑只是起点，私心才是根本。一体之仁被一己之私破坏。

一己之私破坏一体之仁。我们坐在课堂里看小悦悦的视频，我们的一己之私不会呈现出来。因为看这个视频不会影响到我们的利益，脑袋里干吗冒出个一己之私来呢？人的一己之私不冒出来，一体之仁就自然呈现出来了。但假如你真的在事发现场，你就面临一个有麻烦和没麻烦的问题，你就要替自己考虑了，你的一己之私自然就会冒出来，一体之仁就会被破坏掉。有的人对一体之仁无所谓，觉得自己有没有良心无所谓，但其实失去一体之仁的人必然失去一体之知。什么叫一体之知呢？一眼就明白的知叫一体之知。它能让我们遇到什么问题，一眼就能看到答案，就看得清清楚楚，这也就是人们常说的“开天眼”。

天眼和肉眼有什么区别呢？肉眼是隔着一堵墙听里面猫叫的声音，你在外面猜里面究竟是什么。天眼相当于直接在里面，亲眼看到那是真的猫叫，还是机器猫在叫，还是人学猫叫。我们进得去，当然就看得清清楚楚；进不去，就只能猜。为什么进去了我们就能看得清清楚楚？因为在空间上我们与看的对象一体。脚踩在钉子上，不会看一眼才知道疼，你一踩上去马上就知道。因为你跟你的脚一体。不用思考，不用去看，马上能知，这叫一体之知，一体之知是一体才有的，不一体就没有这种知。

良知就是神通。有良知的人就是有神通的人。

所以，良知就是神通。有良知的人就是有神通的人。讲到良心，很多人不知道它是个什么东西，也不觉得对自己有啥用。其实，有良知的人都是有神通的人。遇到问题，我们常人在外面猜，而他在问题和答案里面看，当然看得清清楚楚了。他“哧溜”一下就直接进到问题里面了，“哗”一下答案就直接从心里显了出来，这就是良知的功夫和厉害。

所以，不要对一体之仁无所谓。没有一体，很多事情就难办。为什么呢？因为没有一体之知，你对很多事情真正的知就起不来，就不可能透透彻彻地了解。为什么很多企业遇到问题，大家各自也都在想办法，但问题还是解决不了？一是知得不真切，二是知而不行。说到底这两种知都不是一体之知，都没有真正把问题看透。把问题真正看透，行自然会起来。就像你的脚一踩到钉子上，你就会把脚挪开。所以，一体才重要。

如前所述，一体之仁是被一己之私阻碍住的。为什么会有一己之私呢？因为我们平时太过于靠自己的一己之力，于是就形成了一己之见，遇到问题，执着于自己的一己之见就成了一己之私，最后牢牢地被一己之私绑住。其实，一己之私的人也能够成功，但那是很小的成功，因为他是靠一己之力，所以他做得很辛苦。很多老板、高管之所以做得那么辛苦，原因就在于他的一点点成功都是建立在一己之力的基础上，而不是调动大家的结果。所以，老板、高管要明白，你靠一己之力也能做，但会做得很辛苦，其实也做不了太大。为什么很多企业都十几、二十年了，企业的人数还在一两百人、两三百人里面徘徊？就是因为领导是靠一己之力。

一己之力不是负面的词，一己之私就是负面词了。一己之力必然造成一己之私，一己之私就把一体之仁、一体之知破坏掉了。失去了一体之知，看问题就不可能看透。问题看不透，怎么能把事情做好呢？而且，失去一体之知的知是没有行动力的，结果很多事情就长期徘徊，很多问题重复发生。即使企业搞好一点点，接到一些订单，管理的问题又会把企业拖下来。为什么呢？因为客户的投诉又会多起来。本来企业可以上规模，结果又回到原点。十几、二十年都这么办企业，真的很辛苦。那怎么解脱呢？《大学》讲得很明白：知止而后有定，定而后能静，静而后能安，安而后能虑，虑而后能得。

这第一个字就是知，知什么呢？知“一体之仁”的存在，知“一体之知”的妙用，知“一体之仁”“一体之知”的前提是同体。知“一体之仁”“一体之知”是被“一己之见”“一己之力”“一己之私”给阻碍住的，并且随时知道自己“一己之私”的出现，力求知之即破。因为一体之仁和一己之私是一个跷跷板，这一头上去了，那一头一定会下来。那一头下去了，这一头一定会上来。

一个人在精神领域活在个体层面，必然被欲望所驱使。

因为天然的因缘残缺。所以私和欲总是连在一起，称为私欲。

而活在群体层面的人，则容易因缘具足，与理相应。

所以，公与理总连在一起，称为公理。

第八章

良知的妙用

经理人的烦恼

我们要把所学的东西用到实际问题当中，接下来我们看第一个问题。

请教各位老师，老板亲自抓的事情可以按时完成，副总裁安排的事，下面总监老找借口推迟，大家有何妙招？有专人稽查，就是不能按时完成。

这个问题应该是副总或拥护他的人提出来的。我们为了回答问题的方便，视问题为副总提出来的吧。这个副总提这个问题是希望老师来帮他解决这个事情，这是他的动机。那么，这个副总希望老师怎么帮他解决呢：搞定总监和老板。他希望老师帮他搞定一上一下，先把下面的搞定，再把上面的搞定，因为下面不听话，上面乱插手。

任何一个人提问题都有倾向性。如果这个副总是问我，我会对他说：你是想让我帮你去打架吗？两个人打架打得不可开交，你从旁边路过一看，有一个人是你哥，你哥看到你就说：老弟，过来帮哥一把。你就扑了过去，这样做会有什么后果？就变成打群架了。他叫老弟过来帮他，对方就可能叫老哥过来帮他，最后两个人打成 3 个人，3 个人打成 20 个人，20 个人打成 30 个人，公安一来全都抓起来。

这个副总提问题的时候有没有一体感？没有。他有什么？他有对立心。他把老板看成他的对立面，他把下属看成他的对立面，他要老师去帮他把这两个人搞定，既把上面搞定，也把下面搞定，这等于是让你帮他打架。如果你去帮他打架，只会让这个架越打越大。因为这会强化他跟老板、跟下属之间的对立。

这个副总提问题的出发点是什么？是他的对立的心。他有一个对立的心，你去帮他，只会强化对立，激化矛盾。不管你帮他支多少招去搞定老板、搞定下属，都只是让他在执行过程当中跟老板、跟上司、跟下属发生更多的对立。这就是用良知看问题。这一段叫知因知果。

所以，先要把因果搞清楚。老板亲自抓的事情可以按时完成，副总裁安排的事，下面总监老找借口推迟，大家有何妙招？这就是个念头，先把这个念头里面包含的因果找到。因是什么？他希望你去帮他，帮他搞对立。果是什么？果是你真要帮他搞对立，只会更对立。

所以，一看到这样的问题，我们要不要急着给他支招？不要。那应该怎么办呢？首先要帮助副总，让他把自己念头的因果觉知一下。你知他的念头的因果，也要让他自己知他念头的因果，然后再帮他用良知去审视总监的念头。记住，这一切都是用良知在审视：用良知审视他自己的念头，再用良知审视下属的念头。

下属老是找借口推辞，下属只听老板不听副总的，这个可不可以理解？可以。为什么这个总监只听老板的，不听副总的？实际上，他说"只听"肯定绝对了，应该是大多数时候是这样，不可能从来不听副总的，企业里面没有这样的事。那么，为什么总监只听老板的？很简单，老板给他发工资，他听老板的对他更有好处。有利就做，这是人之常情的事。

你要首先理解下属为什么只听老板的。他听老板的话，他按照老板的话做对他更有利，由此你马上就知道自己该怎么做。他不听你的是因为他听你的没那么有利，他听老板的更有利。那你怎么办：要让他听你的更有利。这个答案是很显然的，这个答案不需要证明，事实就是这样——他听老板的有用，他听你的没用。你要想办法让他听你的有用。你毫无疑问应该这样做。

可见，这位副总要在什么地方下功夫：在怎么帮助下属上下功夫，在怎么让你的指令对下属有帮助上下功夫。可能你以前给下属的工作指令只是要求，并没有给下属带来实质性的帮助。所以，你要检讨自己，不要一味去怪下属就听老板的。下属听你的没用，听你的也不见得做得好，听你的也不能解决问题，他当然听老板的。你以为他就是拍老板的马屁？既然听谁的都不能解决问题，听老板的当然对他更好一点。如果听你的能解决问题，听你的效益能起来，听你的收入能增加，听你的工作更顺畅，你对他帮助很大，他干吗要跟你对着干？

平时你只知道给别人工作指令，这是从哪里出发？从自己出发。这个副总思考问题总是这个心态，现在提个问题出来试图把老师也卷进去，跟他一起玩，帮他一起打群架。我们要没有这种良知，马上就会被他给蒙了，还不知要给他支多少招来治那个总监。因为听他这么讲，你会觉得他很无辜：总监是个拍马屁的，老板是个瞎胡闹的。至于吗？

一己之私处处在支配人。你要让这个副总醒悟，你不让他醒悟，你帮不了他，你支多少招都是害他。为什么？他只会跟别人搅成一团，打成一团，而且他还认为他很无辜。企业里面有没有这种副总：他非常愿意帮助下属，给出来的指令对下属非常有用、非常有利，下属还都不听他的？没这样的事。这位副总提这样的问题，说明他在干什么？他在虚拟一个可恶的形象。

所以，解决这个副总的问题首先要从哪里入手？我们自己先要克服一己之私，不要急于去显示自己的能耐，先把对方的动机理清楚。《论语》里面有一句话：三思而后行。这个思就是冷静。要克服自己的一己之私，我们这些回答问题的人好胜的心、好表现的心、逞能的心一出来，就可能被他套进去。他在这里设了个局：有一个可恶的下属，有一个可恶的老板，我该怎么办？

帮他解决问题，首先要克制自己的一己之私，同时也要克服提问者的一己之私，告诉他，其实人都是根据怎么样对自己更有利来行事的。下属经常不听你的，说明你平时对他的帮助、对他的指导太少了。你要从如何帮助下属入手，不要老是从自己出发，要更多地从下属的工作成效出发。这样的招支出去，会不会有用呢？只要他真这样做，一定有用。因为他在自己身上用力。在自己身上用力，就在他自己的掌控范围之内，他马上就可以做了。你要是给他支招怎么对付别人，别人就会反抗他，你不一定知道他面临的那个人会反抗到什么程度，你不知道你支的招会产生什么后果。

你给这位副总支一个怎么改变他自己的招，这个招一定会有用。而且你的招是实事求是的：他去帮助下属，下属会不会反对他？不会。他是帮助下属，下属不会跟他对立；他是改变自己，改变自己在他自己的掌控当中，那你支的招自然落得了地，因为他自己可以做到。

用良知审视问题，用良知审视念头，是一门很重要的功夫。把这个功夫练到位，别人的念头一冒起来，你就能看得清。

就像这个副总提的这个问题，你要能够把他这个念头的因果搞明白。把它的因果一掌握，你马上就能切入进去，找到解决问题的方法。然后你再让他看下属的念头，了解下属为什么听老板的，不听他的。他把下属念头的因果搞清楚了，接下来才是你正常的支招。正常的支招是怎么样？对下属有一些制度规定，对老板有一些限制措施。你经常帮下属，但是你给他指令，他还是这样，你就应该有一些处罚措施，这些措施都是正常要拿出来的，这样一来，他不听你的对他也不利。实际上，你真正赢得下属的支持了，老板对你也就放心了。老板对你放心了，他还会不会经常介入你的工作？当然不会。当老板的，只要哪个部门干得好，他根本就不想管，他巴不得整个公司都不要他管，只要不把他的股份给抢了。

为什么老板要插手副总的事？因为副总平时没管到位，和下属搞不来，团队带不起来。这种情况下，老板会说：我不插手怎么办呢？我们也要理解老板。理解了老板以后，自己把事做到位，再来规范老板，老板才能够信任你，他插手的事情才能够真正避免。

总之，解决这个副总的问题，我们要从提问题的人的念头入手，要抓住他的一己之私进行剖析，先从提问题的人怎么去改变自己，怎么去帮助别人入手。**改变自己，帮助别人，这样的答案永远都是正确的。这就叫一体之知。**

老板的烦恼

我们再看第二个问题。

有很多职业经理人（副总级），理论框架很好，但具体做事时，明显缺乏思路，缺乏明确目标，缺乏快速理清在这平台上整合资源、达成目标的能力。我指的是，如何给管理基础差的工厂甄选高管？

这个问题老板提出来的可能性比较大。老板提这个问题，他的语气里头充满了抱怨，这个抱怨是一己之私。应该说，这位老板可能经常碰到一些夸夸其谈的高管。

但我们也调研过很多高管，他们同样对老板充满抱怨。老板抱怨高管夸夸其谈，来了以后嘴巴能说，不做实事，没有整合资源的能力，又不能有一个明确的思路。当老板这样指责高管的时候，找过自己的原因吗？不找自己的原因，只找别人的问题，只抱怨别人，这就是一己之私。我们首先要让提问者检讨自己，这样才能“止”，止住他的情绪和妄念。让他把注意力先引到自己身上来，审视自己：我真是这样吗？

我们如果只是帮老板支招怎么去对付别人，只会把事情越搞越复杂。你给这个人支招对付那个人，就像你跟张三说怎么对付李四，跟李四说怎么对付张三，最后你一定是把两个人都得罪了。

提这个问题的人一定也是有问题的，你就先从他改起。因为他的改变是看得见、摸得着的。你让他觉悟，让他的良知先起来，让他先审视自己的念头当中有哪些因、哪些果，这样他马上就可以改，改了以后马上就能见效，而且对别人有利，别人也不会反对。这个套路是永远行得了、行得通的。**不要帮人去打架，要劝架。**

这个老板只一味地抱怨高管，这就是问题。抱怨之心就是一己之私，希望你给他支招对付高管，就是一己之私。如果他的问题不解决，你就是帮他招一个高管，高管待得住吗？待不住。我们不排除高管里面的确有“耍大刀”的，但这个问题不要放这里解决，因为这是老板招人请人的问题。我们现在思考的是：来了的高管如何待下来？为了先解决这个老板的问题，我们就要思考：为什么高管会待不住？“工厂的管理基础差”就是一个直接的原因。很多企业的人认为找个高管，特别是职业经理人，只要给的工资比别人给的更高，给的信任度也比别人更高，给的权利也比别人更大，老板就万事大吉了。很多老板最喜欢做的一件事是什么？拜托。他给职业经理人那么多钱、那么多权、那么高的信任度，就是拜托职业经理人管他的企业，然后自己当甩手掌柜，而问题就出在这个地方。

你的基础那么差，就意味着你的企业没有平台。而很多高管会唱戏，却未必会搭台。中小企业请高管最习惯的做法就是从大企业请管理者。比如他的企业是3000万规模的，他就从3个亿的企业请，从30个亿的企业请，他认为3个亿、30个亿的企业管理你都熟悉，管好3000万的企业理所当然。但他忽视了一个问题：3个亿、30个亿的企业是有平台的，而你的企业没有。在大企业，很多高管不需要搭台，他发挥自己的能力就可以了。他唱戏的能力有，但他搭台的能力相对欠缺。因为很多高管并不是把一个小企业从小做到大。把一个企业从3000万做到3个亿、30个亿的高管会不会轻易被你挖过来？不会，你挖不动，也挖不起。

大量的高管到大企业的时候，大企业都处在一个上升的阶段，企业开始往上走了，搭台的过程他很少经历过。把一个乱七八糟的三四千万的企业搞成一个几十个亿的有条有理的企业，这个过程在中小企业能请到的高管中，大量的人都没有经历过。也就是说，“搭台”是他们的弱项，“唱戏”是他们的强项。他在原来的企业干得好，是因为他“唱戏”行；在你的企业干不好，是因为他“搭台”不行。而你又恰恰不肯搭台：你认为给了他钱，他就应该搭好台。即便有些高管有搭台的能力，他离开老板能搭台吗？他根本做不到。为什么呢？搭台就牵扯到资源整合。你以为给他权力，他就能整合资源？跟了老板多年的老员工就不认他，他能怎么样？这时候老板要干什么呢？要来协调大家，因为那一批老员工就服老板。所以，千万不要认为你花了钱，高管又在大企业干过，他就能把企业管好。

要么你与新来的高管一起搭台，要么你搭好了台，再请高管唱戏。自己解决不了搭台的问题，随便找一个唱得了戏的没用。你一定要请人来搭台也可以，那你自己必须从头至尾参与其中，因为企业的过往只有你熟悉。

搭台就是把过去不好的砍掉，把新的重新整合，那么多事情只有老板最清楚，那么多人只有老板最能服众。老板这时候缺位，让一个拿很多收入的人帮你搭台，他怎么搭得了？搭台不是炒菜，搭台的那些材料都是活的，里面只要有一小拨人拆台，这个台就搭不成。再说，高管要熟悉情况，你给他那么多时间熟悉情况吗？你不会给，这样你既要别人搭台，又要别人唱戏，还要别人马上出业绩，心里又天天掂量着多花的银子。如此一来，搭台几乎是一个不可能完成的事情。

我们要抓住老板的一己之私来启发他，让他用良知审视他自己的念头，意思就是告诉他：我来帮你支招对付高管，只会让你跟高管更对立。你起这个念头的因我帮你知了：你对别人有抱怨，你不在自己身上找原因；果就是如果我给你支招，只会让你跟别人更对立，这是害你。对策就是：你要想办法改变自己，然后帮助那个高管。你要多花钱，还要帮高管，因为这才是真正解决问题的一条路。在这个基础上你再做甄别、挑选，再用一些外资企业现在流行的对高管的测试，在这个基础上你的常规思维就可以展开了。

因为只有唤醒他的良知，才是最容易解决问题的入处。

对任何问题，我们都要从提问题的人的良知唤醒切入。**因为只有唤醒他的良知，才是最容易解决问题的入处。**怎么唤醒良知？切中他的一己之私。良知是一体之仁。要让这个老板的一体之仁起来，要让他看到别人的问题跟他息息相关。他看到别人的问题跟他息息相关，这就是一体。

回答这些问题，我们实际在运用《大学》里的“止”字功夫。破人的一己之私，就会让人止住妄念，让人审视自己的念头。**当人审视自己的念头，自然而然就能找到当下有效的方法，这是直指人心。**如果一个念头冒出来，我们马上知道自己这个念头当中的一己之私，自己事先把它破掉，你就没有对手。所以有一句话叫“仁者无敌”。

任何一个念头起来，你都能够把里面的一己之私除掉，你的内心都是一体之仁，你就没有对手。为什么呢？因为你所有的招都行得通。这个功夫如果我们练娴熟了，对自己懂得这样，对别人也懂得这样，做管理就不会有太大障碍，你跟下属、跟上司交往也不会有太大障碍。做到这一点，你的团队就和谐，你就觉得你的团队赏心悦目，不管你是做老板、做高管、做销售都会这样，所以大学之道称之为心法。

任何一个念头起来，你都能够把里面的一己之私除掉，
你的内心都是一体之仁，你就没有对手。

部门主管的烦恼

我们来看第三个问题。

本人公司老板下面有个副总，公司人数就百来人，一般情况下PMC部（生产计划部），就是我部门有什么事情都向副总汇报，但是有些部门老喜欢跳过副总直接找老板，而老板很欣赏这样的人，但是在大家眼里那人就是做表面工作。我就是想不明白，老板宁可去信任一个专搞表面工作的人，也不去在意干实事的人。大家帮忙分析下，这种现象正常吗？

我们还是根据《大学》的指导思想，从提问者的一己之私来看这个问题。

为什么我们总是拿提问题的人说事呢？其实这是解决问题的方法。为什么呢？因为提问题的人就是你所面对的人，就是你发力发得上的人，因为谁跟你提问题，你就刚好可以跟谁聊。

谁跟你提问题，你就可以直接做谁的工作。他不跟你提问题，你去做他的工作，那相对困难一些。那么，这个人提问题出来，我们就先要从他的起心动念来切入。当然，这并不是说他讲的都是错的。但今天他在你面前，今天他跟你提问题，我就要先找他的问题，这样会很直接、很有效。

就像前面那个老板选高管的问题，我们一开始就从老板这边切入。为什么先从老板这边切入呢？因为这时候是谁在跟我们说话？老板。高管有没有问题？肯定有问题。但是老板跟我们说话，我们说高管的问题，只会强化他对高管的抱怨，激化他们之间的矛盾。

对别人提出的问题，我们不要动不动摆出一副包公断案的架势。有一句话叫“清官难断家务事”。我们不是断案的，我们是干吗的？是解决问题的。所以，要放弃那种断案的思想，要有解决问题的思想。**管理就是解决问题，管理并不是断案，没必要拿出一个100%正确的答案，要拿出一个利于解决问题的答案。**

管理就是解决问题，管理并不是断案，没必要拿出一个100%
正确的答案，要拿出一个利于解决问题的答案。

如果是老板向你提问题，你就当着老板的面说老板；如果是高管向你提问题，你就当着高管的面说高管。如果高管对你说“这个企业我没法开展工作”等，这时候你要不要过多地说老板的问题？不要。你说了没用，因为老板不在眼前。而且你说老板说多了，高管就认为他自己没问题，他就一个劲地找老板的问题去了。这有利于解决问题吗？不利于。不但不利于解决问题，还会让他和老板的矛盾更加激化。我们应该怎么样？应该对他说：来，我们先谈谈你的问题。他如果沉下心来听了，对他的工作一定有帮助。

谁提问题，就先拿谁说事，这是一种思维方式。这种思维方式的核心是止和观：止住自己的抱怨和情绪、妄念，观自己的问题，用良知审视自己的念头中的一己之私。当你说老板的时候，不代表高管没有错；当你说高管的时候，不代表老板没有错。说谁更利于解决问题，这个更重要。这个问题的解决也是这样。

就这个问题来说，提问题的这个人的角色应该是PMC的一个主管，或一个经理，他讲到了老板、副总，讲到了下面的很多人，他发表了一些议论。实际上，他说的这些跟他的直接工作没有关系，他只是对一类现象表示不满。说实话，在企业里面，当一个人总说别人，比如他讲到有的人专搞表面工作、不搞实事，他看起来很有正义感，但这一类的说法到底对企业的实际运作是有利还是不利？毫无疑问：不利。为什么？

第一，他说别人专做表面工作，不干实事。他说这些话有事实吗？没有。因为下这个结论需要统计，你不能只拿一两件事情来说事。第二，他说这些跟他的实际工作有直接关系吗？没有。

这个PMC主管的一己之私在哪里呢：这个人得不到老板的赏识，内心有很大的失落，内心还很傲慢。他说“我就是想不明白，老板宁可去信任一个专搞表面工作的人，也不去在意干实事的人”，这些话里头有没有潜台词？有。潜台词是什么？是别人都是做表面工作的，他是干实事的。这算不算私？这是很大的一个私，而且被他说的人还不是一个两个，而是一大片。企业里面这种人多了，真的很麻烦。

当一个人说别人如何如何的时候，他实际在表明：我跟那些人不同。他说别人专搞表面工作，不干实事，言下之意是他是干实事的。一个人总有这种想法，对团队绝对不好。你说你是干实事的，你的根据又是什么？一个人干不干实事，是由他自己说还是别人评价？别人评价。你干不干实事，要么看绩效考核的数据，要么是大家异口同声说你是这样。你既然说别人都是做表面工作的，别人就有可能说你是做表面工作的。你很有可能被别人纳入到做表面工作的人的范围，但你偏偏认为自己另类，根据何在呢？如果这个企业都是拿数据说话的，那么这个PMC主管说的那些只做表面工作的人还存在吗？即使存在，也是有数据可以体现的。如果谁实干、谁不实干，企业有数据体现，他还用得着这么说吗？

这个PMC主管之所以这么说，说明这个企业是没有数据系统的、是没有业绩的考核系统的。既然没有绩效考核系统、没有数据系统，你又怎么肯定你就是那个干实事的？没有数据证明他是干实事的，大家也没有异口同声说他是干实事的，他只是自认为自己是干实事的，如果我们去支持这种观点、支持这种人，这是对还是错？一定是错。

这个PMC主管的一己之私在哪里？在于他的抱怨，在于他贬低别人、抬高自己。不管他批评得有多么对，他的出发点就已经错掉了。也许他讲的现象在企业里面的确有，也的确该批评，但他这么讲别人的时候，他就把自己拔高了：我不是做表面工作的，我是干实事的。这叫我执或者叫我见，执就是执着，见就是见解。我见就是认为自己对，然后执着地认为自己对，固执地认为自己对，固执地认为自己好。这是一己之见。也许他真的不错，但如果总是自我标榜，最后就会变成傲慢。

我们要劝他把傲慢放下来，不要这样去看别人，因为他说的这个现象即使存在，也不是靠他这样的指责就能够改变。

这位PMC主管所说的现象，企业里面肯定很普遍，但像他这样看问题，解决不了问题。我们不是断案者，是解决者。我们怎么解决这个PMC主管的问题？要让他放下他的这个心态。

在这个问题里面，我们除了能看到这位PMC主管的傲慢，还能看到他的失意，这个人在企业里面不得志。他不得志，当然有企业的问题，但是他要不要想想他自己的问题？要。就是因为你总这么看周围的人，你跟周围的人能团结吗？PMC（计划部）是一个很重要的部门，它要协调各个部门。如果你认为大家都是虚头巴脑、不干实事的，就你是干实事的，这种情绪、这种心态你一定会带到工作当中去。你把这种情绪、这种心态带到工作当中，你看不起别人，别人看得起你吗？你认为大家都不干实事，大家也会认为你不干实事。这样别人还能好好配合你吗？恐怕很难。

PMC主管的这种失落感我们要看得到，这种失落感是私还是公？是私。你把PMC主管的傲慢、失意看到以后，如果他能在这个地方改，那就好办。如果他不改，你把问题讲出来，他也能意识到。他如果不改，你给支别的招也未必有用。

这位PMC主管的观念改变了，我们再谈他在企业里面该做什么。毫无疑问，企业里面实也好、虚也好，都是由什么说了算？由数据、由业绩。也就是说，企业的当务之急是建立数据系统。在企业里面，建设数据系统的最重要的部门是哪一个？是PMC，不是人事行政部。为什么？因为大量的数据都来源于我们生产管理过程当中的表单，这些表单都是从PMC（计划部）这里发出来的，PMC的这些表单是有效衡量每个人工作的基础。

数据系统的建设恰恰是PMC能做的。所以，你抱怨什么呢？你把PMC系统建起来，把数据系统建起来，好好坏坏都有数据衡量，你就用不着抱怨，马上可以解决问题。你从自己入手，马上能解决问题，因为这是你的权限范围之内的事。你权限范围以外的事就是企业在数据系统的基础上来搞绩效考核，那就是人事行政部的事了，然后就是老板要注意工作方式了，再然后就是副总要注意工作方式了……我们这样跟他谈，问题多多少少都能得到解决，否则就是发表议论了。在企业里面发表议论，是多一点好，还是少一点好？少一点好。去解决问题的人是多一点好，还是少一点好？多一点好。大家要解决问题，不要发表议论。怎么解决问题？遇到一个人，就跟他谈他的思想。谈他的思想，其实就是在帮他。

这里举出的这些回答问题的例子，是因为我们大家在实际工作当中也有处理这种问题的机会，大家也应该这样去处理问题。但这时候我们在处理实际问题时，一定要注意一点：克服自己的一己之私。哪怕我们谈得头头是道，都别忘了自己的一己之私。自己的一己之私是什么呢？认为自己就一定是对的，然后强行让别人接受。不要认为自己是对的，就一定强行让别人去接受。别人接受也有个过程，你作为领导跟他讲了，他不一定马上就能接受，可能要多讲几次。如果你认为今天讲了他不听，明天你就收拾他，这也是一己之私，哪怕你讲的都是对的。

不要认为自己是对的，就一定强行让别人去接受。

所以，领导在帮助别人、教育别人的时候，要防止自己的一己之私。什么一己之私？不要过分固执。什么事情都有一个过程，要允许别人有一个过程。如果不允许，你觉得自己明明讲得对，而那个下属就是不听，你就急急躁躁地要收拾他，你这就是一己之私。

膨胀到极致的老板

我们看第四个问题。

老板个人膨胀到极致，任何事情都是他最行，决不允许偏离他的意思，但如果事情不成就是下属不得力。如何帮助他？再讲具体点：老板永远都是感性管理，对人不对事；双重标准特严重，自己怎么做都可以，别人即使按制度做都不可以；说话两头堵加扮失忆，永远都要赢。真怀疑他是否在拿自己的厂子开玩笑。

这个问题提到了一个老板，这样的老板不仅有，还到处都有。看到这样的问题，你会产生同体心，你觉得提问题的这个人讲得太痛快了，很多老板就是这样的：说话两头堵加扮失忆。提问题的这个人用词很形象，很有文学色彩。什么叫扮失忆？他说过的话他假装忘了。这样的老板有不少，所以听起来特能同情、理解提问题的人，特愿意跟他一起来批这个老板，但这样行不行？不行，这样没用。因为老板没在你面前，是这个提问题的人在你面前，这是关键。

所以，麻烦你把你的情感放下来，不管他讲的这个老板有多可恶，有多无聊，你都不要跟他一起义愤填膺。你跟他一起义愤填膺，你就中套了。因为这不解决问题。老板不在眼前，提问题的人和答问题的人在一起把老板批一通，这就跟两个人喝酒以后侃大山一样，有啥意义呢？我们要解决问题，怎么解决？谁向你提问，你就谈谁的事。我们先从提问的人入手，不代表这个老板就没这些事，不代表这个提问的人在瞎说。假如老板在我们面前，我们是另外一种说法；假如老板的下属在我们面前，我们先谈他，为什么呢？因为这对他看问题有帮助，这是实事求是。

不要相信这个世界有绝对真理，所有的事情都是因缘和合。现在很显然这是一个职业经理人在提问题。因为他跟老板走得比较近，他跟老板对话的时候比较多，所以他才有“扮失忆”这一说。离老板远的，他不会知道老板哪些话讲过，哪些话没讲过。既然提问的这个人是一个管理者，这个管理者站在你面前，你就先找他的问题，因为他在你面前，你是可以改变他的。当然，他愿不愿意改变是另外一回事。你谈别人的东西谈多了，只会强化他的一种我执。

什么是我执？就是固执地认为自己的观点对，极力地维护自己的观点。其实，这个管理人员一定是有问题的。老板有问题，这个提问的管理者一定也有问题，这不是替老板打掩护。我们先看看他的一己之私。

什么是我执？就是固执地认为自己的观点对，极力地维护自己的观点。

这个职业经理人的一己之私在哪里呢？他说这些话，谁都看得出他的情绪很重。带着情绪谈一件事，能谈得客观吗？不能。所以，老板有问题也被他夸大了，也被他丑化了。你去丑化别人，有利于解决问题吗？不利于。就像你遇到一个人，他有这样那样的问题，你说他一句：你是个猪。他的问题还解决得了吗？就别想解决问题了。因为人家不会跟你谈别的，人家的情绪也被你激发起来了，那就只有对立。

所以，解决问题首先不要情绪化。这个职业经理人对老板有情绪，而且这种情绪还不是一般的情绪，他有憎恨心在里头。他前面的话是抱怨，后面的话是憎恨，他甚至觉得这个老板很愚蠢，实际上他内心已经是在骂老板了。如果一个人觉得老板这么糟糕，不如干脆走人了事。如果你不打算走，又对老板有那么大的情绪，这对两个人都是坏事。首先是对自己不利：在这样的老板手下做事，你不觉得一天到晚很窝囊吗？你能开心吗？你总在一个不开心的地方待着，这对自己就是个伤害。而且如此不开心的人，肯定不能把工作干好。不能把工作干好，作为管理者来讲就是最大的失职，就是最大的一己之私。

不能好好工作，这是明明白白的私。不管怎么样，我们任何人都要忠于自己的职业操守。做老板是一份工作，打工也是一份工作，每个人都要对得起自己的本职工作。这是肯定的，东方西方、古代今天都是这个原则。因为他的情绪化、他的憎恨，他会对不起自己的本职工作，这一点你该不该点醒他？该。他不能因为别人杀了人，就把别人杀了。为什么？这个权力不在他手里，在法律的手里。看到一个小偷，就把他打死，然后一帮人群情激奋。我们说是小偷可恶，还是打死小偷的人更可恶？显然，打死小偷的人更可恶。小偷只是偷东西，而打人者犯的是杀人罪。

所以，我们必须提醒这个管理者不能这样干。要提醒他：你的一己之私很明显，由你的憎恨心导致的对工作的不开心，会影响你的工作。工作失职就是你的一己之私，你应该想办法调整。

我们这样说也是在帮他，因为他既然没有走，说明他也没有更好的去处。既然他要在这个企业待着，难道待得开心一点，不好吗？我们表面上批评他，实际是在帮助他。怎么帮？首先对老板不要一味地抱怨。

老板是不是疯子？不是。不信你让疯子来办一个工厂试试？假如疯子把厂办成了，这个疯子的病也就治好了。老板不是疯子，把一个厂办起来，你以为那么容易？是你认为他疯。老板是不是傻子？不是。你给傻子一百万，你找个傻子来办厂，你看傻子拿着一百万最后会咋样？

老板不是疯子，不是傻子，那为什么老板成了这种样子？这个样子的老板肯定有。我们也不要美化老板，要正确地看待老板。一个人在创业的过程当中其实是很孤独的。首先我们要理解创业者的孤独感，创业过的就知道这种孤独感。

创业者很孤独，看起来他旁边有很多人，但是他还是很孤独。为什么呢？首先是压力。压力从哪里来？从未知，创业者是跟未知打交道。我们做管理的有一个好处：我们在跟已知打交道，工厂的现状是已知的，各方面条件是已知的。但创业者是跟未知打交道的，他拿一百万去创业，他不知道企业最终会做成什么样子。一个人每时每刻都跟未知打交道，当然就有恐惧感。这个恐惧感是创业者的属性所决定的，是消除不了的。你不要认为什么时候自己有一百个亿了，你就没有恐惧感了。一百亿的老板照样有恐惧感。如果没有，你就理解不了他们为什么在决策上会有那么多的失误。

一个人每时每刻都跟未知打交道，当然就有恐惧感。
这个恐惧感是创业者的属性所决定的，是消除不了的。

常人觉得一个人有一百个亿了，他应该就没有恐惧感了。其实不然。为什么呢？做到一百个亿了，就意味着他企业的规模相当大，意味着他营运的成本一个月是以亿来计的。也就是说，一旦一个月经营不好，他就可以损失上亿，一年下来就可能损失上十亿，甚至几十亿，这还是正常的经营，还不包含投资性失误。老板有一百个亿，他是不是就把这一百个亿放在银行存着，天天乐呵呵地看着那一百个亿？不可能。如果是这样，他就真是个傻子。一个一百个亿的老板怎么可能看着一百个亿无动于衷，他一定会拿这一百个亿干事。拿一百个亿干事，一百个亿就可能失去。你看到他有一百个亿了，他应该满足了。他看到的是一百个亿不知哪天又没了。就像打牌一样，你看到的是他哪天在桌子上赢了很多的钱，他看到的是这笔钱等会儿又没了。一想到此，他内心不知有多恐惧。

而且挣到一百个亿的老板，就可以想一千个亿，从一百个亿到一千个亿，难不难？难，常人挣一千万都那么难，他挣一千个亿能不难？所以，他有没有压力？有。有没有恐惧？有。所以，作为老板的下属，可不可以理解你表面看到的老板的这种疯狂和你认为的傻？可以。因为他无所依托，他就只有想办法牢牢地把一切都掌控在自己的手里。

不要美化老板，美化老板没有用。不能因为我们刚才所讲，认为老板就没有问题了，不是这样。想办法把一切都牢牢抓在自己手里，这当然是问题。因为你把什么都紧紧抓在自己手里，企业就肯定做不大。所以，如果你是面对老板，你第一要理解他的问题，第二要告诉他这样做的后果是企业做不大，因为一切他都抓在手里。

当然，我们现在面对的不是老板，是这个职业经理人。我们就首先要指出他的一己之私，告诉他应该做出调整。怎么调整？理解老板的苦楚，理解他看到的诸多现象都有它真实的根源，也就是将心比心。明白假如自己是老板，自己也会像他那样。这样看待别人的问题，心里还会不会憎恨别人？心里的讨厌和憎恨就会弱化很多。一个人恨别人等于恨自己，这就是一体心。换成自己也一样，那干吗要恨别人呢？你应该帮助别人解决问题。打个不恰当的比方，看到一个病人病得很重，你很讨厌他，你想揍死他，这样行不行？不行。如果你是这样，你这个人就没法理喻了。既然你认为你看到的老板是病态了，你该怎么办？帮助他。你最能做到的帮助是什么？是把自己的事干好。你既然真正同情这个老板，真正认为这个老板几乎到了病态的程度，你唯一应该做的事是什么？是把自己的事做好，这是你马上做得到的事情。

我这样说是在解决问题，这就是**良知审视念头**。要用良知来审视问题。我们经常讲要客观地看待问题。看问题要客观，这个道理我们都知道，但往往做不到。我们做不到的原因是什么？是我们的一己之私没有克掉。为什么要克服私心？克服私心才能够真正看清问题，才能够真正找到解决问题的方法。所以，没有私心的人就是解决问题的高手。

为什么从古至今的那些圣人们都劝我们放弃自己的一己之私？因为他们希望我们都成为解决问题的高手，而不是被问题所困惑的低手，也不要成为高谈阔论的中手。高谈阔论是中手，解决问题是高手，被问题所困是低手。说到底，克服私心是为了开发我们的智慧。

克服私心是为了开发我们的智慧。

而假如我们面对的是老板，又该怎么跟他说呢？我们做通了这个职业经理人的思想工作，他好好干了。下次我们遇到他的老板，就该劝老板做改变了。这位老板的这种做事风格，在他的企业还比较小的时候对他是有帮助的。因为企业小，什么事情他都能理清楚，但是我们要提醒老板的是：这种风格曾经帮过你，但再往下走就会害你。这叫“成也萧何，败也萧何”，我们要告诫他不可以执着于成功的经验。墨子有一句话：人寡不死其所长。什么意思呢？就是大量的人都死于自己的长处，河里淹死的大都是会游泳的人，出车祸的大部分都是会开车的人。你让他不要执着于自己的优势和强项，这样你就真正地帮他了，但这是另一个问题的答案了。

老员工的问题

我们看第五个问题。

老员工在厂里从事重要岗位，但由于思想固化，也成了管理的绊脚石，如何解决此类问题？

老员工首先是企业的财富，但又经常成为企业的问题。所以，老员工既是财富，也是问题，新员工也一样。事情都是两面的。新员工是企业的财富，但也给企业带来问题。

新员工有问题，我们觉得理所当然。老员工要是有问题，我们就不能接受，我们总觉得老员工在企业待那么久了，干吗还不能改好？

我们先判断一下这个问题是什么人提的，有可能是两类人：第一是老板，第二是“空降兵”。

很多的老板的确有这些抱怨：很多人跟了我很多年，现在跟不上了，但又不好好学习，怎么办呢？所以，提这个问题的人第一可能是老板。

提这个问题的人也有可能是“空降兵”。很多“空降兵”一到企业，就面对着反对他的一股力量，这股力量肯定主要从老员工这边来。“空降兵”对老员工也有看法，他觉得这些老员工位置很高，但实际上又没为企业做多大的贡献，这些人简直就是绊脚石。我们分开来说这两类人。

如果这个问题我们不按《大学》的思路去分析，就不会先分清这个问题是谁说的，你觉得反正这个问题都可以回答。其实，不同身份的人提问题有不同的倾向。我们关键是要抓住提问题的这个人的一己之私，这就是《大学》的要害之处，它总是直接在我们的起心动念处下手，然后直接给你提出改正的措施，让你可以直接、马上改善，并且马上见效。所以，不要把这个问题当成一个理论性的、抽象的问题，我们要考虑这个问题是谁说的。因为你考虑是谁说的，等于你就觉得自己要面对谁。

我们说话要看对象，没有绝对真理。如果是老板在你面前提这个问题，你会是一种说法；如果是“空降兵”在你面前提这个问题，你会是另外一种说法。你对老板说的没法套用在“空降兵”的身上。所以，这个问题没有一个统一答案，就看你觉得你面对的是谁。

我们先假定提问的人是老板。如果是老板提出这些问题，老板的一己之私是什么呢？一个老板带着一批员工搞工厂，搞了很多年，跟着他的人成了绊脚石，老板有没有责任？有。老员工成了绊脚石，带队伍的没有责任，这个讲不通。你带着带着都带成绊脚石了，你不觉得自己也有问题吗？他闭口不谈自己的问题，这就是他的一己之私。

带队伍的人把下面的人带出很多问题来了，带队伍的人首先要从自身找原因。这是事实，因为下面的人有样学样。所以，你首先不要把责任都推到老员工身上去。老员工也许真是个绊脚石，老员工也许真的思想固化，但是你自己对老员工做了什么呢？你帮助过他吗？如果你认为都是老员工的问题，是他不行，他落后，他固化，这能解决问题吗？不能，因为他的固化一定跟你有关。你不从自己身上改起，你只改老员工，老员工接不接受？他们不会接受，而且你还奈何他们不得。你把所有的老员工都开掉，估计这很困难。因为老员工有经验、有技术、有人脉。他们也有自己有利的一面。一个企业真要把老员工都干掉，那这个企业的生产效率肯定会下来，甚至产品的质量就没法保证，管理模式也就不存在了。

所以，首先问题不能一边倒，不要把问题都推到老员工身上。老员工思想固化，是绊脚石，老板首先应该把这个责任往自己身上揽一揽。为什么呢？因为老板的确是有责任的，老板把这个责任推出去，就是一己之私。这样跟老板谈，老板能否认吗？不能否认。尽管他听着不舒服，但这样讲，是在帮他还是害他？是帮他。如果你给他出主意怎么对付老员工，表面上他好像听得舒服了，他觉得你是他的同盟军，但你是在害他。

《中华人民共和国劳动法》(以下简称《劳动法》)刚推出来的时候，曾经有一段时间，有些老板就请律师帮他把劳动合同搞得让员工和他打不成官司，一打官司员工就输。

有的人就帮老板出主意，让他把劳动合同全部改成商务合同、承包合同，每个人都承包他的岗位，门卫也承包，这样一来，员工跟老板之间就没有劳动雇佣关系，只是一个买卖关系，双方打起官司来就没法按《劳动法》打了，只能按《中华人民共和国合同法》来打，一下子就避开了《劳动法》里面的补偿责任。这样的合同法律上站不站得住？你要钻法律的空子，好像也站得住。

但是，一个真实的案例是：广州白云区有一个净水厂就跟员工签这样的合同，结果广州电视台到这个厂蹲点，开了一个现场直播。最后这个厂就倒闭了。因为公众根本不会用任何法律来衡量你，老百姓觉得你这样做太没良心了。不管《劳动法》本身如何，你把它转成承包合同，所有的员工都跟你签这个合同，你就不是一个负责任的企业家。当时电视台是把这个厂的问题当作一个焦点问题来报道的。后来的问题已经不是他的合同合不合《劳动法》，已经不是法律层面的问题了，是大家觉得这个老板实在太糟糕了，结果电视台、相应的政府部门都到他厂子里面去调研，一调研他的厂子就关门了。这都是律师出馊主意的结果，律师帮老板对付员工，最终害了老板。

所以，我们面对这个问题也是一样。表面上我们这样讲让老板不舒服，但是在解决问题。为什么？因为本来老员工思想固化，成了绊脚石，跟老板一路带领他们的做法是有关联的。你只有在自己身上找原因，你只有在“我为什么让他成了绊脚石”“我为什么让他的思想固化了”这上面找原因，才找得到突破口。老板首先要反省自己：我的思想有没有固化？如果老板的思想固化，老员工的思想就很容易固化。如果企业做到现在，老板就自满了、就自足了，那么跟着他的老员工自满自足也就理所当然。领头人都骄傲自满，他下面的人骄傲自满就太可能了。所以，老板自己要有创新意识，要有自我成长、自我改变的愿望、动力。

其实，一个不断自我超越的人，他允许周围的人一天到晚思想固化吗？他不会允许，因为这是他的价值观。他自己整天都在超越自己，尽管超越得很辛苦，但他旁边的人一天到晚思想固化，一点都不想创新，他不用到了关键时候再考虑这些人走和不走的问题，他平时就会经常要求他们、督促他们。所以，老板第一要检讨自己是一个不断自我超越的人，还是一个思想固化的人。如果你是一个经常自我超越的人，那也说明平时你对老员工的教育帮助不多。因为你总是帮助他们，他们要么就被你帮烦了，扛不住你天天唠唠叨叨，走掉了；要么他们就改了，成长了。

所以，解决这个问题很简单：老板首先要在自己身上找原因，要检讨自己是不是经常性地想办法超越自己。你找到自己的问题点，别人还至于成为管理的绊脚石吗？当然，有些老板是这样：他平时觉得企业还过得去。有一天他突然觉悟了，他觉得这样下去不行，大家一定要改，结果他发现周围的人全部是落后分子，全部是绊脚石。老板觉悟快，是因为市场的压力大。老板到处学习，有一天突然灵感来了，他宣布企业要创新了，结果他一创新，他就发现落后分子都出来了。这时候老板怎么办？老板怎么对待这些落后分子？那你就得容忍他们。为什么呢？因为你自己原来一直没醒，你突然间醒过来了，你讨厌别人都在睡觉，这不合理。你醒了，你也得慢慢地一个一个地叫醒别人，这是没办法的事。因为你是突然来一个觉悟，你是突然转了个弯。

就像开车，你突然转了个弯，别人跟不上。所以，这时候你这个弯不能急转，你急转也转不过来。你一急转，就把所有人都甩到车下去了，这样不行。如果你觉悟了，你觉得他们跟不上，你执意要一刀切，这样伤害企业。你不能因为自己的觉悟——哪怕你的觉悟是正确的，就对下面跟不上的人采取一刀切的方式。你执意这样做，就是一己之私。因为你太执着于你的那个正确了。即使你是正确的，执着也是错误的。这么多年你都没好好要求老员工，这么多年你都没觉悟，现在突然觉悟了，就叫大家必须跟你同时觉悟，这有点霸道。当然，如果这里面有极端的人物，该处理也要处理，但不可以采取一刀切的方式对待所有的老员工。

如果提问题的这个人是“空降兵”，他说企业的老员工思想固化，是绊脚石，他的一己之私是什么呢？他的一己之私很明显：他觉得奈何不了别人，别人不配合他。他没有威望，就想干掉别人，这肯定不行。所以，你用良知去审视他的念头，就要去告诉他这样做会激起众怒，一开始可能还只是一两个人跟他作对，到了后面是一群人跟他作对，最后走的是谁？一定是“空降兵”自己。这种事情在企业屡屡发生。我们跟“空降兵”讲这些话他同样不舒服，但这是害他还是帮他？帮他。因为我们不希望他走，不希望他离开企业。有很多“空降兵”在企业里面最后都成了“烈士”，我们不希望他也这样。

很多“空降兵”一腔热血在企业里面做变革，很想对得起老板，因为老板给他的待遇比较高，对他的期望也比较高。这些人动作的力度都比较大，阻力当然也较大。于是他们往往会提出老员工的问题。

假如某个“空降兵”向你提出了这个问题，你怎样才能帮到他呢？你要帮他去容人，你要帮他去改人，你要让他意识到他不可以打倒一大片，要知道那些老员工对企业都有贡献。

你要告诉这个“空降兵”：这个企业没有你的时候至少也能挣钱，这个企业能走到今天，至少说明它能挣钱。要不能挣钱，就等不到你来了。有的企业老板干了十几年也挣钱，别以为没你他就不挣钱。也就是说，没你的日子，企业过得可能不好，但至少活得下去，不要把自己看得那么神。

老板请你来，是希望你把企业搞得更好。你不要认为企业是要死了，甚至都死得差不多了，大家等你让它起死回生。有这种思想，你一定会高估自己，然后低估别人。你必须要看到，没有你，企业也走了这么多年；没有你，企业也有它的发展，也有它的进步，只是进步不够大。

作为老板，要对老员工有感恩之心；作为“空降兵”，要对老员工有一种尊敬。就像战场上打仗，第一拨部队上去，结果被打得一塌糊涂下去了，换第二拨部队上去。第二拨部队嘲笑第一拨部队行不行？不行。因为你做了第一拨，你也是这个样。现在第一拨休整，让你上去顶，是因为人家把敌人、把对方消耗得很多了，所以对第一拨部队，你要有一份敬意。

老板要有一份感恩，“空降兵”要有一份敬意，

这才是解决问题的恰当的态度。

老板要有一份感恩，“空降兵”要有一份敬意，这才是解决问题的恰当的态度。有了这份敬意，你接下来还要知道老员工为什么要排斥你。

为什么老员工会排斥“空降兵”？第一，他们有嫉妒心在里头，“空降兵”收入那么高，他们的收入那么低。现在有些人有仇富心理，这种心理可不可以理解？可以理解。“空降兵”来到一个企业，本来要低调。“空

降兵”来的时候，处在特别岗位的老员工是忐忑不安的，他担心他这个位置还能不能保得住，他担心老板还能不能容忍他。他的这种担心尽管是一己之私，但可以理解，也必须理解。因为换了你也一样，所以中国人经常讲一句话叫“将心比心”。

老员工的一己之私、老员工的私念从哪里来的？从他的担忧来的。所以，作为“空降兵”，你首先要能够理解老员工的这种心理。你要做的是告诉他们：不要担心，只要你们转得过来，跟得上形势，干吗把你们给换了呢？我不可能再带一帮人来企业，五个人都不一定带得来，我还是要依赖大家的。你不如开诚布公地跟大家摊开来说：没有人会比你们更好。假如我想在这里做出业绩，最好的办法就是依靠大家……如果这个“空降兵”这么说，老员工会不会觉得他在讲假话？不会。他们知道“空降兵”讲的是心里话。“空降兵”的心里要明白：人家的担心合情合理，你得给别人安心。你不能在这时候还向别人抡刀子，你抡刀子，就让别人发现所有的担心都成了事实。本来只是担心，现在变成不用担心，因为老员工觉得他一定会这样干的。老员工接下来会怎么办？一起干掉这个“空降兵”。

假如你这样跟“空降兵”谈透了，“空降兵”一意孤行怎么办？那他是找死，因为结果已经摆在那个地方了。实际上，这些道理很多“空降兵”想得明白，但有一点是他心里不敢开放。他要是来了以后跟大家说“还是要靠大家”，他怕别人看到他的软弱。所以，他要诚意。诚什么意？一心一意为企业好。如果你一心一意为企业好，你就必然会这样做。因为只有把大家调动起来，企业的事情才能做得更好，企业才能有更好的发展。

所有的管理，它的本质都是调动大家，变消极因素为积极因素。

总之，所有的管理，它的本质都是调动大家，变消极因素为积极因素。你不能因为你自己没有变的能力，就指责对方，你需要的是怎么提高自己的境界，提高自己的能力，怎么去调动大家，你只能在这个地方做文章。说实话，杀一儆百的做法，不是迫不得已，千万别用。

“90后”的问题

我们看第六个问题。

我有一个问题，想请大家帮忙。大家觉得有什么方法可以留住“90后”的员工？现在“90后”的员工说走就走，很难留得住。

我们同样要找提出这个问题的人是谁，提这个问题的人可能是老板，可能是人力资源部门以及各个部门的经理，我们先从老板这个角度来谈。因为提这个问题、思考这个问题的老板最多。

解决这个问题，我们的的确确还要从破一己之私开始。假如提问题的这个人是老板，他这样说，有没有一己之私？有。

这个老板有两个一己之私。第一，他有必要执着于“90后”这个概念吗？没必要。现在谈“90后”，以前谈“80后”，最早可以谈“70后”。也就是说，这其实就是一个年轻人的问题。年轻人都有一些共同的特点，所以不要有那么重的分别心、执着心。你认为的“90后”只是个符号，实际上，年纪大的“90后”都有27岁了，再过几年也过30了。他们已不是原来的“90后”的概念了。所以，第一不要老是贴标签。你在很多地方贴标签，看问题就看得没那么清楚。

这个问题实际上就是一个年轻人的问题，当然现在的年轻人和过去的年轻人不同。年轻人有一些共性，我们先从年轻人的共性出发。

第一，不要太执着，不要太分别。你分别、执着以后，就会认为“90后”都是一个样子，其实不是。“90后”既有毛病，也有很大的优势，这些毛病和优势都是年轻人的特点。其次，我们要想清楚留住他们的目的是什么？一般我们留一个人只是为了让这个人为我们创造价值，让他对我们有用。把一个人留下来，只是让他为你创造价值，让他对你有用，这是一己之私。你留别人的目的就是想让别人为你所用，这个出发点是有问题的。而从这个出发点出发，你的很多动作就可能做偏。

年轻人有两个方面的特点：第一，他的年龄、身体状况决定了他血气方刚。血气方刚意味着什么？意味着冲劲很足，冲劲很足就意味着他可能乱冲，定不住。定不住几乎是年轻人的生理特点，他们喜欢到处找机会，喜欢到处看一看。所以，对于年轻人的好动、对年轻人的不定，我们一定要抱以理解、抱以宽容，否则你没法跟年轻人打交道。

企业的那些 40 多岁、50 多岁的员工估计不会随便提出要走。因为他们已经不太喜欢到处乱走了。20 来岁的人天天想着走，其实这是他的天性，他就处在这种生理状况下，所以要能够包容理解。很多事情理解了，才能同体。你不理解，同体就同不了，因为你会觉得他们另类。

血气方刚同时意味着什么？意味着年轻人的创新意识特别强，这也是年轻人的特点。不管“90 后”、曾经的“80 后”，还是曾经的“70 后”乃至曾经的“60 后”，他们年轻的时候都是这么过来的。你以为现在 50 多岁、60 多岁的人在年轻的时候没有冲过吗？没有创新过吗？不喜欢蹦跶吗？他们曾经和现在的年轻人一样。

他年轻，他就有闯劲；他年轻，他就有创新意识，就有浓厚的学习兴趣。创新意识是关键，但你的企业给不给他一个尝试创新的平台、机会？如果给就好办了。如果你的企业一切都强调按部就班，故步自封，他一个年轻人待在这里，会觉得自己无所作为。他本身就躁动不安，本身生理上的能量就有那么大，你的企业又不给他创新的平台，他的能量就无处发泄了，他就会变得难受，还不如走了。所以，我们要给他创新的平台。

第二，现在年轻人是喜欢学习的，是喜欢成长的，但你的企业有多少东西值得他学？年轻人对他现在挣多少钱也感兴趣，但是，他更看重以后能挣多少钱。因为他现在即使再能挣钱，这个量也不是很可观的，因为他刚开始工作，做不出多大成绩。但是，他关注什么呢？关注他在你的企业能学到多少，能成长多少。为什么很多企业留不住年轻人？因为你没什么东西值得年轻人学，这是要害。很多企业没有多少成熟的东西，哪怕办了十几年，企业都没有成熟的东西，管理的模式、经营的模式、营销的模式、产品的技术等等，都没有什么值得年轻人学的。没有东西可学，他在你这边待着，你又不给他创新的平台，他能怎么办呢？不就只有走了吗？

要看到年轻人的这个特点。用年轻人，就要想着怎么为他们创造一个能够创新的平台、能够学习的对象。其实，年轻人到那些上规模的企业、到一些大品牌企业，他们会不会也同样待不住？不一定。年轻人更愿意在大企业干。为什么呢？因为他刚进去时工资可能两千、三千，但干个几年再出来，他就可能工资上万。他不仅仅能在品牌企业镀金，关键是品牌企业供他学的东西很多。即便想好了什么时候离开，在没离开的日子他也会想：我在这里还能够学到多少东西？

所以，为了员工本身，老板也要想办法让你的企业成为一个可以让年轻人学习的地方。是你的管理模式、经营模式、产品技术，是你的一切管理方法值得他学。所以，为了留住员工，你必须把你的企业做好，让你企业的产品、技术、管理模式、营销模式成熟。

不要让他为你创造价值而留住他，而为了对他更有利留住他，那么，他顺便给你创造价值就好谈了。

看透问题的关键在诚意

何为诚意？《大学》说：“所谓诚其意者，毋自欺也。如恶恶臭，如好好色，此之谓自谦。故君子必慎其独也。”目前为止，我们已经分析了六个问题。提这六个问题的人看起来好像都很诚恳，都是诚心诚意地请教老师该怎么办，让老师帮他支招。这种意看起来是诚的，因为提问题的人都是在虚心请教。但是，我们能不能顺着他们的请教给他们支招？不可以。前面我们已经解答了六个问题，证明这种思路不行。因为你只看到了他表面的诚意、诚恳，没有看到他这种意念背后的一己之私。

你没看到他的一己之私，就会受他一己之私的支配。他表面上请教你，实际上是让你帮他打架。你这样能不能真的帮到他？不能。所以，我们首先要诚他的意，要让他请教的这个意念、这个念头更诚。他请教问题，表面看起来很虚心，他问你碰到这样的员工怎么办？碰到这样的老板怎么办？碰到这样的总监怎么办……你千万不要被他迷惑，因为他已经被他自己迷惑了。他被自己的什么迷惑呢？

在自己身上找问题的人，问题会越来越少。

在别人身上找问题的人，问题会越来越多。

提这六个问题的人都认为别人有问题，没有一个人认为自己有问题。这算不算真正的诚意？不算。没有把自己的一己之私看到，自己看不清自己的念头，以为自己是被别人所害，这种人表面上诚意，实际上不诚意。因为他的意念当中还含有很多自私的动机，你跟着他走，事情会越搞越糟。这种后果他也没有意识到，怎么能算意诚呢？**任何念头一起来，就能够被自己观到，这个才叫诚意。**要怎么观呢？要像闻到恶臭马上就厌恶，要像看到美景马上就喜欢。也就是念头一起来，就能捕捉到。自己的私心捕捉得到，别人的私心也捕捉得到，这才叫诚意。

“诚意”的这段话：“如恶恶臭，如好好色”，是教我们快速捕捉自己的每一个念头，念头一起来，就能看得清楚。为什么要快速捕捉念头呢？因为念头一起来，马上就消掉了。提这六个问题的人为什么没有看清他们自己的一己之私？就是因为他们自私的念头一起来，问题马上就跑到别人身上去了。常人就是这样，问题（念头）一起来，马上到别人身上找原因，他不会马上观自己的念头。所以，他就以为都是别人的问题，这就是曾子讲的自欺欺人：**以为自己是对的，实际自己是错的，而且还真以为自己是对的。**不是他知道自己错了，然后装作我没错。他是真不明白，不是揣着明白装糊涂，而是他把自己给糊弄了。

我们讲了六个问题，提这六个问题的人自己有没有责任？有。解决问题是不是要从自己入手？是。从原因来讲，产生这些问题自己有责任；从结果来讲，解决这些问题必须从自己入手。但是，提这些问题的人给我们的引导是在自己身上用力吗？不是。这明摆着就错了。但是，他会认为自己错吗？提这六个问题的人都不认为自己有错，都认为就是别人的错。这就是自欺。看不到问题真正的原因，找不到问题真正的解决之道，然后又认为自己是对的，这就是自欺。生活当中、工作当中这种情况很多。

“故君子必慎其独也。”“独”是指什么？是自己的那个念头。因为你自己的念头，只有自己知道，所以称之为“独”。人的念头冒出来，只有自己知道。提这六个问题的人冒出来的念头，只有他们自己知道。只有自己知道，就要小心。因为别人没法知道，别人都不知道你在想什么，当然也就很难帮上你。这就全靠自己小心了。所以，它必然是一个“独”。

“慎”是什么意思呢？谨慎。要防止自己的念头把自己误导到只针对别人。只要念头一起来，你就知道这个念头是从哪里冒出来的，这个念头到底是善还是恶，这个念头是指向别人还是指向自己，这个念头有没有改变事实。你自己明明也有问题，但你把问题都归结成别人的问题；你明明有私心，但你认为你是正义的。你一切的念头都在做这种转换，你要能够觉知这种转换，要谨防自己骗自己。一旦它转换成功，它就立马骗你自己。

靠什么来防止念头搞鬼？靠良知。良知像一盏灯，它照着念头，把它盯得死死的。只要念头一冒出来，就立马把它抓住。良知告诉你：你的念头在搞鬼，明明是你的问题，你转成了别人的问题；你把大家搅进来，让大家帮你出主意，最后明明没有用，你还认为这样对，这样的事情你少干——良知把你看得死死的。

曾子把人心看透了。他知道每个人的脑袋里都在干这个活：总是把自己的问题转成别人的问题，然后逃避自己的问题，只想着怎么对付别人，这明明不是真正解决问题的方式，但每个人都这么干，那六个问题都是这么提出来的。实际上，在生活当中、工作当中，常人基本上都处在一个自欺欺人的状态。明明是自己的问题，变成了别人的问题，然后自己信以为真，不在自己身上找原因。明明这样解决不了，自己还以为能解决，还请别人帮忙。这都是自欺。最后企业的问题没解决，工作的问题没解决，生活的问题没解决。欺骗别人，把别人也忽悠着跟你一起去冲，这是欺人，合起来就是：自欺欺人。

用良知看住自己的念头，这叫诚意。

那么，曾子给出的招是什么呢？**用良知看住自己的念头，这叫诚意，叫慎独。**看住自己的念头，儒家叫慎独。慎独的目的就是为了看念头，就是为了把念头看住。因为念头你不看住，念头就要转。怎么转？把自己的问题变成别人的问题，把根本没用的答案看成是正确的答案。《大学》解到这里，我们就知道《大学》不是知识、不是学问，而是功夫。把人的念头盯住很难。千万不要让你的念头随随便便地跑掉，然后又转成别的念头，所以要慎独。

我们可以把“诚意”归结为一句话：用良知随时审视念头。或者说：念头一起来就受到良知的审视。什么是良知？知因知果的知，就是良知；把因果都看得清清楚楚的知，就叫良知；同体以后的知，就叫良知。

不把自己和别人看成对立的，认为别人的问题自己也有原因，你马上和别人就一体了。别人这样做是错的，但他也有他这样做的原因，你一理解，马上和别人同体；你一找自己的问题，马上和别人同体。因为别人的问题你看到了，你自己的问题也看到了。大家都是问题的制造者，同时也都是问题的受害者，还是问题的解决者。制造者、受害者、解决者三位一体，就是同体。

诚意源于良知。没有良知，谁去审视念头？所以曾子说“欲诚其意者，必先致其知”。致知就是致良知。良知源于格物。克服一己之私就是格物。

克服一己之私，你就不再被它阻碍，你就能看清事情的因果。

为什么要克服一己之私？因为克服一己之私，你就不再被它阻碍，你就能看清事情的因果，而且是直接看到，这叫因果昭然于心。

“昭”是什么意思呢？昭就是太阳直接照着的意思。太阳直接照着，地上的东西我们看得一清二楚，不会有任何阻碍。人的良知起来，因果自然而然地在你心目中呈现出来给你看，不用你思考，也不要去说服别人。有一个成语叫“昭然若揭”，意思就是一目了然。

在回答这六个问题的过程中，我们没有不断地动脑筋，只是带着大家一步一步看清真相而已。所以，真正的智慧是不要动脑筋的，真正的智慧不是靠思考得来的，是靠良知起来得到的。良知起来以后，你就可以对一切一目了然。智慧来源于良知，良知来源于克服一己之私。你把一己之私克服了，你的良知就起来了。人的良知起来，因果昭然于心，你就是个有智慧的人。所以，曾子说“致知在格物”。格物就是格除一己之私，恢复一体之知，故也称之为格物致知。

第九章

慈悲的力量

同体智慧如何修

我们前面对六个问题的回答都是基于良知，也就是基于“一体之知”来回答的，这样的思维方式，我们把它称之为同体思维或同体智慧。管理当中的同体智慧具体怎么修呢？

同体从哪里开始？首先要同责。

同体从哪里开始？首先要同责，遇到责任你要勇于担当。出现责任你要认为你有份。如果一出现责任、一出现问题你就认为都是别人的错，都是别人的问题，没你什么事，你就不能够与人同体。

做领导的必须要有责任意识。什么叫责任意识？就是不管下面人有什么错，都跟你有关。共产党处理一些干部的问题就有这个原则，这叫领导责任。有一年温州动车组出事故，下面的人被处理了，上面的人也被处理了。上面的人处理到哪里？处理到了铁道部的领导。动车组翻了跟部里的领导有直接关系吗？他们负的是领导责任。你是领导，你就有责任，中国人就认为这种处理方式对。所以什么地方一出事，老百姓就知道那里当官的又有麻烦，这就是中国的传统文化，这种做法在西方不一定立得住，但中国人的传统就是这样。

生活当中我们经常说一句话叫“子不教，父之过”，这叫什么责任呢？也是领导责任。父债子还叫什么责任？叫连带责任。父债子还，“子不教，父之过”，这些话说明什么？说明即使你不把自己和你的孩子看成同体，别人也把你和你的孩子当成同体。所以，别以为同体是你觉悟的结果，你没觉悟，你也要知道这个同体。因为孩子出了问题，你就跑不掉。

当官的就很清楚同体，所以当官的决不允许自己的管辖范围之内经常出什么太大的问题，特别是人命关天的事。有些当官的平时可能自以为是，但不管他多么自以为是，他都知道如果他的治下真的出了人命关天的事，他自己的乌纱帽就可能保不住。

中国有个现象，事情只要不上升到人命的程度都好说，一上升到人命的程度，这个事就大了，就不得了。哪怕这事跟他一点直接关系都没有，他都逃不脱干系。矿难、食物中毒等群体事件都让领导者心里紧张。

这些都说明同体不是你去觉悟的，而是大家就是这么看的，老百姓就认为你下面人的事跟你有关。你说“跟我无关，我又没有参与这个事”，可这里只有一句话：领导责任。中国的“领导责任”这个词在法律上应该没有严格的规定和界定，但是每次处理事故的时候，这个词绝对起作用。所以，中国人的心里头一直有一个同体的概念，这个概念根深蒂固。所以，**同体是人为给他加上去的，还是事实上的存在？事实上的存在。**

同体不是我们强加的，不是我们人为设计的，它是一种事实上的存在，只是我们要去觉悟它。事实上，企业的老板和员工是同体。企业搞得不好，大家全倒霉；企业搞得好，大家都有好处。企业搞得好，只有老板有好处，大家就会说这个老板太自私、太抠门。如果企业搞差了，最后搞不下去关门了，大家也会对老板身边的人有微词。

你是老板身边的人，你真把老板搞惨了、搞垮台了，以后找工作都不好找。人家会怕你。这就像婚姻一样，男的死了，女的再嫁就有些问题，人们就会说这女人克夫。中国人为什么有这种“克”的概念呢？因为人死了，大家不知道你干了什么，又不能说人是你杀的、人是你害的。人们只能用“克”来表示你对夫妻同体命运的破坏。所以，企业的老板、领导平时要有同责的意识，共产党做事就是这个原则。

要培养同体感，你还要同受，要感同身受。

要培养同体感，你还要同受，要感同身受。

我们在企业里面做变革，做现场改善，讲得最多的就是到现场去。为什么要到现场去？稻盛和夫说：工作现场有神灵。神灵是谁？实际上就是那些工人，就是一线的员工。做攻关改善的时候，你要到现场去，要跟一线的工人有同样的感受。当物料回不来、影响生产的时候，我们的采购员、仓管员、车间的人和老板、高管也要是同一个感受。

物料回不来影响谁？影响生产员工。在很多企业，物料回不来，生产员工急得要死，仓管员却说：物料回不来，我有什么办法？物料回不来，你让我拿什么发给你？仓管员有生产员工那么急吗？他远没生产员工那么急。物料回不来，采购会说：供应商不给我，我有什么办法？我天天催……实际上他是不是天天催？不一定。你看物料回不来，采购的感受、仓管员的感受、车间工人的感受是一样的吗？不一样，甚至采购还要说："老板不肯付款，供应商都不愿意做我们的生意了。"

物料回不来，仓管员、采购员和车间员工的感受根本不同。针对这个情况，我们采取什么方法呢？我们搞横向控制：车间员工受影响了，车间员工可以给仓管员开乐捐单，仓管员可以给采购开乐捐单，这一下大家的感受相同了。物料不回来，车间员工的收入受影响，现在通过后面的人处罚前面的人，使仓管员的收入也要受影响，采购的收入跟着受影响。当然，横向开单是一个方面，我们每天还会在生产协调会上把采购准交率、备料及时率统计出来，每天对采购、车间进行考核。通过这种考核，把采购、仓管员和生产员工考成了同受。

物料回不来，不能只是车间员工难受、着急，而采购、仓管员都不难受，都无所谓。实际上，实施横向控制、考核就是为了让各部门员工的感受相同。这些动作对提高生产效率、解决问题很有帮助，这些动作把大家搞成了一个利益的共同体，感觉共同体。要受害，个个都受害；要得利，大家都得利。要开心，大家开心；要难受，大家难受。这就叫同体。

要培养同体感，还要有同情。

要培养同体感，还要有同情。一个社会没有同情心，那是最糟糕的事情。为什么呢？因为同情是同体的最根本的东西，是同体的源头。

真正的智慧立足于慈悲。没有慈悲心的人不可能有大智慧，慈悲心远远超越了我们平时讲的大脑智慧。慈悲不是大脑里面出来的东西。你看到一个老头摔倒在地上，你是脑袋疼还是心里难受？你是心里难受，你的脑袋不会疼，你脑袋疼是你想得太久了。看见一个老头摔倒在地上，你内心立马会有一种同情，你觉得这个老人太可怜了。你脑袋里面冒出"太可怜"这个词，是因为你内心产生了一种感受，好像躺在那里的人是你自己，或是你的家人。你想到要是你的父母躺在那个地方，你会痛哭出来。从这个地方找智慧的根才是《大学》的教法，因为说到底，智慧是用来解决问题的。怎么达成目标就是一个问题，当领导就是为解决这个问题服务的。

所有的智慧都是用来解决问题的。不解决问题的智慧是显摆。显示给别人看的智慧有什么用呢？生活当中就有这样的人，你和他一起讨论什么问题，他讲话好像很吸引人，但真正让他去做，往往又很糟糕，或者让他到台上去讲，他又闭嘴了。这种智慧是不解决问题的，**真正的智慧是解决问题的智慧。**解决问题靠什么？靠行动，所有问题的解决都要靠做。

那么，行动从哪里来？**行动从内心来。**

你看到地上躺着一个人，很多人围在旁边议论。你可能会指责那些一旁议论的人怎么不去帮忙，怎么光站在那里说来说去，但是，你一旦发现地上躺着的那个人是你二叔，你会怎样？你会大叫"让开"，然后奋不顾身冲上前。你为什么有这个行动？因为你的内心有一股痛苦和难受生出来，你必须让这种痛苦和难受平息下来。怎样才能平息？马上去做！假如谁拦着你，你没有办法去做，你只能眼睁睁看着他变得越来越糟，你会更难受。这种难受会让你痛哭，甚至让你号啕大哭，失去常态。

你的慈悲心、同情心起来，就会产生一股能量。这股能量会让你一定行动，不行动你就难受，不行动你就受它折磨。这样一来，问题就好解决了。为什么平时很多事情我们明明知道该做，可就是不去做？因为我们的内心不痛。为什么接到客户投诉，老板一定要解决？因为老板的内心是痛的，他被客户骂着，不管赚不赚钱，他都没面子，他的脸没地方搁，他当然要第一时间解决。你不给他解决，他会一直盯死你。他要采取一切措施，把这个问题解决掉。因为他的内心处在痛苦当中，他的心和那个事、那个问题一体。实际上，客户投诉完了，那个事情就过去了，但这个事情从外面跑到了他的内心，他的内心受到投诉的折磨。受着这样的折磨，他能不行动吗？能不解决吗？他的行动是动脑筋动出来的吗？不是。假如我们企业里面的每一个人、每一个领导、每一个管理者的心，都被企业的事情如此折磨着，我们的管理好不好做？好做。

常人的智慧就是大脑智慧，大脑智慧是只有信息、没有能量的。大脑本身就不产生能量，常人智慧就是有信息、没能量。

慈悲的人行动力强，智慧的人想象力强。

平时我们思考、讨论一个问题的时候，大量的信息就产生了，各自的见解都出来了，你认为这样，他认为那样，而且讲得都对。你对比一下会发现，高手里面还有高手，你会觉得这个企业太棒了，这里面有好多能人！但是，他们把一个一个的方案提出来，都是等着别人去实施。实施不了，他就会跟老板说企业的执行力太差，好像他不是企业里面做事的人一样。这就是大脑智慧，这就是常人智慧！这种智慧就是脑袋产生的。

大脑只产生信息，不产生能量。你旁边有一个人摔倒在地上，只要这个人不是你的亲人，你就可能在旁边谈来谈去，你就可能想：这个人为什么倒在这里？我救不救他？我救他会不会有麻烦？算了，我还是别惹麻烦……这些念头会在你大脑里面转来转去，这就是大脑智慧。但是，当你看清倒在地上的是你的亲人，你还会这么思考吗？不会，你会马上终止思考，马上去行动。为什么？因为你的内心产生了能量。

所以，产生同体智慧时，信息和能量同时产生，能量为主。能量是最重要的。产生能量，当然知行合一。所以，王阳明的学说才叫“知行合一”。王阳明是在同体智慧上讲“知行合一”。如果你学习阳明心学，把王阳明的“知行合一”理解成“知了以后如何行”，你就在常人智慧里头。而到了同体智慧，你就知道“知行合一”不是“知了以后怎么行”，而是“知就是行”。

在同体智慧里面，知就是行。

在同体智慧里面，知就是行。知和行不是两个东西，不是两个阶段，不是一前一后，而是同一个东西。从信息的角度看，它是知；从能量的角度看，它是行。能量就是信息，信息就是能量。

知就是行，但它的前提是我们达到同体智慧。知行合一不是把知和行如何统一起来，而是让知和行成为一个。怎么成为一个？同体。

智慧和慈悲就是“明德”

什么叫明德？智慧之心称为明，慈悲之心称为德，合称明德，明德就是智慧和慈悲相结合。

明德就是智慧和慈悲相结合。

“大学之道，在明明德”，这句话是告诉我们，我们每个人的内心既有智慧，又有慈悲。把人内心的智慧和慈悲开发出来，就是“明明德”，你就能做领导，你就具有领导力。智慧是人天生具有的。知识是后天的，而智慧是先天的。

孩子一生下来就会吃东西，算不算智慧？算智慧。有些人说这不算智慧，问题是孩子生下来，要是不能吃东西就要命了。所以，可别小看这个智慧。小孩生下来都会吃奶。如果生出来的小孩既不会哭，也不会笑，既不会闹，也不会吃，他家里人简直会急死。所以，孩子生下来就会吃是智慧，而且还是根本智慧，因为这是他活下来的前提，没这些技能，他都没法活。其他的智慧跟这个比，显得无足轻重。

孩子一生下来就有智慧，但不一定有知识。你认为小孩生下来没智慧，是因为你把智慧理解成知识了。

智慧的重要标志是什么？智慧是解决问题的，而解决问题主要靠行动。所以，要用行动理解智慧，不要用一个人的知识理解智慧。很多人知识一大堆，但不解决问题，这种人算不算有智慧？不算。你有知识，但你不解决问题，你就没有智慧，事实上就是这样。有的人读了很多书，但没智慧。有的老板其实没读什么书，有的甚至连初中都没读过，但这不妨碍他当老板。这样的老板是做出来的，不是讲出来的。

“大学之道”就是做领导的根本之道。其实，这个“道”就是我们所说的道路的道，“道”有很多解法，“道路”是其中之一。为什么用“道”这个字呢？它就是要告诉我们，所有的道都是用来走的，不是用来说的，不是用来想的。**能行的才能称之为道。凡是不能行的，就不能称之为道。**所以，**智慧的本质是行。**

智慧的本质是行。

为什么小孩子生下来就有智慧？因为他能行。智慧实际上是人与生俱来的，关键是要把它开发出来。做一个领导最重要的是懂得开发自己和他人本自具足的智慧。领导者当然需要智慧，做管理当然要智慧，但只重智慧不重慈悲，却是目前社会的一个怪象。

现在有一部叫《战狼》的电影很受欢迎，票房很高。还有一部电影叫《狼图腾》，图腾就是崇拜。其实，狼在中国人的传统概念里头口碑不好，成语里面就有“狼心狗肺”“狼子野心”“狼狈为奸”等。但不知什么时候，狼被平反了，人都想做狼了。为什么好端端的人不做，要做狼？因为做狼有一股狠劲，没人敢欺负。你欺负它，它咬死你。狼快要成为我们的图腾了。

中华民族的图腾是什么呢？是龙，我们是龙的传人。但现在，龙没了，都想变狼了。这种情况不知道还要延续多久。但我想，中国人什么时候回归自己是龙的传人，不做狼的传人，不做狼的子孙，传统文化就真正复兴了。这年头，你骂一个人是猪，那可不得了，可能要打起来；你骂他是狼，就不太可能打起来。其实，猪也没有多不好。起码猪很善良，猪不随便咬人。中国十二生肖里头没有狼，但中国十二生肖里有猪。从十二生肖来看，属猪的其实还是比较好相处的。为什么呢？因为他比较温和。但是，现在你千万不能够随便说谁是猪，你说人家是猪，仅次于骂人家的家人。为什么骂他是猪他反感，骂他是狼无所谓？因为你骂他是猪，是说他没智慧；你骂他是狼，是说他没慈悲。智慧，现在的人一定要；慈悲，现在的人无所谓——你说我没慈悲心，没有就没有。我没有慈悲，你能把我咋样？

现在的人坦然接受没有慈悲，但千方百计要拥有智慧。

现在的人坦然接受没有慈悲，但千方百计要拥有智慧，这是事实。活在这种人群里头累不累？累。为什么？因为没有安全感。现在的中国人容易吵架。你在路上好好开着车，只要你前面留一点点空当，就有车莫名其妙从你屁股后面“轰”一下插过来，刚好把你一别，你只能停着。你都没空下来和他吵架，因为大家的车都在往前走。你一停下来，他就走掉了。

《大学》里面的“明德”讲了两样东西：智慧和慈悲。所以，“明明德”里的“明”不能去掉一个。你去掉前面的“明”，你就把“明白”去掉了；你去掉第二个“明”，你就把“智慧”去掉了。你有智慧，有慈悲，这一点你要明白，你不明白，那就变成揣着明白装糊涂了，所以，前面那个“明”是不能去掉的。后面那个“明”也不能去掉，你把智慧去掉了，你还能明白什么呢？所以，这两个“明”都不能去掉，但问题是现在的很多人“明”字没去掉，他把“德”字去掉了，他缺德。

现在这个社会缺德的人多了起来，所以要把这个“德”补上。**做领导，心要明，更要德。**在汉语里面，就一个短语或词组来说，一般排在后面的字更重要，因为前面的字往往带有修饰性，比如“一个很高的人”，这里的“人”要比“高”重要。再比如“一匹很烈的马”，这里面的重点是“马”，前面的“烈”只是一个修饰性的词。“明德”这两个字告诉我们，**当领导既要智慧，又要慈悲，而且慈悲是根本。当领导的根本不是智慧，而是慈悲。**共产党要求领导干部德才兼备、又红又专，“德”当然是指品德，也就是慈悲，“才”是指智慧；“红”是指品德，指慈悲，“专”是指你的专才、你的智慧。也就是说，你既要有智慧，又要有德行，有慈悲心。共产党提的东西跟曾子提的东西是一回事。

我们认为要从三个方面考虑领导力：领导做什么、怎么做领导和领导是什么。“领导做什么，怎么做领导”是在用的层面，那是智慧；“领导是什么”才是更根本的层面，是在德的层面，它是指做领导够不够格，它在慈悲层面。

共产党的思想传承了几千年中华传统文化的智慧。儒家讲“明德”，共产党讲“德才兼备”“又红又专”，其实都是把德和才、慈悲和智慧相提并论，而且慈悲更为根本。为什么？**因为慈悲生出来的智慧才是大智慧。**

为什么慈悲生出来的智慧是大智慧呢？前面我讲过一个例子，你看到地上躺着一个老人，有一帮人围着，并且议论纷纷。看到这个情形，你首先有点同情心，但你不会马上行动，你还要思考：我要不要去救他？救他会不会有麻烦？但是，当有人突然对你说：那不是你叔吗？你会马上去行动。因为这时候你的慈悲心真正起来了，你会不顾一切地拨开人群冲进去。这样的智慧就是同体智慧，是有强大行动力的智慧，关键它是解决问题的智慧。所以，**慈悲是智慧的基础，由慈悲生出来的智慧才是真正解决问题的大智慧。同体智慧才是解决问题的智慧。**

由慈悲生出来的智慧才是真正解决问题的大智慧。

慈悲就是放下

我们下面用《大学》所讲的同体智慧来解答一个企业人提出来的问题：

企业出现某人权力过大，什么都要抓，什么都管不好，办事效率非常低且部门负责人很难发挥潜能，这种情况应该如何应对？

提问题的人应该是企业的一位部门负责人，他说的“权力过大”的某人应该是企业老板或高管。我们就以他说的是企业老板为例来帮他解决问题。一般的人回答这个问题时，会建议这个老板放权，或订立企业制度等。这些提议都没有错，但一来这样的思维已经是常规思维了，按这种思维去走，效果并不明显。因为老板不容易改变，特别是不容易被一个部门经理轻易改变。二来一个部门经理要在企业的制度上去做大动作，估计很难。所以，我们还是实实在在地为这个很困惑的部门经理给点思路吧。

我们要像面对面地坐在这个经理对面一样地跟他说话，不要像面对他的老板或在他的企业讲课中一样地说话。因为这里真实的情景是：一个部门经理在面对你提问题。把自己回答问题设定在这样一个真实的场景中，就是我们讲的同体。这样的思维就叫同体思维。

同体思维强调的是同责、同受、同情、放下。老板专权，下属没责任吗？老板专权，老板就那么舒服吗？真实的事实是什么呢？我们只有放下自己的一己之见，才能看到事情的真相。

为什么老板什么都抓？一个很大的原因是他把很多事情安排下去以后，下面的人并未将事做好。屡屡地失望、屡屡地没辙以后，他只有采取一个很笨的办法：要么就自己干，要么就盯死你。因为不盯，事情又不知道会变成什么样子。而往往老板一盯，事情的效果就会好一点。

这虽然是一个累死人的笨办法，但他只能这样，有时候甚至还要自己干。这样的老板肯定不是一个很好的管理者，这样的办法肯定不科学，但我们首先要理解他，要与他同责、同受，要知道他的感受，要知道自己的责任。要跟他有一样的感受，要与他共同担责。我们如果想解决这个问题，就要抱着这样的心态。如果只是想发一通牢骚，那就另当别论了。

如果想解决问题，就得同受，就得同责，知道这个老板是在什么背景下这样来做的，然后就会生出同情。下属对老板也要有同情心的。人对人都应该有同情心。人的同情心应该是一视同仁的。

同责、同受、同情以后，智慧就会生出来。智慧源于慈悲。我们刚才所讲的这一段是慈悲，但慈悲能生出智慧。我们和这个部门经理讲这些，是让他面对这些问题时不要产生恨。当他说“什么都要抓，什么都管不好”这句很绝对的话的时候，我们要能看到他的情绪：他很烦这种现象。我们首先要让他把这一层情绪去掉，让他不要烦恼。因为他烦得不行，就会恨；恨得不行，就会走。这对解决问题有什么帮助呢？

如果这个部门经理接受了这个慈悲，他开始理解、开始同情、开始同责，开始在自己身上找原因了，他会怎么办呢？他会先不管老板怎样，而是先把老板每次安排给他的事都做好。假如这个企业有十个部门经理，其他几个经理没变，而他变了，即使他还有问题，但老板对他是不是会相对放心一点？以后在他这里插手的事是不是要少一点？老板以后对他的放权是不是要大一点？答案是肯定的。这样，问题就开始得到解决了。

这是一个非理想化的解决方案，但应该会有用。因为其他几个经理还没觉悟，天天还在发牢骚，还让老板时时操着心；而你觉悟了，你不抱怨老板了，你知道老板也不容易。自己先把本部门的事做好，让老板没话说。即便做不到百分之百，也争取做到百分之六七十，至少比以前做得好很多，这样，老板在他忙不过来的时候，就会把你这块的权先放了。而你要的不就是放权吗？你要的不就是让你放手干吗？你没把他打倒，他也没改变，但你同样达到目的了。

你看，慈悲一起来，一个小小的智慧就可以解决问题。什么小小的智慧呢？你去做好自己的事就可以了。你不用去说服他，要他放权给你。说实话，当你没有做到让老板放心的时候，你要跟他说放权，你要跟他说该怎么怎么样，这费劲得很。往往你跟老板讲的时候，他开悟一下，转过身他可能又会糊涂。针对这个问题，你去跟老板博弈，去说服他，去与他周旋，动那么多脑筋，搞那么大的智慧，有用吗？没用。所以，你不如省点事，先把自己的事做好。实际上，这时候你只做了你原本就该做的而已，但效果却好得多。所以，慈悲的后面是什么？**慈悲的后面是放下。慈悲没什么技巧，放下就是慈悲。**

把这个问题分析完之后，我们会发现，其实这个人只是放下了，放下了情绪和对老板的看法，然后去做他原来该做的事而已。只不过他做事的心态不同了：为了让老板放心，为了让老板别老插手我的事，为了让老板能够把权力给我，我一定要把事情做好。这就是“大学之道”。

“大学之道”支的招你听着没什么特别，好像也不怎么精妙，但听完以后，我们的内心是通的，由慈悲导致的智慧会让人的内心通透。

同体智慧立足于慈悲。所以中国人经常讲“慈悲为怀”。“慈悲为怀”是什么意思呢？就是一切都要落在慈悲上，慈悲就是我们的胸怀。从我们刚才讲的这个问题来看，智慧其实很简单：你该怎么做就怎么做，你努力做好它。这一招很简单，但它能解决问题。至少，在目前的情况下、在老板还没发生改变的情况下，是能解决问题的。我们完全寄希望于老板的改变，不仅要时间，还要看机缘。在老板没有改变的情况下，这些问题也可以解决，现状也可以改变。但前提是你的慈悲心要起来，你要敢于同责、同受、同情，最后同体，要找到同体感。为什么我们推崇慈悲的智慧、同体的智慧？因为它实际上只是转了个念头而已，并不费劲。而你用大脑的智慧，会很费劲。因为你想来想去，都要靠改变别人，而这就得想很多办法了。即使你用了这些办法，别人也不一定能改变。你现在把自己一变，就立马可以了，而且变的只是做事的心态而已，事情又没变。

智慧让人解决问题，慈悲让人没有问题。

同体的智慧很好，但前提是你的慈悲心要起来，我们学会同责、同受、同情，智慧就起来了，问题就解决了，这就是同体智慧的力量。

不要认为“明明德”就是开发我们的智慧，开发我们的慈悲。“明明德”不仅仅告诉你要把智慧和慈悲开发出来，更重要的是它告诉你智慧建立在慈悲的基础上，以慈悲为基础的智慧才是大智慧，这才是“明明德”的含义。

所以，什么是慈悲？放下就是慈悲。这可能和很多平时理解的慈悲有一点区别。为什么我们平时做好人总是做得难受？因为你没放下，你放不下，你总想告诉别人：我都这么帮过你，我什么时候帮过你，在那么困难的情况下我都帮了你……总想着这些，有这么重的执着心，你的慈悲就全被它泡汤了。**真正的慈悲以放下为前提。放下什么？放下自己的一己之见。**

就像前面这个问题，提问题的这个人要放下自己对老板的看法。我们说放下，并不是说这个经理说老板就说错了，他这样说老板没错，老板是有这些问题，老板是应该放权，老板是不应该老这样抓着，这对老板也不利。但你不能执着于自己的看法。为什么不能呢？因为老板不是你说变就能变的。如果你打定算盘：老板不变，我也不变，那你不是在解决问题，你只是发情绪、发牢骚。你说出这个问题来，并不是要什么真正的解决方案，只是为了发泄情绪而已。甚至有的人会以这些为借口，为自己的不努力工作找一个问心无愧的理由。这就更不对了。

如果我们真想解决问题，就不要执着于自己的一己之见，哪怕你是对的。先把自己变了再说。当老板被别的人和事逼得不行了，或者被市场逼得不行，他会改变，因为不变他生存不下去。老板变的这时候，你会觉得一片光明。但是，现在你在黑暗当中，你不能让太阳出来，太阳不听你的。最好的办法是什么呢？是你自己点一盏灯，实在不行点个蜡烛，你得先把自己给照亮了。你不能因为太阳不出来，你就不点蜡烛。如果是这样，你会让自己永远陷在黑暗当中。你内心有一盏灯，这叫明德；点亮这盏灯，就叫明明德

所以，同体是什么？同体是同责、同受、同情、放下，这里面放下是最核心的，你不放下，就没法同体。你执着于自己对的东西，就不可能跟别人同体。同体就是亲民，亲民就是同体。只有先“明明德”，懂得放下，让慈悲生出智慧，才能亲民。所以，曾子才说“大学之道，在明明德，在亲民，在止于至善”。“明明德”是“亲民”的前提，而“止于至善”是“明明德”的大成。

智慧源于同体，同体源于慈悲，慈悲源于放下，此为同体智慧。

有慈悲，没问题

问题一：

我们公司规模小，管理上还是老员工的问题。考勤上，本来无论是计件还是计时的员工都该打卡，我厂里的老员工就是不愿打卡，但是他每天都会提前到工厂。这个问题不知道该怎么解决呢？

显然，这个老员工不遵守制度是因为他有一个观念：制度不重要。他觉得打不打卡是小事，并不影响谁。在他的内心当中，他对制度是没有恭敬心的。制度不重要，对制度没有恭敬心，很多创业型的企业都存在这种问题。产生这种问题的根源是什么呢？根源其实恰恰是老板自己。可以说，一个企业从无到有，办企业的人是要打破一些规则的。**创业型的人要敢于打破规则，打破格局，才能成功。**很多老板一开始起步的时候，起点可能并不高，比如学历较低，文化水平不高，在社会上的位置也不高。他

创业往往就是为了打破社会给他设定的这个位置。

所以，老板创业的时候本能地有一种能量：敢于冲破一切，包括苦难、阻碍。他无所畏惧，绝不墨守成规。这股能量给他带来了一些帮助，让很多事情绑不住他，很多困难困不住他，阻碍不住他。创业就要有这种无所畏惧的精神，这种敢于打破一切的精神。

但是，问题来了，这种敢破的精神久而久之会带来问题，什么问题呢？他会见什么破什么，一切的规矩对他来说都不在话下。随意甚至任意这种风格会成为他企业创业时期的一种企业文化，他做什么都会有很强的随意性。这种随意性是老板创业时期的一个优点，老板当然会把这个所谓的优点给到周围的人。物以类聚，人以群分。他自己是这样，他当然喜欢跟他类似的人。由此，这个企业在创业时期就形成一种所谓的企业文化：随意。这是制度化建设的一个天然的障碍，这是企业制度化建设受阻碍的根。

如果这里提问题的这个人是老板，很显然我们给他开的方子应该是：遵守企业的制度，要从老板自己开始。也就是说，老板的观念必须改变，必须明白企业越规模化、市场化、成熟化，它的制度也就越成熟，而绝不是更随意。整个企业是制度化的，而一个人是随意的，这就跟大家不同体。所以，解决这个问题的方法很简单，就是老板自己要改变创业时期的一种观念：随意性。要改变敢于一切都破、随时随地变个不停的风格。**创业我们强调破，成功以后我们要更强调立。**

一个时期有一个时期的风格，一个时期有一个时期的做法，一个时期有一个时期的对错。老板要意识到这一点，要在观念上破除随意、任意，这叫与时俱进，其实质就是与当下的一切因缘同体。这就是同体思维。

要达到同体思维，首先要止住自己的一己之见，不要认为自己过去对就永远对。创业时是对的，成功以后，这些对的可能就成为障碍。

所以，遇到这样的问题不要就想着把老员工怎么样，而是要立足于自己的改变。我们在思考问题的时候，一定要能够止住自己脑袋里面的一己之见、一己之私，才能真正解决问题。

问题二：

刚进公司的主管碰到下属公然抵抗怎么办，现在搞得，来一个主管做不了多久就走了，一年要换好几任主管，而那些主管在其他厂都做得相当好的，为什么到这里就不行了？

对这个问题的分析我们要从哪里入手？这个问题里面有三方：一方是新来的主管，一方是这个主管的下属，一方就是提这个问题的人，他可能是老板或者高管。不管是老板还是高管，他们的角色都类似。

我们要从哪里下手呢？要从提出问题的这一方，也就是老板或者高管入手。我们很多人会从企业建立晋升机制入手，会从制度化的建设入手，会从业绩的考核入手，这些也都是对的。但现在我们迫切的问题是怎样让这个主管在企业里面很好地待下来。建立各种机制等都应该做，但都是长线的做法。现在我们当下必须要做的是什么呢？是帮助这个主管能够在企业里待下去。这就是我们讲的同体思维。不论是那位主管，还是提问题的老板，他们急于解决的是怎样让请来的主管待下来的问题。我们不能说等各种机制建好了再去请主管，这对很多企业来说不现实，很多企业本身就没有建机制的能力，他们就指望请些能人来建机制，而现在机制成了请能人的前提，怎么请能人就变成没法解决的问题了。我们还是用感同身受的同体思维来帮助一下这位提问题的老板吧。

其实，在很多企业，不管是老板还是高管，都有一个心态。什么心态呢？请了一个不错的人过来，自己就可以省事省心省力了，然后把一切都丢给这个人来做。这样行不行呢？不行！老板千万不要认为你开给他的工资比你原来提拔的那些人高，或者他的能力比你企业原来的那些人强，你就可以省心省事省力了。实际上，你没法这样去省。为什么呢？因为一个新人来到新的企业，他首先要去适应，要去了解新企业的各种特点，包括老板的个性，以及上级、同僚、下属的个性，还包括企业生产的特色、工艺等，这些都需要别人给予他指导和帮助。

所以，提这个问题的人（不论老板还是老总）首先要抱着帮助这位新人的心态，给他一个很好的支持和指导。就好像这位新人骑在一匹高大的马上，你要给他一个台阶，他才能下来。他骑在高大的马上，只是好看，他从马上下来，才能落地。他怎么才能落地？你得接他。但是，可能很多企业的人都会在这个地方犯错误。老板怎样把骑在马上的主管接下来？你得让他知道他这一块工作的具体职责、工作范围，他可能遇到的困难、可能遇到的问题，其实这是一个非常费心的工作，绝不是花了钱就能解决的。

有些老板就真的抱着一种当甩手掌柜的心态。这是不行的，因为这位新人跟企业的老人有一个磨合的过程。这个磨合的过程单靠新人这一边的努力是不够的。因为他刚到企业，企业的老人多少都会有一些不理解，有一些抵触，没有人去给他提供一些帮助。老板要给这个主管一些指导，当下属跟他发生对抗的时候，老板要对这些下属做一些疏导的工作。主管跟下属有矛盾是正常的，哪里有请一个人过来管人，被管的人都那么舒服的？所以，作为老板、高管，你得帮这个主管处理很多这一类的事情。

当然，在很多企业里面，如果主管遇到这些事，老板会认为是主管无能，他会想：我花这么多钱请你来，你还要搞得我这么辛苦！实际上，老板、高管该不该去帮这位主管？他应该去帮助这个主管，去帮助化解这些矛盾。这个过程不需要多久，因为主管慢慢有权威以后，自己就可以处理了。

说到底，解决问题，我们要抱着一颗帮人之心、同体之心。也就是把别人和自己看成一个整体，不能因为是别人的事，你就不管了，不能这样看问题。这样看问题是很多人的习惯，这叫一己之见、一己之私。在管理当中，我们要止得住自己的一己之见、一己之私，别人遇到什么事情、什么问题，我们应该想一想自己还能帮他做什么，把他的问题当成自己的问题。以这种方式去思考问题，就叫同体智慧。

问题三：

我们公司存在的这种现象，应该别的公司也会有：有干的，有看的，也有捣乱的，总有一些秃子混在和尚中滥竽充数。奇怪的是：干的永远是干的，看的一直在看。干得越多、失误越多，得到的批评就越多；而那些看客偶尔投机取巧做做样子，就会名利双收；甚至那些捣乱的，变得乖巧一些，就会让领导和一席众人皆大欢喜，心满意足。十件事情，哪怕九件对了，一件没做对，有的人只会盯着你这一件没做对的，而忽略那九件对的。有些人是自身问题一大堆，不知道改正，别人有一点问题他就揪住不放。一些没有责任心的人，自己整天游手好闲，在公司里混日子，还专爱打小报告，反而公司领导和老板都很信任他。那些有责任心的人，整天埋头苦干的人，稍不小心，犯了一点错，就马上被领导和老板知道，让他们觉得你经常犯错，工作做得不好。这样长久下去，会影响大家的积极性。各位老师，不知道这种现象，有没有很好的方法去解决？

解答这个问题的常规思维是通过绩效考核等措施来解决干多干少一个样的状况。常规思维没有错，但我们要通过同体思维进一步看到问题的实质：提问者把自己视为公平正义的代表。我们通过绩效考核等工作，肯定会减少那种极度的不公平、显而易见的不公平现象，吃大锅饭的状况肯定会得到抑制。但绝对的公平不会如期而至，不公平的现象还是会存在。

那么，问题就来了，我们发现这个提问题的人是站在什么角度提的呢？他是站在一个公平的角度、公理的角度，他把自己视为公平、公理的代表：你们都不敢提，我来提，我看不惯这种不公平的现象。

如果一个人觉得自己完全站在公平的角度，
认为自己代表着正义、代表着公理，这就是执着了。

如果一个人觉得自己完全站在公平的角度，认为自己代表着正义、代表着公理，这就是执着了。为什么呢？因为绝对的正义和公理、绝对的公平不存在，事物一定会在发展的过程当中左右摇摆。就像我们开车一样，开车的时候你就是把方向盘调准了，人还是要随着路面的崎岖不平，一会儿往左打方向盘，一会儿往右打方向盘，哪怕你走在一条笔直的路上。如果你认为前面是一条笔直的路，你把方向盘一调，就两手背着，那是找死。因为路面只要有一点点不平，都会导致你的车彻底歪下去。路面不可能绝对平直，所以司机的手一定要经常打方向盘，一会儿左一会儿右。两只手要放在方向盘上，哪怕一只手离开，另一只手也不可以离开。

既然不存在绝对的公平、绝对的正义，他又代表绝对公平和正义，那么，在企业推行绩效考核以后，这个人还可不可能写出这段话来？他还是会写，只是可能没有那么激烈了，因为他还是会发现不公平。

我想说的是，只要他抱着这样的眼光，就算改善了以后，他还会发现有不公平，还会发现有的人干得多、得到的少，因为这种现象还会存在。如果他仍有这种心态，后果是什么呢？第一，他还会发牢骚；第二，他干着干着就不干了。甚至这个人本来就准备不干了，只是他要把这些话说在前面，因为他也知道这些现象说了没用，因为这种局面估计也不是马上能改变的。他把这些话说出来，他把这些牢骚发出来，是告诉自己：我要做坏人了，但我是被别人逼的、被环境逼的。我估计这种可能性很大，因为他的有些话讲得就很绝对。比如“奇怪的是：干的永远是干的，看的一直在看”。这种事可能吗？看就一直看，有可能；干的一直干，这个可不可能？不可能。实在不行就走，哪能一直这么干，这些人怎么这么傻！假如看着的和干着的拿一样的钱，他们又不走，又一直干，那他一定是老板的亲戚了。不过也不一定，有时候老板的亲戚都不会这么傻干。

所以，“干的永远干、看的永远看”这种现象没理由成立。实际上，一个人不可能永远干，除非收入相差很大。收入相差很大，那看的让他看去呗，因为他不要钱。收入相差不大，甚至没有差别，干的永远干，干的人就想不通。他干吗就不可以看？他干吗一定要干？别人看着，他却一直干着，难道是因为他有正义感？这个企业难道有一拨有良心的人，又有一拨没良心的人，这两拨人分得这么清楚，这么泾渭分明？

所以，我倒觉得发这种牢骚的人，实际上是想告诉别人：其实我想干好，但现在我不打算干好了，因为干了没用。他在表达这种意思，我甚至觉得他已经不在干了。只不过他想要声明：我是没办法，但我还是善良的。显然，他已经落入哪一群人里头了呢？落在看的那拨人里头了。

只要你总抱着绝对公平的心理，你就很容易成为你所批判的对象。你的意见是对的，但你执着你的意见，你认为必须怎样，最后你会一不小心就成为你所批判的对象。

对的东西你执着，对就立在那里，就有了对立。

以前流行一句话：以革命的名义干着反革命的勾当。要谨防自己作为正义的代表、正义的代言人、正义的捍卫者，实际上又干着不那么正义的事。也就是说，你要放弃这种绝对公平的观点，不要总是挑刺。这个企业的现象是要改观，但如果你抱着绝对正确的观点，哪怕企业正在做改变，你都还可能落入到不干的人群里面去，这又何必呢？探讨这个问题时，我们要从这个角度认识这个问题，不要认为他讲得对，就只是去改善他讲的问题，而不去提醒他自己的问题。所以，要从根源上堵住他，这是慈悲，否则他明明想干，最后却成为看客。要让他从自己的角度解决问题：你去干好了！你真要去干，第一，你的技能得到了提高；第二，你是一个埋头干的人，周围的人一定尊敬你；第三，这种尊敬会传播出去，老板迟早会知道；第四，你会带来一种风气。干的人多了，看的人自然会少。

企业里不是每一个人做好每一件事，老板就会马上表扬，老板也有不觉察的时候。但是，如果有人一直这样，老板心里一定有数。他就知道关键时候这就是靠得住的人，就得靠你。别以为老板没跟你说这句话，但他心里对自己说了。我给那些肯干的人宽个心——也许你就是老板觉得最后要靠的那个人。所以，别发牢骚。老板都下了决心要靠你了，你一动念头、一发牢骚，不干了，老板就靠别人去了，多可惜。

问题四：

公司一线员工200多人，总经理给我的考核中有条规定，让我每个月都要召开员工大会，但是我搞了几回后，感觉作用不大，员工都听烦了，我自己也感觉没什么意思。我以前主要是总结每月的生产情况，说一下下个月大体任务，表扬下优秀班组，鼓励员工的工作积极性等等。想问：1.我这种情况有没有必要每月都搞员工大会，如果没必要的话，要怎么和领导反映？2.如果要开员工大会的话，以讲哪些内容为主？哪些内容可以一带而过？怎么样才能让员工感觉有用？

从提问者的陈述来看，这个人开会的内容有总结、安排、表扬、调动，尽管还有很多可以补充的，但一个会大致的主体也都有。也就是说，会他开得也没错，但他的问题出在哪里呢？出在他的情绪。一个人带着这么重的情绪开会，又怎么可能把大家搞得很有激情呢？

他带着这么大的情绪召集大家开会，这叫安而行之还是勉而行之呢？这是勉而行之，勉强得不得了。开会是为了调动大家，但他因为这种情绪，自己都没把自己调动起来，都没把自己感染起来，又怎么可能把大家调动起来？一个人没把自己感动，你想感动别人，可能吗？

所以，他的问题要从哪里入手解决呢？从他本人的情绪入手。会开不好是因为他太抵触了。他不是因为开不好而抵触，恰恰是因为抵触而开不好。我们得把因果关系搞清楚，他是抵触在前，开不好在后。他为什么抵触？因为他根本就不想开这个会，他认为这个会是上级强加给他的。

提问者可能是厂长，至少也是生产经理。这个职务的人实际上是把一个工厂大多数人都管了的，但他竟然认为开会是没有必要的。这说明他只有管理意识，没有领导意识。管理和领导不能画等号，一个仓管员是管理者，但却不是领导。而这个提问者显然是个领导，但他却压根就没把自己当领导，只把自己当成一个普通管理者。他觉得他要完成生产任务，要完成生产指标。完成生产任务、完成生产指标是一个普通管理者的职责。**而带领团队达成目标才是领导者的职责，**他把达成目标记住了，因为这是管理者的职责，管理者也是要达成目标的，但他不知道他还要带领团队达成目标，他带团队的意识绝对欠缺，也就是领导意识严重欠缺。

带领团队达成目标才是领导者的职责。

带团队肯定要开会。你不开会，谁是领导，别人没感觉，领导也没感觉。真正的领导是喜欢开会的。以前我在单位，我就怕我们那个局长开会。为什么？你以为会议要完了，结果他还有话说。那个局长开会一般要喝茶，看到他把茶杯盖盖上了，我们就想这个会可能要开完了。但是，那个盖子只盖了一会儿，他就把它旋了一下，又放下来。我们就想：完了，还得开半个小时。时间过得差不多了，我们又看他把盖子盖上了，我们以为这下有希望了，会要完了，结果他又这么搞一下，还得开 20 分钟。

所以，领导一定是喜欢开会的，有领导意识的人绝对不排斥开会。因为你不开会，谁知道你是领导？你一开会，你就是领导。开会的时候你在台上，其他人在台下，领导的身份感立马就出来了。**所以，不喜欢开会的人是不想当领导的人，因为他没有领导意识。**没有领导意识，你当得好领导吗？当不好。你都不想当领导，当然做不好领导。

开会起着增强凝聚力的作用，而且有些事情必须每个月有总结的，要给做得不好的以压力，要给做得好的以动力，这都要靠会议形成的气场才能产生效果。一个领导可以别的不会干，但领导必须干一件事：调动大家。作为领导，你就必须懂得把大家调动起来，热火朝天地干事业。

一个做领导的不喜欢开会，不会开会，怎么把大家的气氛调动起来呢？大家整天埋头做事，气氛会很压抑，能量就会起不来。

所以，这个问题的关键是提问题的人没有领导意识，不知道怎么做个领导。培养他的领导意识也很简单，就从开会这件事入手。具体怎么开好会呢？其实，他只要想开了，他一定能把会开好。

问题五：

请教老师一个问题：领导担心下属的能力超过自己，千方百计地找下属问题。一般情况下是功劳领导自己领，错误下属承担。还有就是什么事情都要听他的，不听的话以后他会千方百计地给你穿小鞋，更不能在老板那表现出比他能力强。请问老师，作为下属，该怎么办？离职还是逆来顺受？（老板是我的大学老师，总经理没权利开除我，所以总是去老板那诬陷我，老板调查过几次，不是他说的那样。）

从提问者的表达来看，这个人应该对老板有较重的执着心，其实这个总经理对老板也有执着心。总经理会认为：你就仗着你是老板的学生，就以为我不敢管你？总经理有这个心理，就可能管这个人比管别人更严一点，这是其一。从字面上我们还能感觉到，其实是提问者本人有当总经理的欲望。他讲了一句话：更不能在老板面前表现出比他能力强。也就是说，他认为自己的能力不在总经理之下。他特别强调老板是他的大学老师，他说这些是什么意思呢？意思是：我的能力不比总经理差，老板其实应该让我来当总经理的。也就是说，表面上他在说他跟总经理怎么样，实际上他不仅仅是抱怨总经理，还在抱怨老板：老板为什么不提我当总经理？也就是说，他跟总经理唱对台戏，不仅仅是因为总经理的管理方式，还因为他有一些抱怨，因为他自己没当成总经理；因为他认为老板是他的大学老师，老板应该让他当总经理；因为他的能力不比现在这个总经理差，而且他和老板的关系更亲近，他认为自己对老板更忠诚……

我们能看到提问者在问题背后的情绪，在这种情况下，他在总经理手下干，会不会完完全全地顺从？不太会的。也就是说，他对总经理的这种矛盾和抵触，除了总经理有原因，跟提问者自身也有很大的关系。他认为本来他该当总经理的，而老板没让他当，他有情绪，这时候总经理再来管他，他肯定是抵触的。所以，这个问题的根其实在他自己身上。当然，总经理的工作方法也要调整。也许总经理也有这样那样的问题，但首先是提问者自己的心结得破掉，得放下。

他在后面讲到“老板调查过几次”，这说明什么呢？说明老板权衡过这个人能不能当总经理，老板其实很关注这个人。但为什么最后老板不让他当，另外安排别人？因为老板知道尽管他有能力，他或许是一个好的管理者，或许是一个做事有能力的人（他讲的能力可能主要是指做事的能力、管事的能力），但是，领导的能力他可能不具备。因为老板看得出，他的心胸是比较狭隘的。心胸狭隘的人怎么能当总经理呢？就算你有工作能力，就算你做事有你的特长，但心胸狭隘的人当领导人是有问题的。因为你没有包容大家的心，你很容易心理不平衡，这就是老板没让他当总经理的原因。只是他没悟到这一点，所以他应该加强修炼，增强自己的慈悲心。**比能力，其实还是比智慧；比心量，才是比慈悲。**他应该好好读读《大学》，先要让慈悲心起来，不要执着于自己的智慧。他肯定有智慧，没智慧他不敢这样说话。但任何时候都别忘了：智慧要以慈悲为本。

智慧发现问题，慈悲接受问题。智慧是观，慈悲是一体观。

智慧是观，慈悲是照。观能自在，照见皆空。

第十章

念头如何修

念头是怎么形成的

人的心理活动就跟生孩子一样。人的念头冒出来，需要两个东西：一内一外，一阴一阳，它不能单性繁殖。念头是不能仅仅凭知来产生的，**念头、形象形成的时候是知与止的阴阳和合。**

念头、形象形成的时候是知与止的阴阳和合。

我们认为一个人长得高，一方面是因为我们眼中看到的高度，另一方面是因为我们内心有一个比对的标准，相对于我们内心的标准而言，这样的高度，我们称之为高。我们常人可能认为男人一米七就算标准了，所以，见到一米九的人，我们会认为很高，而如果在穆铁柱面前，这个一米九的人就显得矮了，因为穆铁柱有两米三。胖瘦、美丑其实都是如此。

总之，人们产生任何一个念头，进行任何一种认知活动，都必须具备两个要素：一个是对外界的认知，一个是内在的标准。内在的标准就是人进行心理活动的起点，也可以称之为依托，或者叫依止之处。这个心理上的依止之处就是《大学》讲的“知止”的“止”。

“知止”一个是外，一个是内。“知”是对外的，“止”是对内的。对内你心里一定有个依托。心里没有依托，只有外，没有内，念头是生不起来的。而且人心里依托的东西不同，生出来的东西也不同。

我的助理沈家君老师曾在课程现场做过一个游戏：九点连线，游戏共有 3 个题目（如图 10–1）。

这几个题目初看起来很难，它难在哪里呢？难在连接九个点的线是不能断的。现场很多学员左连右连，左画右画，怎么都做不出来。

建议读者试做一下题目再往下阅读：

1. 用 4 条直线将 9 个点连起来；
2. 用 3 条直线将 9 个点连起来；
3. 用 1 条直线将 9 个点连起来。

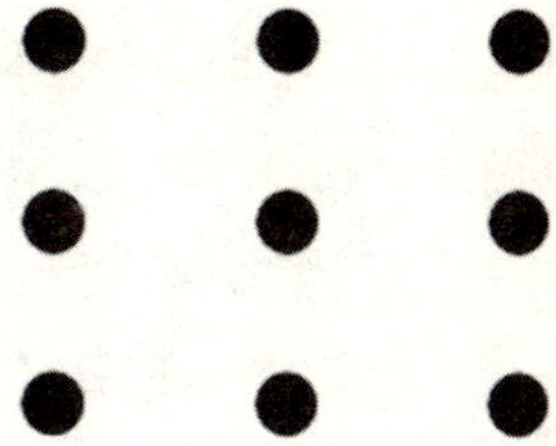

图 10–1

其实，当我们看到答案以后，就会发现用 4 条直线把 9 个点连起来不难，用 3 条直线把 9 个点连起来不难，用 1 条直线把 9 个点连起来也不难。就像第 1 道题目：用四条直线把九个点连起来。我们觉得难，是因为我们画四条直线的时候一直在 9 个点形成的框框里面画。

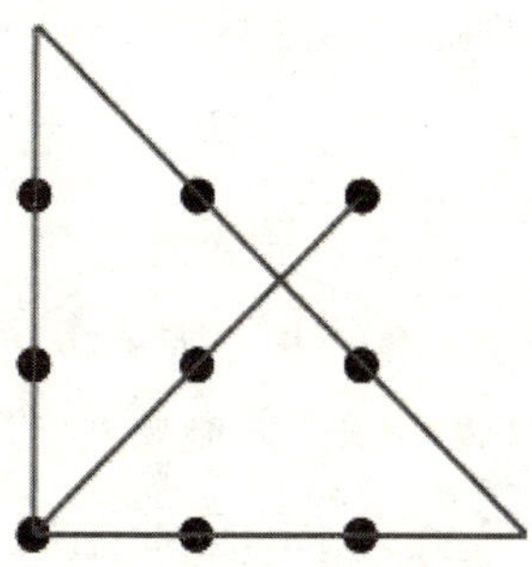

图 10–2 第 1 道题目的答案

为什么我们连不起来？因为我们在进行这个心理活动的时候，除了沈老师告诉我们的已知条件：有 9 个点，要用四条不间断的线把它们连起来之外，实际上还有一个东西存在。什么东西呢：内景。我们心里有一个景，有一个 9 个点构成的框，连的时候直线不能出这个框，我们的心理活动是从这个地方出发的，这就是我们念头产生的原点，也可以称之为念头的依止处。我们不是只按照沈老师给的信息来做的，沈老师给的信息是外部的，这是知，但是知了以后，我们的心马上止。止在哪里呢？止在我们内心的假定——这4条直线只能在9个点形成的框框里面画。我们很多人都不知道自己的心理活动还有另一面：止于内心的一个框。

在做这道题目的时候，很多朋友画来画去并不知道自己心里有一个框框、有一个假定，更不知道自己的心理活动是从这个假定出发的，受制于这个假定。这个假定就是我们内心的依止处。这个假定不属于知，因为我们并不知道。其实，沈老师并没有说不能突破这个框。

这个心理活动有一个知，还有一个止。知是什么呢？对这道题目来说，用4条直线把9个点连起来就是已知条件。但我们的心理活动只是根据这个已知条件来进行的吗？不是。还有一个我们看不见的条件，我们的心是完全受制于这个条件的：不要出框，不要出格。其实，如果沈老师告诉我们可以突破那9个点形成的框框，这4条直线立马就能画出来。

脑海中有个莫名其妙的假定，而我们又不知道，当然就会逮也逮不住，去也去不掉。因为你都不知道它的存在，你又怎么去掉它？这个东西其实就是“识”。意和识合在一起就是意识，“意识”这个词我们很熟。意就是指我们的注意，指我们的思考。“识”其实就是我们思考的原点，思考问题的出发点。“意识”一词表示：“意”是被“识”绑住的。

意被识所控，意必离开知，清空意中识，方能致良知。

约束我们心理活动的有两个来源：一个是外部的已知条件，一个是内在的假定或者叫内景。由这两个条件，最后才能发生心理活动，所有的心理活动都是如此。我们既根据外面的信息来知，但同时我们的心理活动又受到内在的假定、观念或者经验的捆绑，我们的心又止于它，受到它紧紧的约束，它把我们的心理活动牢牢地止在这个地方。

所以，“知止”是“知+止”。“所知的+所止的”，合在一起就是人的念头，就是人内心的形象，“所知+所止=念头”。所知是外，所止是内；所知是阳，所止是阴，一阴一阳之谓道。

这个游戏的第2道题目是：用3条直线把9个点连起来。当时，绝大多数人同样都画不出来。当沈老师把这 3 条直线画出来以后，有的朋友说：沈老师又没说点可以这么大！还有的朋友说：这哪里是点，这是个饼！用 3 条直线把 9 个饼连起来，我当然会连，9 个饼都不会连，我哪有那么笨？

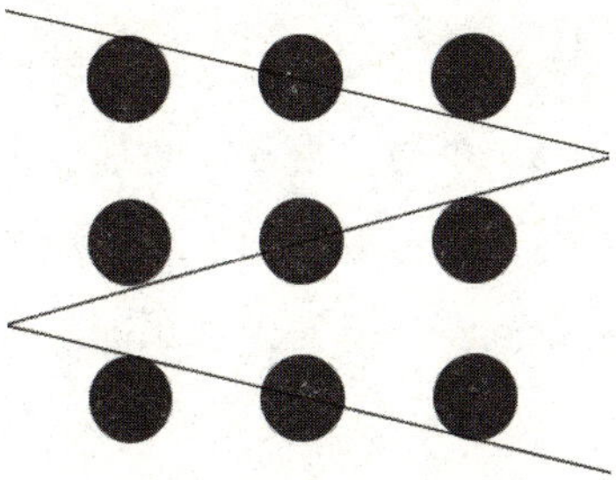

图 10–3　第 2 道题目的答案

但是，沈老师并没有说过点不能像饼那么大。谁说点不可以有大小？其实，你任意拿一支笔在白纸上任意点一下，那个点都是有大小的，用毛笔和钢笔画出的点明显大小不同。这道题目我们做不出来的原因是什么呢？是我们内心当中又有一个所止的东西：点是没有大小的。认为点没有大小，当然画不出来。这说明，我们并不是仅仅根据“用 3 条直线把 9 个点连起来”这条信息来画 3 条直线的，我们内心活动的真正出发点是：无大小的点。我们的心就止在这个地方了，它就会牢牢绑死我们的心，你就不可能画出来。所以，人的心理活动是“所知+所止”，这就是“知止”的意思。所知是对外面的知，所止是内在的，是我们心里原来就有的那个背景。**人心里面的背景决定了认知的结果。**

人心里面的背景决定了认知的结果。

我们做管理、做领导，一天到晚觉得下属不行，但我们检查过自己的内景吗？认知的结果是“外景+内景”，外景是我们在企业遇到的这个事、这个人，内景是我们一直以来对企业老板或对企业员工根深蒂固的看法。如果我们内心的这个看法不调整，做什么都未必有用。

要检讨内景，检讨我们的心理背景。不检讨心理背景，我们只会天天在外部找解决的办法，比如换个企业、换个老板、换个员工、改制度、改流程。这样有用吗？我们内在的假定、内在的心理背景才是在认知活动中起绝对作用的。我们不要以为所知就是所见，所知就是那个知的结果。

9 点连线游戏的第 3 道题目是：用 1 条直线把 9 个点连起来。同样很多人束手无策。看到这道题目的答案，马上就有人说：哪有那么粗的线？用毛笔画也没那么粗，是用刷子画的吧。做这道题目前，沈老师有没有说线没有粗细？他没有。在很多的人脑袋里面，线没有粗细。谁说线就没有粗细？我们随便画条线，它都有粗细。

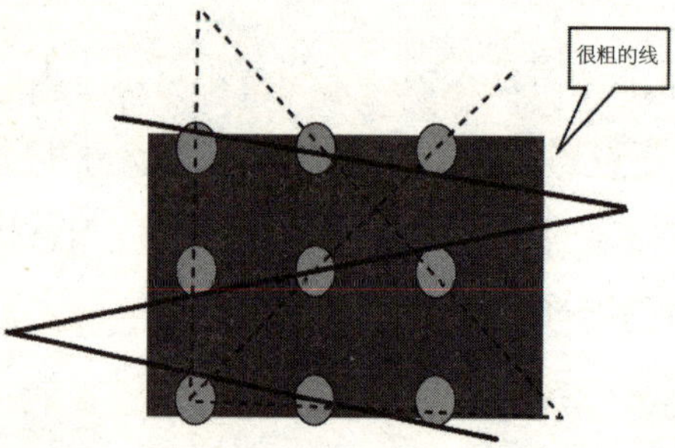

图 10–4　第 3 道题目的答案

我们解答这个题目的时候，又只记住了给你的已知条件：1 条线，9 个点。我们不知道心里还有一个背景：线没有粗细，就又被它绑住了。

做这道题目的时候，有一个所知，还有一个所止。我们的心止在哪里呢？止在“线条没有粗细”这个地方。用一根没有粗细的线条，不可能完成这个任务。什么样的心理活动都是“所知+所止”，所知是正在发生的、看得到的，所止是原来内心积累的，这才要命。

“所知+所止”决定我们所知的结果。止是指什么？止是指人的心理活动在内心的原点，那个原点就是我们心里常待的地方，我们的心理活动都是从这个原点出发的。这个原点加上我们当下知道的，形成一个结果，这个结果才是所知的结果。可见，人的认知结果都没有客观性，都是主客观的结合，而且因为主观的东西更为根本，所以，所有的认知都是被主观所决定的。我们不知道自己内心的原点在哪里，不知道心理活动从哪里出发，不知道原点存在什么问题，我们只是知道外面的一切，这根本没用。

所有的认知都是被主观所决定的。

既然所知的结果是“知+止”，我们内心所止的东西万一不对，结果肯定有问题。我们的心止在贪财上面，心定不定得了？定不了。你一看钱少了，一看还可以更多，你就要换个单位再说。所以，问题出在哪里？出在你的心所止的地方不对。一个整天把自己的心止在个人的利害得失上的人，看什么都会觉得不满足，都会烦恼从生，而一个能超越自己的个人得失生活的人，才可能有大成就。

著名作家路遥写过一部得了茅盾文学奖的长篇小说《平凡的世界》，书中有一个叫孙少平的人，“文革”中毕业的高中生，当过农民、打过小工、做过煤矿工人，最后完成了精神上平凡向伟大的蜕变。中国有无数的农民、矿工及打小工的人，但拥有伟大精神的有几人呢？孙少平为什么能在平凡的生活中成就不平凡的人格呢？就是因为他没有活在自己的利害得失中，没有让自己的心止在自己平凡的生活中。

在《平凡的世界》里，孙少平最初当的是农民，但他的心没有停止在这个地方；他后来做的是小工，他的心也没停止在这个地方；最后他当的是矿工，他的心仍然没有止在这个地方。他的心放在哪里呢？

如果他的心放在“我今年打了多少粮食”，他就能成为一个优秀的农民；如果他的心放在“这一天小工打下来，昨天赚了20块，今天赚了30块”，他就会是一个优秀的小工。以此类推，他就是优秀的矿工。他的心止在哪里？是止在自己所得的利益上吗？不是。他的心止在对每一段生活的体验上，他在用心地体验每一段生活。有了这么丰富的生活观察和积累，一个普普通通的人最后成就了伟大的人格。

所以，不管命运是好是坏，不管命运坏到什么程度，只要你能跳出自己的利害得失来看它，只要你把心放在对这个事情的体验和观察上，它就一定会成就你。《平凡的世界》用一个活生生的例子告诉我们一个了不起的真理：做任何事情，我们都没有必要把自己完全陷在它的利害得失当中，我们应该全身心地去体验它、观察它。所以，当我们遇到不好的下属，我们怎么办？非要恨死他吗？非要干掉他吗？没必要，你体验跟他相处的过程，这一定能提高你的领导水平。

遇到张三，我们全身心放在“怎么干掉他”；遇到李四，我们全身心放在“怎么对付他”；遇到王五，我们全身心放在“他别害了我”……我们把心一天到晚放在这个地方，领导的水平怎么提高？因为我们没有心思来看透两个人之间的这个游戏。我们能不能留点精力、留点眼光、留点心思出来，在旁边看着整件事情呢？张三来了，我就体验跟张三相处的方式，我一方面和他处，另一方面将心抽出来在旁边看。李四来了，我又体验跟李四相处的方式，心又在旁边看……不管处得好和不好，我的心都在看。这么看多了，一定会给自己带来很多的方法和智慧。

但是，有的人就很可惜，每来一个人，他就全身心扑进去跟对方纠缠不清，最后陷在情绪当中，无可奈何。这一切都说明，当我们的心止于自己的利益和感受时，我们就不可能突破自己，就不可能超越过往的经验和现实给自己带来的障碍和捆绑，以及由此而生的无尽的烦恼。

怎样让自己的内心能突破自我的局限呢？

《大学》告诉我们要将心止于哪里？止于至善。遇到任何事情，你的心都回到这个地方来：一切都是好的，一切都是好的，一切都是好的……这其实就是要你不要太计较自己的利害得失。为什么？这样你就可以腾出你的心，去看整个事情，这才能生智慧。这就叫至善，这就叫止于至善。

如果我们对待每一个员工都能体验和观察他，

他不就是我们积累管理经验的素材和案例吗？

如果我们对待每一个员工都能体验和观察他，他不就是我们积累管理经验的素材和案例吗？这对于我们领导能力的提升不都是有帮助的吗？这不都是好的吗？这就叫至善。你每次这样看待每一个让你难受的人和事，内心止于对他（它）的体验和观察，就叫止于至善。因为你内心的原点回到了一切都对你有用、一切都好的至善的原点上。

由此，我们就明白"知止而后有定"是什么意思了。首先我们要知道，人的心理活动的结果是"知+止"决定的，然后把止放在至善上，心才能定：**所知+止于至善=定。这就是"知止而后有定"的意思。**

做管理怎能没谱

对待事情，我们要讲一个事情的理，要讲一个事情的谱，要讲一个事情的标准。所以，在事情上我们就要让自己的心止于做事的标准。

为什么企业里面要有标准？因为企业要是没有标准，员工就会按他自己的标准行事。他自己的标准我们又称之为经验。

在企业里面，每个人做事都是有标准的。只不过这些标准都在各自的心里，体现为各自的经验和习惯，以及他们的随意。我们要做的工作是什么呢？就是要把这些标准拿出来，然后优化统一。

其实，所有的制度、规范、流程有一个共通的特征：标准。比如制造型的企业首先要有作业指导书，其次要有工作流程，再有岗位职责。企业标准化的工作做不好，做事的人的内心就无所止。心无所止，心无所依，心就会乱。不仅乱，有时候经常会视而不见。员工不仅不会做事，他甚至经常会找不到事，不认为有事，这就叫视而不见。

我们管理者要明白，员工看问题和我们经常会有矛盾的原因可能是：我们看到的事情和问题，往往他们是真的没有看到。因为我们内心有标准，在这样的标准下，那些事情和问题才会呈现，而他们没有标准，那些事情和问题根本就没在他的内心成相、呈现，见都没见着，你责怪他们有什么用呢？他们还觉得委屈。所以，先让他们内心呈现出这些事情和问题吧，而这就有赖于标准的建立。

所以，企业里面一定要先把标准建立起来，要先把作业指导书、职能职责、流程、动作控制卡等建立起来。当然，除了一个个动作标准建立以外，更重要的是建立各个动作之间的逻辑关系，这就叫事情的理和谱，理和谱就不是一个简单的动作了，它是做事的规律。

我们看一下欧博生产计划运作的动作流（如图 10–5）。实际上，从订单评审动作控制、交期分解动作控制，到主生产计划动作控制、车间生产计划动作控制、备料计划及报欠动作控制，一直到物料的滚动排查、滚动出货计划排查控制、生产异常处理看板动作控制、日清尾计划动作控制、日计划考核动作等，是一个什么过程？是从接单到出货的全过程，只不过我们把从接单到出货的关键控制节点给画出来了，这就是我们 15 年对工厂运作所掌握的一个谱，这就是个理。

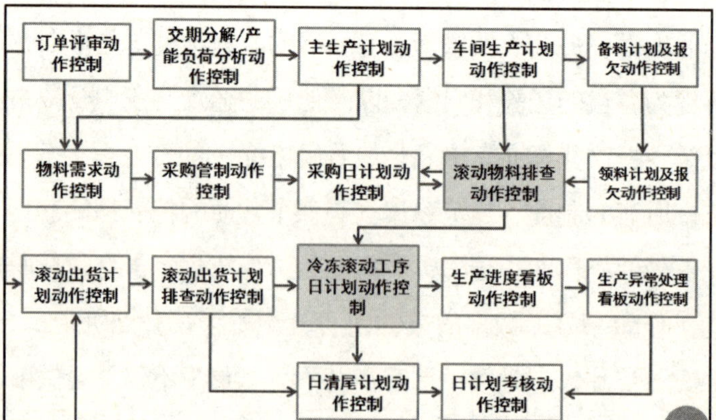

图 10–5　欧博知行合一系统——计划动作

一个工厂、一个制造型企业的生产运作，无非就是接单、出货。做销售预测也等于是接单。接单、出货无非就是一个进一个出。企业不能按时出货，问题出在哪里呢？出在从订单进入到出货的整个过程没有受到严格的控制。从接单到出货的过程有哪些点需要控制？这些点通过什么动作来控制？很多企业是没有深刻思考过的，所以很多企业的生产运作就很乱。

我们一开始讲的标准更多的是讲员工的操作、管理人员的动作，但这张图就不仅仅是一个人的标准了，它是整个企业运作的一个结构、框架、体系或者谱，是生产计划运作的一个理，它就相当于乐队的乐谱、下棋的棋谱，这个东西工厂必须要有。

前面我们讲了止，讲了企业建立标准，这些标准是让谁止的呢？员工作业指导书这个标准是让工人来止的。有了这个作业指导书，他就知道按照这个做，否则你给他一个工件，他也不知道怎么做，或者就按自己的经验做。一般做得好的工厂，员工的作业指导书除了文字描述以外，还必须配有图片。图片会很直观地告诉他该怎么做。除了图片以外，有的企业甚至还要拍视频。至少训练新员工的时候，一定要这样。文字的描述除了语言以外，还要有量化的数据。

很多的员工操作作业指导要有量化的数据，我们在很多企业搞动作控制卡就是这样。比如在门窗企业，我们在员工的作业指导书里就明确注明：搬门的时候只能搬 1 扇。有的人说搬 2 扇不行吗？搬 2 扇门小心点可以，但是很多人搬 2 扇门就不小心，一不小心门就会被刮花。所以，我们在员工的作业指导书里面要严格限制搬门的数量，规定他一次只能搬 1 扇。

你不能在作业指导书里写：搬门的时候要小心。“搬的时候小心一点”这个描述没用。为什么？因为这不能让他止，他不知道什么才算小心。

所以，作业指导书一定要描述得很细，要有文字、图片，还要有量化的数据，甚至还要有视频。

很多企业既有流程，又有岗位的职能职责描述，但我们还是强调要做动作控制卡。这是为什么呢？很简单，企业的流程文件往往太大，但对关键管理岗位的动作描述和责任追究是不精准的，照着做不一定有效。

流程文件太大，岗位职能职责的描述又讲得过于静态，它没有详细地描述一个管理动作的实施过程，这样的东西没办法让管理人员心有所止，因为它没有给管理者一个很好的依托和根据。所以，一定要做动作控制卡。动作控制卡比职能职责的描述更动态、更过程化，又没有流程文件那么大，便于管理人员来做管理动作。

表 10–1 是采购日计划下达控制卡，这里面特别说明了动作要点。控制要点放在左边，右边是执行部门、执行人、执行的时间、检查的人、谁来检查以及检查的频率、最终的责任。

计划部的物控员根据什么来形成采购日计划？采购日计划在什么时候下达给采购员？怎么跟进？出现异常的情况怎么办？怎么来进行考核？这张表讲得非常清楚。但这是我们企业里面的职能职责描述吗？不是。这是不是流程文件？有点像，但不是，流程文件比它大多了，而且流程文件一般也不会讲到这么清晰的界定：执行部门、执行人、执行时间、检查人、检查频率、检查完了以后的责任。流程文件一般不会那么细。

那么，图 10–5 是用来干吗的呢？这是让企业的高层心有所止的，这是企业生产运作的一个整体框架。这张图是便于高管来要求下属的。如果货没有按时出来，你可以通过这张图查到问题到底出在哪里，比如：是不是该对单的地方没对，是不是该排查的地方没做排查，是不是没搞采购日计划，是不是没进行采购管制……图 10–5 里是工厂从接单到出货的关键节点控制图，这里面有 17 个表单，这些表单里面的内容就是各个岗位的事了，比如物料需求动作控制卡是给物控员、采购员看的，车间生产计划控制卡是给车间、计划员看的，领料及报欠动作控制卡是给仓库、物控员

表 10–1 采购日计划下达动作控制卡（模板）

序号	控制要点	执行动作	执行部门	执行人	执行时间	检查人	检查频率	责任
1	采购日计划下达	1.物控员依据《采购管制表》中的计划交期以及每天在仓库、车间排查出来的欠数形成未来 3 天的《采购日计划》；2.物控员必须在每天 17:30 前将未来 3 天的《采购日计划》下达给各采购员	PMC	物控员	每天	采购员稽核	每天	1.物控员未能准确下达《采购日计划》的，乐捐 5 元/次；2.物控员未在 17:30 前下达《采购日计划》的，乐捐 5 元/次
2	采购日计划跟进与协调	1.物控员每天对《采购日计划》进度进行跟进和确认，并在每天的生产协调会上就采购计划的达成情况进行通报；2.对于进度异常，及时反馈给上级主管进行协调	PMC	物控员	每天	采购员稽核	每天	1.物控员未能及时跟进《采购日计划》进度和在生产协调会上进行通报的，乐捐 5 元/次；2.对于进度异常，物控员未及时向上级反馈的，乐捐 5 元/次
3	采购日计划达成统计	1.物控员每天根据实际的到料信息，进行采购计划达成率的统计，每天进行公布；2.对于未达成的采购计划，要责令采购进行分析和检讨	PMC	物控员	每天	采购员稽核	每天	1.物控员每天未对《采购日计划》达成情况进行统计及对采购未达成项进行整改的，乐捐 5 元/次

控制要点：
MC 负责规定采购日计划的下达依据、下达时间，每天公开的采购日计划达成数据统计、公布、检讨规定

看的，这里面的每一个东西都是给不同的人看的。但整个这张图是给谁看的？是给老板、老总、副总、厂长看的。老板、老总、副总、厂长必须看这张图，必须懂这张图，必须把这张图印到脑海中。

老板把这张图装到脑海里，不管谁走了，你脑袋里面都有一个框，都有一个谱，都有一个理。你的谱在，你的理在，人来了，你把他“填进去”就行。老板、高管只要掌握了这个图，里面具体的东西，不管谁来，都可以吸收，都可以重新学习。有些老板、高管不愿意掌握这张图，他认为这都是下面人做的事，因为这个图里面的那些小方框里的表单、控制卡都是下面那些岗位要做的事，好像跟老板、高管没关系了。但你要知道这个框架才值钱。如果把一台车拆了卖，它还值钱吗？组装好的宝马车一台可以卖一百万元。把它拆开卖，它可能五十万元都卖不到。所以，图 10–5 里面的整个框架、结构的价值不是组成它的各部分之和。结构是什么？结构是一个理：结构决定流程，流程决定功能。很多老板没有“结构”的概念，他一看这个是计划部的，那个是生产部的；这个是仓库的，那个是采购员的，没有一个跟他有关系，就说：这个我就不用看了吧。

打开来，老板、高管一个都不用看；合起来，就只有老板、高管看。

如果把工厂的生产比作交响乐的演奏，那图 10–5 就是这首交响乐的乐谱，里面的订单评审动作控制、交期分解、产能负荷分析动作控制、主生产计划动作控制、车间生产计划动作控制、备料计划及报欠动作控制、物料需求动作控制、采购管制动作控制等就是不同部门、不同岗位要演奏的部分，老板、高管就是指挥。

乐团指挥不是打拍子的，指挥家根据乐谱来组织、训练乐团。指挥家真正的作用并不仅仅是演出的时候在台上打拍子。指挥就是训练师。他训练乐手：这个音高了，那个音掌握不准；这个地方情绪应该激昂，那个地方情绪应该欢快……指挥要一一点出来，让乐手反复揣摩，演奏到位。

同一个乐谱，不同的指挥家指挥出来的效果不尽相同。老板、高管就是乐团的指挥，你只有心中有谱，才能把下面的人组织起来，按照乐谱的要求去训练他们。

老板、高管就是乐团的指挥，你只有心中有谱，
才能把下面的人组织起来。

为什么很多企业管理难以上道？首先因为他们没有“乐谱”，其次是他们不知道谁应该掌握这个谱。因为谱一拆开，跟老板、高管无关，但谱合起来，就是老板、高管的事。很多老板、高管不知道自己在谱中的位置和作用，也不知道拿这个谱去训练大家，结果集体没谱。没谱的事能成吗？

念头是如何灭掉的

知止而后有定，定而后能静，静而后能安，安而后能虑，虑而后能得。

止分三个层面：止于至善，止于标准，止于谱。定也就相应地从三个层面来说。止于至善，让人心定；止于标准，让人心定；止于谱，也让人心定。老板、高管做事心中有谱，心自然能定。

定了以后就能怎样：静。为什么又要讲定，又要讲静？静是指什么？静是指声音。讲到安静，我们一般是说声音没了，声音消失了。在课堂上，大家都不说话了，教室里就安静了。定和静，一个是从声音来讲，一个是从动不动的相上来讲。为什么“定”后面要有“静”？

闭着眼睛冥想一下，我们就会发现脑袋中有一个相，还有一个声。我们思考的过程就是自己和自己说话的过程，同时我们脑袋中还有各种的形象。定、静这两个字这么排，是告诉你：形象在前，声音在后。

修行的时候，先要把脑海中的这个相给定住，不要有一个动来动去的相，然后自己心里头的声音就会慢慢平静下来。**知、止合到一起讲的是念头，定讲的是相，静讲的是声。**所以，真正来讲，我们修行是从念头开始

的。止于至善，我们的念头就会纯净，念头的链条就会断掉。相上就能定住，内心的欲望就能收住，然后内心的声音就会慢慢地平静下来。

洞见内心的良知，我们的心就会定。

定了，静了，最后就能安。安是什么意思呢？安就是平息。内心的活动完全平息下来，人也就安息了。安息不代表什么都没有，此时本自具足的能量就能尽情绽放。人的内心不执着了，就能充满生命力地活在每个当下。我们内心的执着和欲望都停了下来，只有生命力的绽放，接下来会怎样呢？接下来就是“虑”。虑是什么呢？水面波动起伏，浑浊不堪，我们无法看清水里的东西。那些浑浊的东西慢慢沉淀下去，整个水面平静下来，水里面所有的东西我们就会看得一清二楚：根本不用想，任何事情在我们的心里都清清楚楚，这就叫虑。

人的心有这么一个功能：它像一面镜子，像一处水面，只要你把它表面擦干净了，只要让它平静下来，只要浑浊物沉淀下去，一切就都清清楚楚。这就是如如不动、了了分明。

因为止于标准、止于至善，我们的念头停下来了。妄念熄灭掉了，没有必要想来想去，心里的相自然就定了，内在的声音没有了，最后平息下来，整个这个过程叫如如不动，最后得到的结果就是了了分明。

“知、止、定、静、安”这五个动作达到如如不动的效果，最后得到的是了了分明,“虑”就是了了分明。我们也可以把“虑”理解成“过滤”：把浑浊的东西都过滤了，把躁动的东西都过滤了，剩下的是心如止水。心如止水是指一切都清清楚楚，了了分明。你明明了了，内心的方向感就起来了，做什么事内心都非常有方向感，该怎么做都清楚明白，这就叫“德”，也叫“得”。朱熹说：“德者，得也。”

万物有理，理能自知；知无生灭，亦无善恶；心归此知，定静安乐。

没有标准，就看不到问题

大学之道，在明明德，在亲民，在止于至善。(《大学》)

在事情层面，我们止于标准就是止于至善。企业如果没有标准，很多人其实连有没有问题可能都不知道。我们在一些企业调研的时候，往往会发现企业这样那样的问题，但企业方的人往往会说：我们感觉好像没什么问题啊。他们其实没在讲假话，因为他们是真没有看到这些问题。

有的领导批评下属，下属往往不服，领导就会认为：这个人就是爱狡辩，拒不承认自己的问题。但是，我们现在明白，这不是狡辩，他是真没有发现自己有什么问题，原因何在呢？我们前面讲过一个视频实验（见图10–6），现场很多人都没看见大猩猩。假如这个大猩猩被老板看见了，而他的下属没看见，老板说这里面有个大猩猩，下属说没有大猩猩，老板会认为：我看得那么清楚，你不可能没看清，你肯定在狡辩！事实是不是这

图 10–6

样呢？其实不是。这就是人与人之间诸多障碍形成的根本原因。

要是不做这个游戏，估计很多人都不会相信有这种事：大家都盯着大屏幕看，但是那个大猩猩，有人看见了，而更多的人就是没看见，真有这种事。所以，以后我们看到下属的问题，他拒不承认，千万不要认为他一定在狡辩。如果你这样想，就会一个劲地想办法迫使他承认，甚至惩罚他，最后双方会严重对立。你要想到他有可能真的没看到自己的问题。

看见或没看见由什么决定呢？由内心有没有来决定。为什么那个视频游戏中那么多人没看见大猩猩？因为我们内心就没有这样一个怪模样存在。如果那个视频中有一个真正的大猩猩走过来，说不定我们能看见。因为我们的脑海中有真正的大猩猩。人装扮的大猩猩、这么一个怪怪的大猩猩我们内心没有储存，所以看这个视频的时候，很多人没看到它。当我重放这个视频给大家看的时候，有些人发出“哦”的声音。“哦”的意思是：他可能注意了，但马上又把它过滤掉了。

所以，很多东西要被认知，我们心里一定要有相似的东西。心里要是没有的话，就可能视而不见。**企业那么多的问题大家没看到，很大的原因是我们心里没有标准和参照。**没有标准，就不会觉得这个地方有问题。

企业那么多的问题大家没看到，很大的原因是我们心里没有标准和参照。

很多企业会组织骨干去做得好的企业参观，回来以后大家往往会说自己有这样那样的问题，但起初大家可不是这样看的，往往都认为自己还不错。所以，有问题还是没问题，关键是看你心里是否有一个标准，或者说有一个更高的标准。一些在大企业、正规企业干过的人来到中小企业，往往能够看到中小企业的很多问题。而原来企业的人往往不承认自己有那么多问题，他会很不理解，认为新来企业的人是故意跟他对抗，跟他作对。

从正规企业来的人，他们的标准是不一样的。拿他的标准一对照，问题的“相”就呈现出来了。原来在企业待着的人，他心里缺这个标准，就会觉得这也没事、那也没事。有些职业经理人到了一些企业以后经常大刀阔斧，这样不行。因为别人没看到那些问题，只是你拿这个标准去衡量，你看到了很多问题；他们拿自己惯常的标准来衡量，觉得企业没什么问题，所以双方都要理解。只有当他们逐渐接受了你的标准，那些问题的“相”，那只“大猩猩”才会在他们心里呈现出来，改革才会真正动起来。很多时候问题不出在外面，而出在我们内心的标准和模板。

我们再用这种思想觉知一下前面看过的几个心理学图片。

图 10–7

图 10–7 实际上就是几个色块，一个白色色块和一个黑色色块，但你怎么会把它看成花瓶和人呢？原因就在于你心里有一个花瓶的相和人的相。你心里有一个花瓶的相，当对着那个白色的色块时，白色的色块跟你心里那个花瓶的相吻合，你就会觉得那是个花瓶，这就叫“所知+所止=所见”。

所知是一个白色的色块，所止就是你心里的一个花瓶的相。你所知的白色色块加上你心里面的那个花瓶的相，结果你就看到了一个花瓶。你心里面要是没有一个花瓶的相，你就只会觉得这是一个白色的色块，而不会觉得它是一个花瓶。心里有才有。同样，你心里有人的侧面的相，你看到这两边的黑色色块，就看到了两个头像。假如人的侧面相不是这个样子，面对这个黑色区域，你看着也就只是一个色块，不会觉得那是个人。

其实，这个头像眼睛也没有，耳朵也没有，只是一个线条加一个影子，你怎么会觉得那是一个人呢？只是因为它把你内心有的那个东西唤起来了而已。所知加所止，就是所见，所有的心理活动都是这样，都是“知+止”形成的。

图 10–8

再看一下图 10–8。这幅图进一步证明：第一，你的注意力放在不同的地方，就成不同的相。第二，不管成什么相，你的心里一定先有一个类似的东西的相。你心里有一个船的相，结果你一看与它吻合，你就看到船。你心里有一个桥的相，你一看与它吻合，你就看到了桥。其实第二点更重要，也就是：心里有才有，心里没有就没有。这会破掉我们很多执着的观念：以为万事万物是纯客观的。

不管成什么相，你的心里一定先有一个类似的东西的相。

我们能在图 10–9 中看到什么？

为什么很多人一下子就看到少女，而没有看到老太太？因为美女的形象在很多人的心里很深，所以他一下子就看到了美女，而这种装扮的老太太的形象在中国人的心里不深，所以不容易成相。如果图里画的是一个中国老太太，可能更容易被看到。“所知+所止=所见”，每个人心里都有一些东西在，这些东西才是决定我们见或不见，以及见到什么的关键。

图 10–9

所以，曾子才讲“致知在格物”“物格而后知至”“知至而后意诚”“意诚而后心正”。他的意思就是：**把内心的背景清干净了，把杂念去掉了，才能对当下产生真正的知，才能真正地活在当下，意才能真诚，心才能纯正。**

讲到这里，我们就应该对前面所讲的“意之所在为物”（王阳明《传习录》）有更深的理解。其实“意之所在为物”不仅仅是注意力所致，更深层次的原因是我们内心有一个“因”：类似的经验、观念、相。也就是“识”，“意识”一词的后面一个字：“识”。它是决定“意之所在为物”究竟为“何物”的关键，也是我们心理活动的出发点或依止之处。由此，曾子讲的格物致知就应该从更深层次去解读了。怎样“格物”呢？

其一：正如前面第一篇中讲过的，不要让自己的注意力完全被某一点所吸引，从而阻碍自己看到全局。一旦我们的注意力完全执着于一点，这样成的相（物）必然会阻碍我们去觉知别的东西，就像前面视频传球游戏中，我们完全执着在穿白色运动服的人传球上，大猩猩我们就会视而不见。

其二：斩断意的链条。图 10–10 七等份游戏中人们出现问题，连一张白纸进行七等份都不会做，就是因为意念形成了链条，后续的念头跟着前面的念头跑，全然不顾当下的实际。意遮蔽了知，结果一个小孩都能做

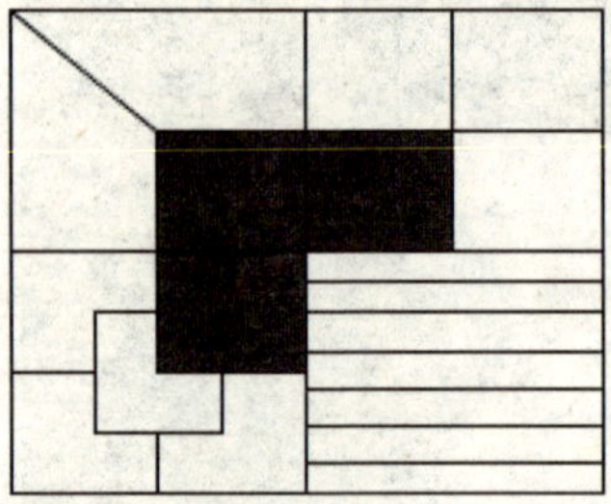

图 10–10

的题目大人反而做不出来。只要斩断意的链条，让心回归当下，从当下知（沈老师给出的题目条件），以及过往在白纸上进行七等份的常规思维出发，就能快速给出答案。这是第二个层面的格物致知。

其三：清空我们脑海中很多的固有观念，因为这些固有的观念经常会阻碍我们，给我们的生活、管理带来烦恼，带来苦。要把这些阻碍我们的固有观念去掉，把这样的"识"清空，这也称之为"诚意"。准确地说，诚意也是格物。"诚意功夫实下手处在格物也"（王阳明《传习录》）。诚意可以理解为"格"更深层次的、人内心深处的物——"识"。

就如同我们在"九点连线"游戏中，如果不将脑海中固有的"九个点形成的框""没有大小的点""没有粗细的线"这几个观念去掉，题目是做不出来的，良知即解决问题的知是起不来的。所以，"致知在格物"。

王阳明认为：致知、诚意、正心，从本质上来讲都是格物。"故格物者，格其心之物也，格其意之物也，格其知之物也。"（王阳明《传习录》）"格物者，《大学》之实下手处，彻首彻尾，自始学至圣人，只此功夫而已。"（《传习录》）

其四：在内心建立正确的标准。正如我们在企业建立员工作业指导书，管理人员动作控制卡，老板、高管所用的计划运作动作流（图 10–11）。这些标准让企业的人有法可依，有谱可止，让问题显现，让事情清晰。这也叫格物。

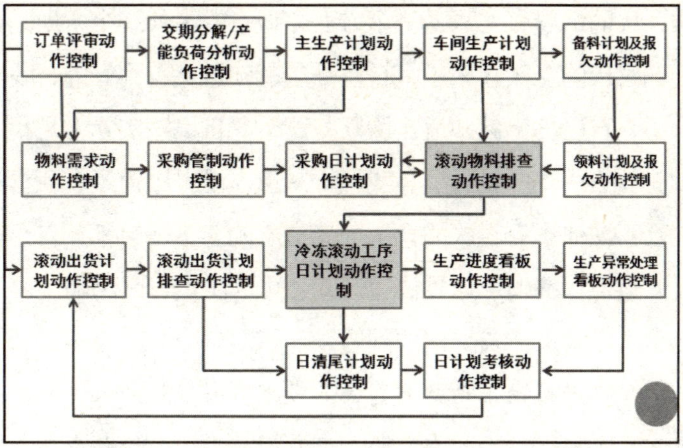

图 10–11　欧博知行合一系统——计划动作

其五：止于至善。人的内心都应该止于至善，这是格物致知、诚意正心的终极境界，也是格物的终极目标。人的内心都回归生命的本来面目，内心都充满慈悲，凡事都从慈悲心出发，这一定是一个智慧的人、智慧的团队、智慧的企业。

前三项，格物的“格”字在这里作“去”字解，即去恶，为扫除障碍，或者叫“正其不正”。后二项，格物的“格”字在这里作“至”字解，即为善，到达之意，或者叫“以归于正”。所以，王阳明把“格物”的这两层含义统一起来称之为“为善去恶是格物”（《传习录》），也称作“正其不正，以归于正”（《传习录》）。

诚意的至高境界是自知之明

一般人把“所谓诚其意者，毋自欺也，如恶恶臭，如好好色。此之谓自谦”（《大学》）中的“如恶恶臭，如好好色”解释成“闻到恶臭就讨厌，看到好的就喜欢”。这种理解是把情感的真实性当作诚意的主要内容。

其实，人的情感真实只是一个方面，诚意的另外一个方面是指：闻到恶臭，我们讨厌的念头起来了，自己马上就知道；看到好的，我们喜欢的念头起来了，自己马上就知道。所以，这个“自谦”实际上是指“自知”。这个自知有什么用呢？我讨厌，我马上知道自己讨厌他了；我喜欢，我马上知道自己喜欢他了。讨厌的念头或者喜欢的念头一起来，自己马上就知道，而且知道得很清晰，这种快速的知道可以防止自己深陷其中。

我们看一个管理人员提出的问题。

老师：我们老板动不动就重罚，导致很多有经验的人产生怨恨，最后辞职。怎么去改变老板的心态？昨天设备因技术人员操作失误，导致损失8万多元，结果老板回来第一句话就是要他们全赔，这谁受得了啊？

这个老板算不算“恶恶臭，好好色”？好像算，因为他很真实：损失8万多元，怎能不难受？老板的情感是真实的。但遗憾的是，真实他是做到了，自知他却没有做到。这个老板有自知之明吗？显然没有，为什么呢？

他说罚8万，但罚得下去吗？员工工资有多高？就算罚一次可以，但罚第二次估计就没人可罚了，因为人都走掉了。所以，讲一句话、发一通脾气可以过瘾，但最终一点用都没有。为什么呢？因为在你怒火中烧、怒气冲天时，说罚8万听起来吓人得不得了，但真罚起来的时候，能罚一两千块钱就算不错了，多来两个交辞职信的，估计两千块钱都罚不下去。最终话说出来，又不得不收回去，长此以往，还有什么威信呢？而一定要罚8万，人可能就真会走完的。所以，哪怕人的情绪再真实，再“如恶恶臭，如好好色”，都不能顺着自己的情绪走。这叫自知之明。我们要考虑把“罚8万”这个话吼出来之后怎么收场。明明知道8万处罚罚不下去，也要顺着情绪吼出来，这是没有自知之明的第一层意思。

这个老板没有自知之明的第二层意思是：因为技术人员操作的失误，导致企业损失8万多元。如果我们的心掉到8万元的损失里头，能解决问题吗？解决不了，我们会再一次失去解决问题的机会。我们本来可以坐下来，跟大家一起分析造成损失的原因，然后找一个一个的问题点，再想办法设计控制点，建动作控制卡，划定责任，明确奖罚。但是，人掉在这种痛恨的情绪里头，还会这样做吗？不会。为什么他动不动就重罚？就是因为他完全被自己的情绪拖着走的结果。本可以想办法彻底解决问题，结果他的情绪一起来，又把这个机会失去了，这叫作自知之明吗？不叫。

长期这样发脾气而不解决问题，难道自己没有责任吗？有。这是这位老板第三个没有自知之明之处。所以，自知很重要。不能因为情绪真实，就不自知。自知是什么？自知是当你的情绪起来以后，马上知道情绪的因果关系。不要让情绪执着自己，让自己变得愚痴。

情绪管理的根本方法就是诚意。

情绪管理的根本方法就是诚意。怎么才能诚意？要自知，也就是致知。情绪一起来，良知就知道这个情绪是怎么来的，知道这个情绪往下走是什么后果。把前因后果一搞清，情绪就能够止在这个地方，不再往前走。这才是真正的情绪管理，才是真正的诚意。

曾子讲诚意，重点讲自谦，即自知，也叫致知，就是自知之明。

闭着眼睛也能把车开过去

君子看小人看得清清楚楚，“如见其肺肝然”（《大学》），但不会像小人一样地对付小人。所以，修到诚意还要修正心。为什么要修正心呢？因为诚意是让我们看得清清楚楚，正心是让我们看清楚了以后不至于像小人那样去对付小人。

那么，什么叫正心呢？其实，曾子有两段话是专门讲“正心”的：

所谓修身在正其心者。身有所忿懥，则不得其正。有所恐惧，则不得其正。有所好乐，则不得其正。有所忧患，则不得其正。（《大学》）

心不在焉，视而不见，听而不闻，食而不知其味。此谓修身在正其心。(《大学》)

我们前面讲过，曾子说“身有所忿懥，则不得其正”。他没有说你不能有愤怒，而是说你不能“有所”。“有所”是指过分地在意，生活中“有所谓”或“无所谓”讲的就是是否很在意的意思，过分在意就是执着。忿懥、恐惧、好乐、忧患是不同的情绪，曾子的意思是你忿懥、你恐惧、你好乐、你忧患都是正常的反应，但你不能太在意，不能太执着。只要执着，就“不得其正”。

我们产生愤怒的时候执着这个愤怒，心就不正了。有的老板一愤怒，就一定要把员工整怕，让他下次再也不敢这么做。那个罚员工8万的老板就是这个心态。其实，他也知道罚8万是罚不下去的，但自己的这个情绪一定要表达出来，让下面的人以后再不敢犯错。这就不是忿懥了，而是有所忿懥，你执着于自己的情绪，最后一定不会有好结果：真要罚了，员工会走；不罚8万，言而无信，自毁威信。如此没事找事，其心当然不正。

所以，人有情绪没有问题，但是人掉在情绪里头、执着这个情绪，心就不正。曾子告诉我们正心就是：产生了情绪，但不要执着于这个情绪，不要掉在这个情绪当中，而要抽得出来。此谓正心。

我们再看后面这一段话：

心不在焉，视而不见，听而不闻，食而不知其味。此谓修身在正其心。

曾子先说“所谓修身在正其心者。身有所忿懥，则不得其正。有所恐惧，则不得其正。有所好乐，则不得其正。有所忧患，则不得其正”，然后再说“心不在焉，视而不见，听而不闻，食而不知其味。此谓修身在正其心”。这两段话是连着的，有了前面那句话，才有后面这句话。什么意思呢？就是人的情绪起来没关系，只要你不执着它，你就会视而不见。“心不在焉”的“不在”就是没有执着心在的意思，心里面没有“执着”这个东西在，心自然归正。

心里面没有“执着”这个东西在，心自然归正。

产生情绪没关系，但不要纠结在这里头，不要执着于这种情绪。抱怨、执着产生仇恨，最后罚个 8 万又罚不下去，反而让自己下不来台，事情越整越乱。这样行事越搞越糟，心不乱掉才怪。所以，放下执着，才能心正。君子看到小人别去恨他，恨就是执着，恨就是心里有了东西。“心不在”的意思就是不要把仇恨、抱怨等放在心里头。只要你心里没有仇恨，就可以视而不见。

有些人说“视而不见”就麻烦了，那工厂的事谁管？出了问题谁管？其实，有这种迷惑是没有真正理解“视而不见”。那么，视而不见到底是什么意思呢？视而不见就是有知无见。既然视了，就知了，但知了，不见。不见说明什么？我们回到前面讲过的知止的公式：

所知+所止=所见

视就是所知、有知，“不见”说明“所止”没了，没有了具体的物和相，这是止于至善的最高境界，也就是格物的最终结果。止于至善的最高境界就是“空”：空掉你的分别心和执着心，本自具足的生命力就能大放光明。空是至善的最高境界。这个时候会出现什么情况？清清楚楚、明明白白，既没有念头，又没有形象，又没有欲望，什么都没有。有些人也许会说：那不就傻了吗？

会傻吗？我们看一个生活中的例子。假如你开着车，前面突然出现两个石墩子，两个石墩子的距离看起来只比车的宽度稍宽一点，你必须要把车从两个石墩子中间开过去，你怎么办？

这时候，你内心所能依止的一切都没有了：你想靠眼睛看，车穿过两个石墩子时，眼睛根本看不到车与两边石墩子的距离，后视镜中也无法看到；听就更听不到任何东西了，真要听到了什么，那就是车已经刮到石墩子了，那已经晚了；想也没用，因为此时无法判断和计算。此时，你的内心就是一个“空”的状态。但只要你把注意力提起来，保持在一种高度觉知、高度警觉的状态，你就会觉得自己仿佛一切都明了、都知道一样：缓缓地前行，注意力高度集中，人车高度一体，心里明明了了，顺利地滑行过去。过去之后，你会觉得非常神奇。神奇何在呢？

其一：注意力高度集中，但集中在哪里呢？集中在眼睛上吗？不是。因为眼睛只能看着前面，根本看不到车与两边石墩子的距离，而此时，你真正想看的其实就是这个。

其二：注意力集中在手脚上吗？不是。因为手脚此时都不敢乱动。

其三：注意力集中在意识上吗？不是。此时的意识几乎是停顿了的，因为想也没用，也不敢分心去想。

其四：注意力在听上面吗？不是。因为听不到任何有帮助的声音，真要听到了声音，心里就知道：完了，车刮了。

就在这样一种眼睛、耳朵、鼻子、嘴巴、身体、意识几乎不起作用的情况下，完成了一次高难度的动作，这难道不神奇吗？

其实，这就是“空”的作用，表面上，眼耳鼻舌身意都不能起什么作用了，脑袋里也几乎是无念、无相、无欲的状态，但恰恰此时，我们的注意力是最高度集中的，集中在哪里呢？集中在内心的“知”上，集中在没有具体所止的“知”上。这个“知”是“空”的，是无念、无相、无欲的，但绝不是什么都没有的。说“空”，是指无念——没有念头，不敢乱想；无相——眼见的相几乎毫无帮助，心里没靠这个相；无欲——能有什么欲望呢？着急过去的欲望随时可能让车刮到石墩，心反而必须平静。但内心的能量此刻却非常地饱满，全神贯注在全身心的每一个“知”上，尽管这个“知”是“空”的，但却明明了了，仿佛人与车、车与石墩之间的一切都尽在“知”中。这就是神奇！

这其实就是真正的知行合一的状态，那个“空”就代表“知”和“行”中间所有的东西都空了。

我们看一看王阳明“知行合一”的“知行”二字中间有字吗？没字。知和行之间干吗要有一个字？干吗要有念头？干吗还要形象？干吗还要欲望？什么都不要，只要知了就可以行。这就是知行合一的真正境界。

要想一想再去行，就不是知行合一。很多企业里面的人就是想一想，结果就不行了。佛山“小悦悦事件”中，本来过往的行人一知，脑袋中不要有形象，不要有念头，不要有欲望，就会救她。知了以后就会去救的。那18个人为什么没有去救小悦悦？就是因为他们在知和行之间加了很多东西。什么东西呢？念头、恐惧、欲望等都出来了，结果知了以后不行。那个捡垃圾的阿姨为什么走过去救了小悦悦？是因为她脑袋中没有任何念头，只有知和行。救小悦悦要不要念头？不要。看“小悦悦事件”的监控视频时，人们都很愤怒。要不要念头起来以后才愤怒？要不要想一想才愤怒？要不要有欲望才愤怒？要不要给你钱，你才愤怒？不要。你只要知道这个情况，只要眼睁睁盯着看了，你就愤怒。所以只要真正知了，就能行。中间还要搞那么多东西干什么呢？搞那么多东西，反而可能让你不行。

知行合一的意思就是有知就够了，有知就能行。心里的一切东西都可以去掉，只要看到，你就可以做。司机开车就是这样。开车的时候，对面车来了，他要不要想一下来的是什么车？不要。你一想，就撞上了。这时候你就知道什么叫知行合一，这时候心里面连止都没有，完全是空的，或者说“止于空”：念头没有，形象没有，欲望也没有。对面车一来，你就会把方向盘往一边打，这才是知行合一。

人最佳的状态就是知行合一的状态。知行合一是王阳明讲的至高境界。

打乒乓球的时候要不要想一想？不需要，也来不及想。一个知，一个行，中间有念头吗？有念头的都是打乒乓球的生手，凡是熟手有没有念头？没有念头，没有形象，没有欲望，没有算一算，没有想一想。当你心里没有这一切的时候，你就会视而不见——不需要那个见，一视就能行。

因为见就出形象、出念头、出欲望了。念头、欲望、形象都不要，只要那个视。视就是知，听就是知，食就是知，知了以后马上就是行，此谓修身在正其心。

这就是“应无所住，而生其心”的境界，也就是“无念为宗，无相为体，无住为本”的境界。无念、无相、无住，说到底就是心不执着，其心必正。为何叫无念、无相呢？有知无见。相也没有，念也没有，你见什么？尽管无见，知却还在，有知就行，知行合一。为何叫无住呢？心无所止，无止而止，止于至善，至善为“空”，是为无止。心既无止，心又何住呢？住是执着，无住生心，即为：知行合一。此时，五官的“知”和心灵的“知”就高度统一了，这就是“致良知”。

心不在焉：心在正位，不在执着。

视而不见：不见所见，而见能见。

听而不闻：不闻所闻，而闻能闻。

第四篇

放下对的，才是至善

第十一章

一阴一阳之谓道

执着对的，就是错的

要做好管理，管理者自己要有旺盛的生命力，然后要让下属充满生命力。把管理做好，离不开“生命”这两个字，这是中国式管理的特点。

生命具有什么特点呢？生命的特点就是千姿百态，就是多样化、多元化。所以，假如我们的下属出现各种各样不同的观点、想法、个性、特点，正不正常？正常。

生命的第一个特点是生命的多样性，生命的第二个特点呢？

人的生命是怎么来的？我们不敢只说爸不说妈，也不敢只说妈不说爸，一定要说自己的生命是爸妈给的。也就是说，所有的生命都要两个前提，这样才能形成新的生命，这就是“一阴一阳之谓道”的原因。因为“道”是用来生一生二、生三生四、生万物的，道是用来生生命的。那怎么样才能生呢？要一阴一阳。所以，生命的第二个特点是生命源于阴阳。只有阴阳和合，才能产生生命，这就是“道”的更深刻的含义了。

道是生命，生命是多元化的，必须阴阳和合才能产生生命，这是道的三层含义。那么，“阴阳”意味着什么呢？阴阳就意味着差异。所以，要把心量做大，我们要学习的第一个方法，或者要端正的第一个心态就是接受差异，包容差异。这个世界生命的特点就是差异，我们必须要学会接受，学会包容，否则我们的心量就大不了。

管事相对简单，就是标准化，就是定制度、建流程、搞检查、加奖罚，事情就是这么管好的。管事的人只要有魄力，十有八九能管好事。但是，管人是不是有魄力就够了呢？不是。有的管理者脾气很吓人，大家都怕他，表面上把人管得服服帖帖，但实际上大家都在阳奉阴违。

怎么管人呢？管人首先要承认差异。人不能标准化，也做不到标准化，管人我们首先要承认人的差异化。这就是说，别人的性格跟你不同，你要接纳。你看不惯他，你也要接纳。所以，对领导的第一个要求就是要有包容心。你得承认差异，不要想着把你的员工都变成标准的人，这不可能做到。我研究了这么多年管理，发现千万不能拿管事的方法去管人。拿管事的方法管人，要么就把人搞走了，要么就把大家搞“傻”了。大家既没有创造性，又不会按你说的做。所以，**做领导我们首先要学会包容，学会接纳差异。**但差异到了一定程度，就会变成对立。差异就意味着对立。

在管理当中如果遇到对立，我们一般会怎么办？消除对立。因为我们觉得对立是不好的，我们会消除对立，消除矛盾。为了消除对立、矛盾，很多企业就搞人情化的管理。表面上大家和和气气，没有矛盾了，但结果却是：效益很差，问题很多。因为处理问题就要导致矛盾，而避免矛盾，问题又在堆积。我们怎么办？遇到对立，我们不要只知道消除、消灭，我们要学会一个非常重要的方法：对立统一。**只有学会对立统一，才能真正地学会包容。**你只学会统一，前面没有对立，这样的包容就是和稀泥，你就是一个烂好人，这种包容以牺牲企业的效益为代价，是不能长久的。

对待差异我们懂得包容，但不能以牺牲企业的效益为代价。企业的效益低了，就意味着企业的生命力下降，企业对人就没有了吸引力，企业就会走向死亡。企业的生命力受到伤害，就背道而行了，因为道就是生命。

但如果我们纯粹地对立，就会矛盾重重，大家整天吵得一塌糊涂，企业也办不下去。所以，我们要学习对立统一。什么叫对立统一？对立就意味着这个事情有两端，有两极。对立统一意味着你在哪里呢？在哪一极？有人说在两极、两端的中间。中国人就经常这样理解中庸，生活当中很多人就这么搞中庸：遇到什么事，就去找一个中间点。可是，这个中间点找得着吗？站得稳吗？中庸是门功夫。那么，什么是中？什么是中庸？

子思说“喜怒哀乐之未发谓之中”，“喜怒哀乐”这四个词不是随便排列的，它是成双成对的。这一点很重要，这就是练功夫的入处。长久以来，人们不知道这种排列是很重要的信息，这种排列比这四个词本身还重要。喜和怒构成一对，哀和乐构成一对，而且是两极。喜和怒是两极，哀和乐是两极。这么排列就是练功夫的方法。

《道德经》第二章有一段话：“有无相生，难易相成，长短相形，高下相盈，音声相和，前后相随。”这里面的词也是一对一对的：有和无是一对，刚好是两极，有是一极，无是另一极；难和易是一对，刚好也是两极，难是一极，易是另一极；长和短是一对，又是两极，长是一极，短是另一极；高和下是两极，刚好又是一对，高是一极，下是另一极。音和声是一对，有些人不太理解。其实，古代人把音和声是分开讲的，我们现在讲“声音”，是把它对立统一起来了。前和后是一对，又是两极，前是一极，后是另一极。《道德经》把有无、难易、长短、高下、音声、前后这些词成双成对地排列是有用意的，它透露一种修法。如果我们看《道德经》看不到这些修法，其实是白看的。很多人念《道德经》，念得朗朗上口，什么“道可道，非常道；名可名，非常名……”，这真是念经。只有知道它的这种排列的用意，我们才能知道它到底怎么练，它的修法在哪里。

智者惠能说过一句话：“出语尽双，皆取对法。有与无对，大与小对，长与短对，动与静对，进与退对。”“有与无对，大与小对，长与短对，动与静对，进与退对”，这些说法跟《道德经》的说法完全吻合，都是一对一对的。“出语尽双，皆取对法”，意思就是讲什么话不能单独讲，要在两极之间讲，要成双成对讲：讲有要讲无，讲长要讲短，讲动要讲静，讲进要讲退，讲大要讲小，否则你就讲错了。

讲什么话要一对一对地讲，而且很明显是互相对立的两极。《道德经》是这样说，《中庸》是这样说，道家、儒家都是同一个说法，这说法就是一个修法。什么修法？不要避开两极来找“中”，**在两极之间自在穿梭才叫中。**

“中”不是在中间站着，不是两极都不着。现在很多人就把中庸的“中”、折中的“中”理解成“两头都不着”。你说他是坏人，他不是；你说他是好人，他也未必，他经常是不好不坏、不白不黑，待在那个灰色地带。这种人是没出息的，为什么？他没有生命力。

《中庸》是儒家里面非常重要的经典，《道德经》是道家最重要的经典，这两部经典传达的是同一个意思。什么意思？就是**只有在对立的两极之间游走，你才能找到那个中。**不是两边不着叫中，两边不着你什么都不是。

不执着就是中庸

什么叫两极之间游走？就是两极你都去得，你都离得开，你在有无之间自由穿梭，在对立的两极之间自由穿梭：你让我喜，我喜；你让我怒，我怒。我酣畅淋漓，但两头不着：我不会总喜，喜完了，马上放下，马上退出来。怒的情绪起来就起来，但不要紧追不放。事情过了，马上把它放下。

员工把工厂的设备搞得一塌糊涂，企业的损失那么大，你一点脾气都没有，一点情绪都没有，当啥事都没发生，这是自欺欺人。事情很糟糕，你有情绪是正常的，但不要老抓住这个情绪不放。事情已经发生了，你的重点要放在“到底怎么解决这个问题”上，放在找问题的原因上，这就叫离得开。对于情绪要生得起、离得开，用另外一句话说就是“于相离相”。

有情绪是正常的，喜怒哀乐我们都可以有，但不可以执着。事业做成功了，干吗不高兴？但狂妄就不对了，狂妄来源于什么？来源于执着自己的成功。总是高兴，你就忘了还有什么麻烦，你就忘了接了单以后把单做出来也不容易。不要掉在高兴和成功里头不能自拔，然后狂妄得不得了，以为自己多了不起，没人比得上。天天这样想，就完蛋了。

高兴的时候自我激励一下，完了想想路还长着呢，比你有钱的多着呢，有钱又怎么样？倒霉的一大把。这么一想就不执着了，这就是中庸。中庸是什么？**中庸就是不执着，不执着就是中庸；中庸就是什么都去做，什么都不要执着。**很多人一修行，生意就不做了。为什么？他觉得钱是万恶之源，都是贪、嗔、痴。挣钱怎么就是贪、嗔、痴了呢？你天天“修行”，然后啥事不干，难道不是贪、嗔、痴？执着任何东西都是贪，执着修行也是贪。

所以，在生活当中，我们把事业干好就是修行。修行，我们要大胆地去做；追求事业的成功我们要大胆地做，什么事情都要敢做，什么事情都要大胆地做，什么事情都要开心地做。这里讲的“什么事”当然指合道的事。合道的标准是什么呢？是命。不要残害生命就行，有利于生命的事、喜怒哀乐都要接受，都要尝试，但最关键的是断得了，不执着，不要黏在这个地方。**在两极之间自由穿梭，才叫中庸，才是真正的功夫。**

喜过了马上就没有喜了，怒过了马上就没有怒了，做到这一点容易吗？不容易！真正的功夫不是这个我不沾、那个我不沾，真正的功夫是这个我也沾、那个我也沾，但是该放下立马放下，这才是我们学《大学》的目的。《大学》的后面就教你怎么练这个功夫，不明白这一点，看《大学》就只能看出一堆学问来。《大学》的后面说“致知在格物”，“格物”是干什么的？格物就是断人的执着心的。儒家不讲断执着，儒家讲止于至善，**止于至善就是断执着。**

《中庸》的第一句话就是“天命之谓性，率性之谓道”，道就是中庸，但是什么是中庸我们要明白：**中庸就是在两极之间自由穿梭。**自由穿梭就是不找中间点，因为中间点找不着。自由穿梭是这一极我可以来，但这个事情过了，我马上放下，我又可以到另一极去。通俗地讲就是拿得起，放得下。拿得起，放得下，看似很简单，但练出来不容易。你时时刻刻能够拿得起，放得下，就是道。“道”这个字就告诉我们，要敢于在两极之间穿梭。张瑞敏说过一句话：“伟人首先是恶人”，什么意思呢？“伟人”“恶人”就是两极，你能在身上统一起来，就是功夫。

孔子在《论语》里面有一段话：“吾十有五而志于学，三十而立，四十而不惑，五十而知天命，六十而耳顺，七十而从心所欲，不逾矩。”“从心所欲，不逾矩”就是在两极之间自由穿梭，什么是“从心所欲，不逾矩”？就是随心所欲又不违反规矩，“随心所欲”就意味着我可以到这里，也可以到那里，“不逾矩”就是不执着。什么都不执着，还逾什么矩呢？

我们学《大学》、学传统文化是为了把自己的执着心断掉，不是把自己搞得假模假样。**只有在两极之间游走，你才能断执着。**如果你站在一极，就必然执着。所以，在工作、生活当中，你一定不要在对的地方站着不动。在对的地方站着不动，就意味着在“对”后面加了一个“立”字，“立”就是站着不动，对和立合在一起就叫对立。在对的地方站着不动，你就很容易跟别人搞对立。所以，对到一定程度上，也要跑到错的那边去一下。什么意思呢？就是你对了，你也要想一想也许你有错的地方；别人虽然错了，但别人也许有对的地方，更重要的是对到一定程度你还要创新。你过去对，但不意味着你永远都对。所以对到一定程度上要创新，创新就可能错。

很多人不创新、没有创新能力，就是因为执着于对的东西，他觉得他对，就不想改了。创新和错往往相伴随。企业里面也要营造一个允许别人犯错的氛围。如果他的这种错是带着创新的，是带着尝试的，我们就要鼓励。爱迪生发明电灯，失败了几千次。如果不允许犯错，他能有那么多成果吗？所以，我们在企业里面定一个流程，要不要绝对正确才可以推行？不要。我们定一个考核制度，要不要万无一失才推行？不要。你把它搞得绝对正确了，它就没有生命力了，它往往就不一定行得通。所以，在工作当中、生活当中，我们要给自己一点点犯错的机会。老板怕不怕犯错？老板创业的时候恰恰是不怕犯错。你要真的创过业，你就知道创业过程中你会犯一连串的错，但是，许多老板就敢犯错。所以，在生活、工作当中，在管理、创业当中，我们一定不要对对的东西执着。

《道德经》里面有一句话：天下皆知美之为美，斯恶已；皆知善之为善，斯不善已。这句话的意思就是美的东西你也不要执着。美的东西你执着，它就不美了；善的东西你执着，它就是恶了。

女同胞都喜欢美容，美容没有错，但执着于美容就会出问题。有新闻报道说，有的女人整容太厉害，机场安检没有办法认为她和证件照是同一人，结果不让她上飞机。爱美之心，人皆有之，但执着美，美要变成恶；执着善，善要变成不善。所以老子才说“道可道，非常道”。道是对的，但我们如果执着于道，它会因为我们的执着变成不是那个常道。

对的东西往往会因为我们的执着而变成错的东西。工作当中、生活当中就是这样，明明这件事情你是对的，但你一执着，它就错了，为什么？你就容不得别人，继而与别人矛盾重重，事情就会向错的方向发展。

亲民才能断执着

《大学》的第一段话是一个三段论：大学之道，在明明德，在亲民，在止于至善。看到三段论了吗？“在明明德”是第一段，这是大前提，是让你培养一个心理背景——人都是有良知的。但是，我们一跟人打成一片，就会有烦恼。你有烦恼，还要不要去亲民呢？如果不去亲民，就还是执着，执着于那个良知。执着良知照样是执着，所以，一定要去“亲民”，一定要经历这个阶段。我们相信良知的时候，是很善良的，但这种善良靠不靠得住呢？不一定。

我曾经碰到一个大概十八九岁的女孩子。她打坐很厉害，一坐 8 个小时，动都不动，仿佛入定了。当然这是好事，但如果把这样一个女孩子放到社会上来，当她遇到矛盾、冲突，她还能不能像打坐一样地如如不动呢？估计很难了，因为很多事情她都没经历过，各种从未经历的感受一来，还真有可能扛不住。一个十几岁的小女孩打坐，能一坐 8 个小时，如如不动，原因是很多感受没有经历过，内心自然清净，容易坐得住。但把她往社会上一丢，男孩子肯定会追她，肯定会让她觉得很幸福。这种幸福会让她执着，会让她觉得这世界多美好，她会希望自己一直都可以拥有这种幸福。但是，当这个男孩子因为各种原因又变心了，对她就是伤害，她就会痛苦不堪。那种幸福感她没有受过，没有尝过，她扛不住就会执着；当幸福感失去，痛苦来临，这种痛苦感她也从来没遇到过，她扛不住又会执着，她的定力三下两下就报销了。

真正有定力的人是幸福、痛苦都经历过很多的人。都经历过了，幸福、痛苦也就是那么回事了。男孩子的那些手段，对付小女孩有用，对付有社会阅历的女人就没有用。她会对他说：小弟弟别玩了，少在我面前来这个，你这个游戏我好年轻的时候就跟别人玩过了，你找小妹妹玩去！

一个人经历了痛苦，有点痛苦他相对就能承受，对这种感觉他也就无所谓了，他觉得那是家常便饭。所以，一个人真要不执着，真要离得开执着，不是靠一开始相信“明明德”、相信良知就行了，他一定要经历一些折腾。爱也好、恨也好，经历多了，就会成老战士，就真有定力。

就像新兵打仗，没上战场前，新兵猛得很，觉得自己如何勇敢，但真上了战场，枪一打起来，看到旁边的人被一枪打死了、打残了，鲜血直流，新兵怕不怕？怕。不管他之前多有定力、多有功夫都没用，他还是要怕。但是，仗打多了，他就没事了，战场上要是不死两个人，他还奇怪了。

所以，一定要经历这些阶段，他才能不执着。爱经历多了，你就不会执着爱，因为你知道爱后面往往跟着恨，爱有多深，往往恨就有多深。爱你的人往往就伤你，生活当中是这样，管理上也是这样。恨经历多了，你也不会执着，因为还会有爱你的人，以及值得你爱的人和事。

实际上，没有什么东西能够让你执着。《道德经》说“道可道，非常道”，“道”是那个对的东西、正确的东西，“可道”是指说出来。对的东西、正确的东西一说出来，人就执着，一执着就“非常道”了，就不是那个道了。为什么？它会因你的执着而变错。任何东西你执着它，好的变坏，坏的也可能变好，总之它是无常，无常就是这个意思。没有一个东西可以执着，那么，怎么断得掉呢？经历这些事。“明明德”就像一个人的小时候。小孩子是挺善的，只要他没毛病，你给他吃饱了、喝足了、睡好了，他一天到晚让你开心。这实际上就是一个明德的状态。

小孩子看这个世界的一切都是善良的，但他不可能一直到老都这样，他要经历很多事，要爱人、恨人，要经历爱恨情仇。这是什么阶段？这就是“在亲民”。跟人搅在一起就一定是这个样子，爱恨情仇都会来，我们马上就会觉得人远远没有自己想的那么好，马上会对人生起厌恶的心，这是执着于人的恶。遇到对自己好的人，又马上会执着于这个人的好。

所以，只有进到“亲民”这个阶段，才断得了执着。但是不是所有经过这个阶段的人都断了执着呢？不是，很多人就毁在这里。他们小时候善良，但亲民过程中的爱恨情仇把他们搞得伤痕累累，最后他待人就是这样一种态度：你坏，我比你还坏，看谁比谁坏？谁怕谁？他变成一副毒药，浑身散发着毒性，最后狼文化就出来了。

从明明德到亲民是一次否定——把小时候的天真善良否定。小时候没经历过什么事，亲民的过程中你要经历烦恼、痛苦、纠缠，你就把明德给否定了。但是请你记住，这个世界的辩证法一定是三段论。把否定的东西再否定一次，才符合辩证法的规律。所以，止于至善是什么？是再次否定，是否定之否定。

千万不要执着于“亲民”过程中产生的爱恨情仇、喜怒哀乐，要超越。怎么超越？止于至善，把一切都当成对自己有帮助的。好的当然有帮助，因为让你开心了。坏的让你成长了，毫无疑问对你也有帮助。

成长一定是靠逆境，遇到痛苦，要想到成长的时候来了；遇到顺境的时候，记住开心的时候来了。开心的时候来了，成长的时候来了，一切都是对你有用的，未来的日子没有一天对你有坏处，没有一天是对你没用的。生命就是这样，生命就是一天天的日子，你为什么认为这个生命不值，那个生命值？生命都是宝贵的，每一天都是宝贵的。开心的生命是宝贵的，逆境下的生命同样是宝贵的，因为那是生命的成长。这样看问题，所有的事情都能接受，就能持续地走下去，做下去，直至成功，直至成就。这里没有执着，只有持续。

知道止于至善，面对一切坦然接受，你的心就会定，就不会躁动，就不会惶恐，就不会有太大的情绪波动。年纪大的人，情绪要稳定，年纪轻的人，干事心要定。心是烦躁的，说不定哪一次决策就会出大问题。很多人赚了钱，但因为一个投资决策就把自己给葬送了。心不乱，才能避免决策的失误。人心定，做大做小都是赚，大有大赚，小有小赚。

人的心定下来，它就开始平静了。这就是定而后能静。定、静、安是指几个层次：**定是最基本的，静是更进一步，安就表示你的心完全放下来了。**这个时候我们做事还要不要执着？不要了。人安安心心地做事，就不会执着了。这时候做事只是持续，而且这种持续不要外力。一个人安心地做事，还要什么外力呢？还要别人批评一通才做吗？还要别人给钱才做吗？都不要了，因为我们做了很心安。

我们经常讲“心安理得”，我们一直在做，做得很安心，做得很舒服，这叫持续，不叫执着。**人执着地做事，心是不安的，是乱的，是不定的。**当你的心定、静、安了，你还是在做事，但你会持之以恒地做，这不是执着，因为你的心定了、静了、安了，这就是持续和执着的区别。

人执着一件事，就会老想它，就会总想着快一点达成它，这是有压力感的。执着地做一件事，人很有压力。而安心地做一件事，人没有压力，反而会很开心。就像打球一样，打赢了你高兴，但你要是遇到很弱的队，总是赢，别人总是输，这球你会觉得打得一点意思都没有。打球本质上并不以赢为目的，而是以过程的兴奋为目的，赢家和输家都有收获。你赢了，但失败的一方也得到了锻炼，提高了技能。这就是自利利他，就叫“安而后能虑”。

亲民的过程中我们要产生很多烦恼，但我们的念头要转过来，念头一旦转过来，止于至善，以至善的心看待一切，我们的心就会定，定了就会静，静了就会安，安以后就会安而行之，做一件事就能够持续地做下去，最终的结果一定会自利利他。所以，遇到烦恼、苦难的时候不要只是抱怨，要能够超越，最后“虑而后能得”。这个“得”就是明明德，自己的良知彻底唤醒，并且深信人的良知，发现这个世界还是那么美好。

大成就者离开的时候会觉得这个世界就像我们小时候天真地认为的那样：非常美好。从相信明德，到最后得到明德，一切归于圆满。

第十二章

善不执着为至善

一群好人为何干了“坏事”

问题：

一家私人企业，也是一家百年品牌的企业，有300多号人，两年前做到上市。中层干部都是跟老板一起打天下的功臣，平均年龄也有40～50岁的样子。目前公司在管理上存在很大问题：制度很全，就是推行不下去。你要硬推行，员工和干部就怨言百出，甚至闹到老板这儿。老板虽说要管理，但碰到人情，当面就这样过去了。所以现在如何去管理？希望老师给建议！

这个问题在企业里面可以说是司空见惯。其实，这个问题涉及三拨人：一拨是中层以上的干部，一拨是老板，另一拨人应该是外面引进来的职业经理人、“空降兵”之类的，或者是去做变革的人。为什么我们这么判断？因为这里有一句话：目前公司在管理上存在很大问题。这句话不可能是一直在企业内部工作的人提出来的，更不可能是老板提的。如果是企业里面干了很多年的人提出的，他怎么今天才突然发现问题很大？所以，这个问题应该是“空降兵”之类的人提出来的：老板把他请过去，他想在企业里面推制度，但觉得推不动，他就提出这个困惑来了。

这种问题很多企业都有，而且还比较严重。其实，我们在企业做变革时也遇到过这种问题：一拨人是老干部，一拨人是老板，一拨人是新去的，新去的想搞制度化，但阻力重重，困难不少。

我们现在要用“止于至善”这个概念来分析一下这个问题。

这个企业有300来人，中层干部都是跟老板一起打天下的功臣，把企业做到了上市。那么，这一拨干部是善还是不善？毫无疑问是善。所以，新的人进到企业，他首先要看到中层以上的干部是善，这些人是一群善人，不要把他们当成一群恶人来对待。尽管你现在可能推制度，他们不执行，但他们是善的，这个基本的调子要清楚。如果这不是一群善良的人，怎么可能带着300多人把一个企业搞上市？怎么可能跟老板那么久？

那么，这家企业的老板善不善？肯定善。老板讲人情，他的出发点是善还是恶？肯定是善，恶的人连人情都不会讲的。所以，老板也是善的。再说，这个老板如果不善，他能把一个企业做那么大吗？把一个300来人的企业做到上市，是很不容易的，所以这个老板也是善的。

我们再看看这个问题里面的第三拨人，也就是去企业进行变革的这个人。这个被老板请来的人是善的还是不善的？他也是善的，因为这个企业还有很多不规范的地方，他想在里面搞制度化。他的出发点是善的还是恶的？也是善的。那么，问题就出来了：既然大家都是善的，问题怎么解决不了呢？

这三拨人其实没有一个坏的，是一群好人，但是事情坏了。这种现象在企业太多了。在企业里面，要是坏人干坏事，好办，把他抓起来、开掉他就行了。问题是你满眼一看都是好人，事情却坏掉了。好人办坏事就难办了。为什么呢？因为你开掉他，他是好人；你容忍他，他又办了坏事。面对这种情况，有些老板不知道怎么办。只好受得了就忍着，受不了就骂，这是企业的现状。

很多企业里面就是这样，老板忍得下来，就原谅大家，反正就那么大个事；忍不下来就发脾气把大家骂一通，就像家里一样。做父母的对待孩子就经常这样：孩子调皮捣蛋，他气不过骂一通，打一通，但过后又算了。如果在企业里面这种情况长期延续，是非常糟糕的。

实际上，好人办坏事这种现象生活当中处处都有，交朋结友都是这样。你说他不好，他人挺好的；你说他好，但他办的事情又挺糟。人挺好、事挺糟总这么掺和在一起，你都不知道拿他怎么办。你想和他一刀两断，他是好人；你接受他，但是他又总坏事。

制度推不下去，要是硬推，员工和中层干部就怨言百出，就闹到老板那里，这些都只是表象。看到这一点，只是视其所以。孔子告诉我们看问题要看三个层面：“视其所以，观其所由，察其所安。”（《论语》）所以，我们还要观其所由：要看到其实这都是一群善良人。你这么去看，就可以往下走了。然后再“察其所安”。怎么察其所安：一群善良人为什么把事情给办糟了？有些人可能会说：看样子这些人也恶。很多“空降兵”就是这样，他觉得企业的人恶，所以就不客气，就强行推。提这个问题的人说过一句话：“你要硬推”，这说明他应该硬推过，因为已经是怨言百出了。他为什么硬推呢？他看到恶了。他一开始肯定也看到善：企业原有的这些人肯定还是不错的，否则这个企业上不了市。但是，搞着搞着他就看到恶了，因为大家不配合，甚至对着干！怎么对付恶？强推，不行就干掉谁，结果就闹到老板那里。

“老板虽说要管理，但碰到人情就这么过去了。”他说这句话是什么意思呢？他抱怨老板了，他准备干掉某个人，但老板不同意。老板不同意，他就认为老板口是心非——你把我请过来，讲起来好像好大的魄力；我真要干掉谁，你又不同意，企业原有的人本来不坏，但是一搞变革他们就坏，所以我准备手起刀落，结果你又叫停……他总是一会儿看到善，一会儿看到恶，这样就走不出来了。生活当中很多问题就是这样，不要一眼看到善，然后善不行就看到恶，这样就把自己给将军将死了。

中层干部看这个所谓的“空降兵”也是这样。

企业要进行变革，老板肯定事先动员过大家：我们企业要规范化，要搞制度。大家也都同意。老板请张总过来，大家说好，就让张总带着我们走吧，张总在大企业干过，干得挺不错的，挺有能力的。一开始大家也认为这个新来的张总善，结果看着看着不对劲了。为什么？他要干掉我们了。于是大家马上认为这个张总恶，觉得他来了没几天就想把我们彻底否定掉，于是联合起来把这小子赶走。这些人一开始也认为张总善，后来觉得他恶，很坏，表面上他好像跟大家讲得漂漂亮亮的，但没想到他竟然是这样的人，要把我们这些老功臣都干掉，那我们哪能容他？所以，这些中层管理人员也是这样：一会儿看到善，一会儿看到恶。

老板看这个“空降兵”也是这样。“空降兵”来的时候，听他谈得很好，老板觉得行，就说：那就按你说的办。结果搞着搞着，老板发现他搞不定。这时候老板就会认为这个“空降兵”也就嘴上能说，做事不行。他一开始认为这个“空降兵”行是善，后来认为他不行是不善。你不行还要硬搞，还要把我们彻底搞乱，那就是恶。为了制止他的恶，老板就会让这个“空降兵”走人。

“空降兵”看老板也是这样。老板口口声声说要变革，他就觉得这个老板很有气魄，我愿意投在他的门下，别的地方我都不去了。被他挖了过来，是来帮这个老板的，没想到这个老板的气魄也是假的，遇到点问题就不敢往前走了，他就觉得老板其实也不值得他真正跟随，所以就闹情绪，最后就走掉了，企业请“空降兵”来通常都是这样的结局。

这个故事比较真实。因为大家的思维方式在善和恶这两者之间跳动：要不就是善，要不就是恶。善和恶成了一枚硬币的两面，看这一面是善，看那一面就是恶。人只要是这种思维方式，是走不出来的。怎么办呢？

如何跳出善与恶的怪圈

前面讲了，任何事情我们都要有标准，没有标准我们不能分析问题，没有标准我们都没法说这个人是高还是矮。你说他高，你是拿一米七的人跟他比一下，他是一米九，当然高。但是，假如他站在穆铁柱面前，他是高还是矮？他就矮了。没有标准，话都说不出来。因为一说就错。

我们现在只有一个善、一个恶的标准，怎么分析这个问题都是错的。所以，曾子跟我们讲了另外一个标准：至善。大家不要小看这个词，这个词好像只是“善”前加了一个“至”字，你就认为还是善，只不过善得厉害一点，是很善很善的那种善，这就麻烦了，因为整来整去还是一个善。

至善不是极致的善，也不是到达那个善，至善是另外一个概念。至善和善有什么不同呢？不要把“至善”当两个字看，把“至善”当一个不能分割的词，我们就能看懂了。因为至善不是善，至善也不是恶。

古代经典里有一句话：所言善法者即非善法，是名善法。这是什么意思？就是人们所说的那个善其实也不是善，或者我讲的那个善也不是善，是名善法，是叫这个名字而已。老子在《道德经》里面也讲：天下皆知美之为美，斯恶已；皆知善之为善，斯不善已。什么意思？就是我们都知道的那个美不是美，我们都知道的那个善也不是善。

那么，什么叫至善呢？把这个题目看清楚我们就明白了。

先拿这个企业的中层干部来讲。这个企业的中层以上干部包括企业原来的高层，他们在企业里面打天下，跟着老板把企业做上市，这些人是不是善？是善。但是，我们还看到他们善的另一面：对善的执着。什么叫执着？就是以此为荣——这个天下就是我们打下来的，我们跟了老板这么多年，我们费了多少心血，当初我们创业的时候有多辛苦，有天晚上我加班加了一个通宵，有次涨洪水我差点把命丢了……善是好事，但是，你天天把善挂在嘴边是不是好事？不是。你借钱给别人是好事，但你天天提醒别人：我借给你钱了，这就不是好事了，这样要把人惹毛的。

有些人就是这样，他借钱给别人，还要天天提醒别人。他不仅提醒别人，还告诉所有的人：我借给张三一笔钱，但我不急着要他还……他摆出一副大人大量的架势，他是真这样想，真不急着要别人还，但是他为什么还要说呢？他就是觉得说出来过瘾，这个善良的事情他心里一想就舒服。

他倒是过瘾了，别人可不舒服了。因为你天天这么讲来讲去，把别人讲得很穷，把别人讲得很窘、很不怎么样，别人舒不舒服？肯定不舒服。

人即使做了好事、开心的事，也不要天天说。女孩子做SPA没问题，搞瑜伽没问题，但如果她逢人就说“我昨天搞了两个小时的瑜伽，明天我准备再去做SPA”，别人烦不烦这种女人？女人烦不烦这种女人？都烦。这有什么可显摆的呢？有些事可以做但不要说，就是可以说，也不要总说。做了点好事，就整天挂在嘴边，逢人就说，这就叫执着。执着就意味着你认为你已经做得很好了。

为什么有些女孩子说她做SPA、做瑜伽，别人烦她？别人的意思就是：这算什么呢？还有更好的事情呀。如果你不断往前走，你现在所有的好都不会经常挂在嘴上的，因为还有更好的。当你经常把现在的好挂在嘴上，就意味着你不想更好的了。别人跟你讲更好的，你也不信，这意味着你这个人就不打算进步了。其实，这个企业的问题就是这样。

实际上，这些管理人员没什么不好，但很明显他们不想进步了，他们认为：是我们打下来的天下，我们的企业都上市了，我们很不错……他们想的是善的东西，但天天讲这个，总把这些挂在嘴边，就执着了。你讲的是好的东西，但你天天讲就意味着企业上市以后你就不可能做得更好了。

其实，执着才是最大的问题。

就拿这个企业来说，这些人建功立业做得很不错，但因为一执着，企业的制度化困难重重。制度化管理应该搞，但是企业原有的人就是抗拒，因为他们不认为自己有太大的问题。所以，一个人只要执着于某一点，哪怕你再好，都会给事情带来很不好的影响。

什么是执着？形象的讲法就是被你过往的经历和成功控制了。你以为执着是主动的，其实不是。执着是被动的事情，你过往经历的人和事把你牢牢地绑住了，这就是执着。**执着是身不由已的，**所以讲放下执着，世俗间的很多人听不懂。有人曾经说“谁让你放下，你就把谁放倒”，意思就是让人放下都是骗你的，当我看到“谁让你放下，你就把谁放倒”这句话，我就知道他不懂别人让你放下什么。别人让你放下，不是让你把企业放下不管了。“放下”不是这个意思，“放下”是放下执着。你过往经历的人和事，哪怕都是好的、善的，你一旦执着，就会被它牢牢绑住，然后你就不能往前走了。这些中层干部的烦恼不就是这么来的吗？他们认为：我们打下了天下，我们坐江山了，你就不要再给我们惹麻烦了，因为企业很好了，你不要打扰我们的好梦。这就是执着，因为过去的经历给他造成了骄傲感，他们不愿再往前走。

但老板的感觉可不是这样。老板知道其实企业的成本一天天在增加，尽管企业上市了。上市公司照样有垮掉的，再说这种企业上市一般就是三板上市，主板上不了市，因为盘子不大。三板上市跟主板上市不是一个概念，融资的方式都不同，三板上市以后风险也很大。不是钱就哗哗来了，不是有用不完的钱。所以，老板的压力很大，知道现在成本越来越高，不变革不行，老板想执着都执着不了。

我们再看一下这个“空降兵”。

“空降兵”搞制度化管理，这是善，这是好事，但是他认为自己绝对正确，别人就应该听，你不听我就对你不客气，因为你的素质太差了。这个“空降兵”是这么看问题的。他把制度化当成一个善是对的，但当成绝对的善、执着这个善就是错的。制度化是对的，但可不可以执着？不可以。为什么不可以？因为你的对是你过往的经历造成的，你过往的企业是这样的。但是你千万不要忽视今时今地不是你过往的企业。这个企业的人，他们就是这样干出来的，他们没靠制度，就靠拼命地打拼，把天下打下来了，把企业做上市了。执着于对是行不通的，对的也不能执着。

让一个人放弃不对的容易，因为他自己知道理亏。但让一个人放弃对的东西很难，因为他会觉得：明明是对的，为什么让我放弃？

做管理要懂得：对的也要放下。“放弃”这个词不好听，所以叫放下。

放下对的，就是中庸

让你放下错的，你容易理解，容易接受；让你放下对的，你不容易理解。一个人活着不懂得放下对的，这种人会活得很糟糕，在管理里面，**“放下对的”就是中庸。**

这个企业的老板执不执着？执着。他执着什么？执着他的人情管理。人情管理肯定不长久，因为没有一个规范企业是靠人情化管理的。什么是人情化管理？就是什么地方都讲人情。人情要讲，中国人不讲人情肯定不行，但什么地方都讲人情肯定也不行。什么都讲人情，你就执着了。

所以，不要拿善恶说事，有比善恶更重要的一个词，就是“执着”，执着才是最大的问题，因为执着就意味你这个人根本就没有活在当下。

就像这拨管理人员，你过往是对的，但再往下发展，企业的成本越来越高，你们难道不知道？你们拿过往的说事，好像今天企业就不要变了，这样行不行？不行。所以，管理人员这么执着下去就会无视现实，无视现实就是没有活在当下。人一定要活在当下，通俗的说法就是一定要现实一点。

老板也一样，你过去搞人情化可以，此一时，彼一时。现在你明明知道人情化走不下去了，你还要在这些问题上犯人情化的错误，这就不对了，这样执着就是被自己过往成功的经验绑住了。

墨子有一句话：故彼人者，寡不死其所长。“寡”就是少的意思，这句话的意思就是：人没有几个不死在自己的强项、不死在自己的优点上的。河里淹死的多是会游泳的，不会游泳的绝不会到水深的地方去。路上撞车死了的，你以为都是坐在别人车上撞车死的？大部分都是开车的。你不开车，哪有那么多机会上高速？就是因为上高速的机会多了，哪天不小心就撞了。所以，一定要想办法把执着心去掉。中层干部和老板一起打天下，这些已经过去了；老板搞人情管理得了天下，这些已经过去了；职业经理人在以前的企业强硬搞制度管理的那个情景已经过去了，大家要回到当下来。要回到当下，就要把每个人内心的东西清空，这才是一个实际的做法。所以，每个人都需要放下。放下对善的执着，这个境界就叫至善。**放下就是至善，中庸就是至善。**

善，但不执着善，这就是至善，中庸是至善。实际上，这就是我们经常讲的四个字：实事求是。老板、职业经理人、企业的中层干部这三方都要实事求是。原来跟老板打天下的人实事求是就好办了：那档子事已经过去了，现在企业上市了，不能像以前那样了；这个职业经理人实事求是就好办了：在以前那个企业这样做是对的，但现在这个企业变了。你搞制度是对的，但不能一蹴而就，不能一步到位。不能因为别人不支持你，你就干掉别人。你得慢慢来，得耐着性子来，得从一件一件的小事抓起，不可以搞一套制度就硬推下去，我们在企业做变革就绝不这样做。在企业做变革，我们绝不是做一大堆流程制度，然后要企业的人强行执行，都是一件一件事情慢慢来。在这个“慢慢来”的过程当中，大家内心过往的东西就慢慢放下了。为什么我们每期的管理变革一定要做六个月呢？因为放下不是一蹴而就的，它需要一个过程，没有六个月的时间绝对不行。

广州人喜欢煲汤，煲汤和煮汤是一个概念吗？你到餐馆吃饭就知道了，煲出来的汤得五六十、七八十，甚至一百来块，煮出来的汤就便宜了。为什么？煲汤要耐着性子的，要用小火慢慢地煲几小时，甚至十几个小时，这样才能把食材里面的营养成分真正释放出来。

其实，放下的过程就是断执着的过程。为什么要断执着？为了到达至善这个地方。你善，但你执着善，就不是至善。当你脑袋中有一个“至善”的概念，你就能跳出矛盾和对立来看问题。

至善是什么？至善就是自己对，别人也对。所以，管理人员应该这样想：我们过去是对的，别人现在也是对的。有这个心态，他就一定会收住自己。这个职业经理人应该这样想：自己现在是对的，别人过去也是对的。有这个心态，他就会收住自己，不至于太急。老板应该这样想：我过去是对的，现在别人这样做也是对的，变革是对的，老员工跟不上、有抵触也是对的，所以就得忍受阵痛。你只要承认别人对，那就好办，一切都对就是一切皆善，就是至善。

至善就是承认自己对，还要承认别人对。我对，你也对，最后事情还要对。事情怎么才能对？这就要找每个人的对是对在哪里。每个人把自己对的地方拎出来，合成一个共同的对，事情才能对，这就不是和稀泥了。所以，八个字：**止于至善，保持觉知。**我对，你也对，大家都对，这叫止于至善，但是一定要保持觉知。保持觉知和止于至善要配合着用的。有的人止于至善，他是你好我好大家好，这种人是老好人，是和稀泥的，最后事情会一塌糊涂，因为他没有保持觉知。

什么叫觉知？这件事情本身应该怎么样，我们做得怎么样，这样下去还行不行，我们一清二楚，这就是保持觉知。止于至善是基本心态，保持觉知是每时每刻要用到的方法。把“保持觉知”和“止于至善”一尾一头两个字连在一起，就是“知止”。《大学》说“知止而后有定”，“知止”两个字是最基本的修法。**知就是保持觉知，止就是止于至善。**

“止于至善，保持觉知”这八个字是一个很重要的修法。有的人止于至善，做老好人，活得一塌糊涂，因为他没有保持觉知，不知道现在情况是什么，不知道这样下去还行不行。有的人保持觉知了，什么事情都清清楚楚了，但厉害得不得了，这种人能成点事，但成不了大事，还累得要死。为什么？因为没有止于至善。要防止自己成为厉害得让人头痛的人，要防止自己成为厉害得让人害怕的人。别人怕你了，人家不跟你玩了，你就是知道又有什么用？没人跟你玩，你能做多大？

很多人都知道保持觉知，因为他要清楚情况。什么事情都清清楚楚，别人骗不了他。这种人厉害，但如果不止于至善，他没团队。生活当中、工作当中就有这种人，他没团队或者搞得很辛苦。好多人赚了点钱，有了点成绩，就是因为不止于至善而辛苦不堪，而且团队不大。

但是，我们还要防止另外一种极端，什么极端？止于至善。你一天到晚乐呵呵的，最后傻子一个。为什么？因为你不保持觉知，不保持觉知不行。老好人不行，厉害人也不行，两头要堵得住，要行中道。**什么叫行中道？保持觉知的同时止于至善。**我对，你也对，对在哪里大家清楚，这就是保持觉知；我对，你也对，这就是止于至善，合在一起叫知止。懂得这个修法，无往而不胜。生活当中我们会看到很多这样的例子。有的人是保持觉知了，但很辛苦，企业也没做多大。有的人干脆就修行去了，修行的结果怎么样呢？表面上是止于至善了，认为什么都是好的，什么都是对的，一切都是最好的安排，但不保持觉知，不适合的地方也不调整，结果生意越来越差，人生的路都不知道怎么走了。

其实，真正的修法就是止和观同时修。观就是保持觉知，止就是止于至善。**保持觉知叫智慧，止于至善叫慈悲，把这两个连起来，就叫悲智双运。**止于至善就是慈悲心，就是把什么都看成好的、善的，但是慈悲还要加智慧，保持觉知是智慧。保持觉知是观，止于至善是止，合在一起就是止观双修；保持觉知是知，止于至善是止，合在一起就是知止。知止而后有定，定而后能静，静而后能安，安而后能虑，虑而后能得。为什么从“知止”开始修？“知止”就是最高修法。生活当中中国人把它讲得很通俗，叫它“中庸之道”。

中庸之道就是止观双修，就是悲智双运，就是知止。

第十三章

努力工作就是成长

遇到改不了的人怎么办

问题：

厂里有一个师傅，30来岁，负责印刷车间的事务，大部分工作主要是开机生产。他所在的部门比较小，生产这边加这个师傅才两个人，那个师傅印刷技术水平还可以，但是有很多消极的行为。比如上班了还没有准备开工，在那儿磨蹭；有时候上班了，还在那里吃早饭；每天早上要拖地，他也做得不到位。有时没拖地，我发现后问他怎么回事，他就说忘了；工作时也有很多次在那里偷懒开小差。

去年给他加薪后他好好做了一段时间，上述问题没有那么明显。上个月加薪后（加薪后的水平超过了他的要求），感觉他工作也没那么用心了，生产效率和品质下降了不少，很多消极的行为又冒出来了。就这些问题我跟他交流过几次，希望他带好头，做好榜样，但好像越交流越没作用，同时厂里又招不到合适的人顶替他。

我的问题是：1.这种人通过交流指导还会不会改变成积极向上的人？或者说我有没有必要这样去做？2.这种人怎么用？希望老师给点建议。

从提问者前面说的这一大段话里，我们能看到提问者以前的问题所在，他的问题是什么呢？是他原来放弃了管理。这个印刷师傅有那么多消极现象，比如上班磨蹭、上班的时候吃早饭、偷懒开小差、拖地不到位。这些习惯是怎么养成的？是你没去管他养成的。你长期都不管他，他肯定就养成这么多毛病。所以，从这里我们要看到问题产生的根源不是这个印刷师傅有多坏，而是我们一直没去管。我们可以想象一下，假如这个人刚来这个企业，你不允许他有上述这些毛病，他就面临两个选择，要么受不了马上走，要么老老实实地按企业的要求干。

你不允许他上班吃早饭，不允许他上班偷懒开小差，他是不是就一定会走？不会，他走得没道理。上班不能吃早饭、不能偷懒开小差，每个企业都是这样。这个规矩很正常，一个正常的规矩他凭什么不守？他在哪个企业都会遇到这些规矩。那为什么这个师傅养成了这些习惯呢？就是因为他上班迟到你没管他，他就接着迟到；他上班偷懒你没管他，他就会习惯于偷懒。所以，我们透过这些现象看到问题的根源，是我们的管理者，不管是老板还是经理，都没有尽到管理的责任。

到了后面问题越来越严重，企业的管理者想管了，突然发现不好管了。再加工资都没用。这时候管理者开始烦了，但烦了以后他露出什么思想呢？他又不想管了。前面不想管，就随着别人走；后面不想管，又想放弃这个人。他问还有没有必要改变他，这就说明他想放弃这个人了。

所以，问题的根源在哪里？在管理者其实一直在放弃管理。

其实，**管理的功夫不体现在你有多少招，而体现在你能够坚持不懈地去管**，其他的功夫都是次要的。

在管理学大师看来，把管理真正做好的诀窍只有一个，那就是把一件简单的事情千万次地做好。步步高的老板段永平说：管理就是千万次的重复，海尔的张瑞敏说“反复抓，抓反复”，他们其实就是告诉你做管理要持之以恒。这些大师并没有告诉你管理有多高深的技巧，有多少的招数，他们告诉你管理真正见功夫的地方就是你能够一直做，因为企业管理的方法都是你自己在一直做的过程当中创造的。你只要愿意管，只要你不放弃，你就总有招，这个招不行就用那个招，那个招不行还有招……

把简单的事情千万次地做到位，就是很好的管理。管理大师告诉我们，管理的重点在哪里？在千万次地持续，这是见功夫的地方。根据这个思路，这个问题的解答重点很显然要落在哪里呢？坚持去做管理！我们要让这个管理者看到他的问题所在——他总是在放弃管理。那么，我们给他支的招就应该是：你一定要坚持去做管理。

在企业里面我们会遇到很多问题，有时候这些问题让我们灰心丧气，有时候让我们烦恼重重，这时候我们就会放弃。我们放弃的方式是什么？随它去。这是很隐形的放弃，因为外人看不出来。可管可不管的事你不管了，这就是一种隐形放弃。企业的这种现象很严重，因为我们做了500多家企业的变革，我们发现管理的根本问题其实出在很多地方、很多事情不是没有办法管，而是没人管。为什么没人管？放弃了。为什么放弃？因为管人的确很麻烦，人们不愿意坚持去做这件事，很多地方都是这样，很多的事情都是这样。所以，怎么样让一个人坚持做是非常重要的。

不要放弃管理，就像打仗一样，打得赢、打不赢你都要坚持。我们看一些战争电影，经常会听到一句台词：人在阵地在。打仗的人并没有说“我一定要打赢”，他反正打到死为止，有这个态度就够了。你是不是一定打赢不由你决定，但你可以选择不放弃。

那么，怎么样让他坚持去做？告诉他你这样做对你自己一定有好处，这就叫止于至善，这是要害。因为不断地去管人，不断地去改变人，你的管理能力一定会提升。很多时候我们放弃事情的管理，与此相伴随的就是我们管理的水平在下降，至少停步不前。我们以为放弃管理给自己带来了好处——避免矛盾了，烦恼少了，工资还照拿。但我们有没有想过一个问题，我们不离开这个企业，又放弃管理，我们的未来在哪里？因为这个企业一定会在大家放弃管理的状态下半死不活地活着，甚至死去。换个地方去打工，身价起得来吗？放弃管理，我们的管理水平永远在这个地方徘徊，这害了谁？害了自己。所以，为了自己，我们要大胆地去管，我们的管理能力、管理水平不能在这种温水煮青蛙当中给煮掉了。“温水煮青蛙”的故事是说把一个青蛙放在温水里头，它不觉得怎么样，继续给温水加热，水慢慢热了，它还是不想跳，因为温差不大，但最后就是死。

儒家里面的一句话叫“古之学者为己”，意思就是要懂得为自己而学习。还有一句话叫“人不为己，天诛地灭”。这句话我们都是当成负面的来听，因为它好像是说人要自私。但是在这个问题上，如果你是为自己着想，你为了提高自己的管理能力、管理水平，坚持去做管理，这个当然对。这样就算正确理解了“人不为己，天诛地灭”这句话了。当然，“人不为己”的“为”更应该当作修为的“为”，意思是：人不修行，在天地间会活得很艰难。但不管怎样，你为了自己也好，修为自己也罢，都应该去努力地做好管理。

努力工作就是成长

怎么让人去管呢？就是让他意识到：只要你去做，就对自己有好处，这就叫止于至善。**“止于至善”的前提是什么呢？转念。**

很多人为什么不想管人？就是因为我们在亲民的时候、在管人管事的时候既有烦恼，又没有用。所以，要从亲民到止于至善，中间有一个念头要转。转什么念头呢？注意力要从别人身上拉回到自己身上来，这是关键。注意力要从别人身上拉回到自己身上来，不要总是盯着别人能不能改变，而要考虑自己的管理水平能否提升。如果我们的管理水平一直没有提升，当然是没有前途的。所以，**你不是为改变这个人而去做这个事，而是为了提升自己而做这件事，为了自我成长而做这件事。**让他动“管别人对自己有好处”这个念头的前提是什么？是注意力从外面拉回到自身，要从外而内看。只有当你的注意力离开对别人的关注，转移到对自己的关注，你才能够突然看到：不管我怎么做，都对我自己有好处。

为什么很多企业的人在这个地方执迷不悟呢？就是因为一个简单的事实他没看到：不管怎么样，我们做这件事情对自己有好处。你给我机会管人，我管；你再给我机会管人，我再管。这些人管得怎么样是另一回事，关键是管多了以后，我自己的管理水平一定提高了，我的身价一定提高了。所以，这个事值不值得做？值得做，这是真理。

很多人没有看到这一点，在企业里面愿意那么消极怠工。真看到这一点，你就不会消极怠工了。因为你是为自己干，为自己做管理，不是为被管理者，不是为老板。为了自己，那你干吗不做？这是事实，你一定要否定，那是放弃自己的前途。但是，平时我们很多人看不到这个事实，总觉得一干就是为别人干，就是为企业干，就是为老板干，想一想老板对自己也只有这么好，也没给自己加什么工资，就消极，就不想去管，他就没想到他也是为自己干——自己可以提高能力和水平。

如果实在不行，你就应该换地方。不能在这里把自己的时间、青春都耗进去。我们以为不做管理是在惩罚老板，但其实是在惩罚自己。你觉得老板很可恶，但你陪这个可恶的老板去死，值得吗？这里只有两条路：第一是走，这个老板这么糟糕，你又不愿意努力干活，那就走，因为再不走就把自己给害了；第二，不管这个老板有多可恶，你都好好干，因为你是为自己好好干，做几年有机会了就走。但是，在这个企业的时候千万别磨洋工，因为你磨洋工，害的是自己，要把注意力放到自己身上。

把注意力从别人身上转到自己身上，这叫良知，叫内观。其实，什么叫良知？**良知就是不执着的知。**因为你执着于别人，明明该好好干，都不好好干。**只有断掉执着，良知才能起来，才能看清真相，才能止于至善。**断掉什么执着？断掉对别人、对企业、对老板的执着，你执着可恶的老板、执着讨厌的下属，你会毁了自己。为了自己，要么努力干，要么就走人。总之，不要让自己大好的青春年华空耗在这里。

我们欧博的老师敬业精神非常高。欧博成立 16 年了，老师们保持这种敬业精神不是我管出来的，是唤醒良知得来的。每个来欧博的老师都明白一点：不为老板，不为欧博，也要为自己好好干。所以，老师们不会消极怠工。他知道在欧博干两三年，欧博对他好，他继续留下去；他要对欧博不满意，有更好的前途等着他，他何必在这个地方耗着？他愿意一直跟着我，我感谢；他不愿意跟着我，至少在欧博的这几年，他为欧博创造了价值，为客户创造了价值，为自己创造了价值，这已经是三赢了。

很多老板管企业，要么想让企业的人都像他的孩子一样永远跟着他，要么管都不管。这是两个极端。永远跟着你当然好，但是，办企业得要效益，员工必须要敬业。怎么做到这一点？让每个人为自己而干。

一讲每个人为自己而干，社会上流行的一些培训就出来了：一些老师的课很有意思，为了调动每个人的积极性，让每个人觉得为自己而干，他们把这个企业的管理人员招来，跟他们讲每接到一个订单，怎么跟老板分钱。工厂能不能这样干？不能。有的企业接到订单后，管理人员就跟老板先商量怎么分钱，分不了就散。接到一个订单，啥都不管，先谈好分赃再说，这不是打劫吗？这种搞法让老板叫苦连天。老板花钱带大家去培训，培训完了以后，公司就散伙了。那能不散伙吗？因为它违反规律。

有一个连锁企业，老板带几十个店长去培训，有个店长突然觉悟了，坐下来跟老板说：课不要继续往下听了，先把我们这几十个店怎么分钱说清楚，先把这个问题解决掉。听到这话，老板一下子就愣住了，老板不能马上表态，结果几十个店长集体辞职。

也许这些老师的起心动念没有错，他们是想解决企业的劳资矛盾。我们做过 500 多家企业的管理变革，我们就知道解决劳资矛盾不是这么简单了事的，因为这不是本。本是什么？本是人的根本。人的根本是什么？是人的良知。良知是什么？良知是看清楚真相。良知不是好或坏，良知是看清楚真相。王阳明说“良知原是完完全全，是的还他是，非的还他非”“知善知恶是良知”，良知不是善，也不是恶，良知是对善和恶的知。也就是说，**良知无非就是知道真相。**

企业里面的真相是什么？是每个人努力干，就会给自己带来成长，这是良知给每个人带来的正激励。很多老板管理的问题出在哪里？出在人的良知在做正激励，而他在做负激励。他怎么做负激励呢？效率一高，他就降单价。不是说单价不可以降，但企业起码要维持一个比较稳定的阶段。企业效益提高了，设备、工艺改善了，单价适当也要降，因为这是劳动效率带来的。但是，能不能天天降？能不能人家效率一高你就降？不能。如果老板这样做，就是故意跟别人打游击战了。别人的效率什么时候高，你就什么时候降单价，那人家只有一个办法对付你：不让效率高上去。这个老板实际上就在做负激励。

老板不要做负激励，因为良知已经在做正激励了。你把该给员工的给员工就可以了，靠良知做管理，你其实好做很多。我们欧博老师在项目上那么敬业，那么拼命，不是靠奖金，不是靠工资，而是靠一种良知。他知道欧博给他提供了一个改变企业事情的平台和机会，不管他在欧博干多久，在改变企业的过程中，他一定能够提高自己；他知道努力干活，就是成长。**努力干活就是成长，这是真相。**所以，敬业就是美德。你敬业，第一对工作有好处，第二对企业也有好处，第三对老板有好处，第四对自己也有好处。有这么多的好处，它才能称之为美，才能称之为美德，才能称之为至善。**至善是要我们去发现的，你发现了至善，才能够相信止于至善。**

这个世界人与人之间从现象上讲是有输有赢的，但你要离开这个相，从本质上来看，所有的输赢后面都是成长，只要我们不沉浸在失败中，不执着于失败的相，再来看看自己，一定是成长了。

要知道止于至善，“知止”这两字要这么理解。怎么知？把注意力从外转向内，这叫内观。内观就是我们的心不向外攀援，我们把注意力拉回来回看自己。你看自己以后就会明白、就会发现至善的存在：不管怎么做都对自己有好处。有了这样的发现，你的生活和工作就没有障碍。所以要学会内观。不懂得内观，你要止于至善是不可能的。这叫止观双修。

管理要从尊重开始

我们很多人做管理比较强调制度，这种人的指导思想是认为管理要从约束开始。管理要约束员工，这没有错，但这样做效果往往不如人意。因为每个人都是自己世界的王，别人接受你的管理，归根结底是他愿意接受；他如果不愿意，就会离开你的企业，离你而去。

有时候看起来他尽管不愿意，也不得不接受，但其实这不是事情的真相。事情的真相是，他可能从感受上不舒服，不乐意接受你的管理，但从利益上考虑，他觉得还是听你的合算，他会心不甘、情不愿地服从你，但这本质上仍然是他自己的决定，你其实还是强迫不了他。如果他感受上不情愿，利益上也没好处，但还是接受了你的管理，那他一定会阳奉阴违，表面上是你在管他，实际上他的所作所为根本就不在你的管理当中，他是我行我素，随心所欲。所以我们是没有办法剥夺被管理者的自主权的。

我们看一看，企业里那么多执行力差的现象，家庭里那么多不服管的孩子、吵来吵去的夫妻，就不得不承认，所谓的管理，是建立在被管理者的自主权的基础之上的。

其实，每个人在自己的内心世界里就是一个王。他可以这样想，也可以那样想，思想总是自由的，意志是别人无法掌控的。再有权力的人，进入到了别人的精神世界，也无能为力。

所以，巧妙的管理应该从尊重开始。尊重不是管理的艺术，而是管理的觉醒。意识到自己主宰不了别人的意志，那你除了尊重他，又能怎么样呢？你不尊重他，只是自讨没趣；你不尊重他，即便帮了他，你也是个冤大头。很多爹妈在孩子面前不就天天在做这样的冤大头吗？很多老板在员工面前，不也经常抱怨自己好心没好报吗？

我们帮助别人，可能出于爱，但如果没有对对方的尊重，这种爱也会造成对别人的侵犯和压力，往往对方并不领情，因为你的执着侵犯了他自主的权利，所以不懂得尊重别人的人，做得再好，都难有好报。

尊重别人，承认别人的自主权，哪怕他是你的下属，哪怕他是你的孩子。我们只有潜移默化地去影响他、引导他，在这个基础上再去约束他，这样的管理才会有效。我们可以强求一个人，但前提是，对方如果不听，他会问心有愧，否则，强求是无效的。他问心有愧的“愧”就是从你对他的帮助、尊重、影响、引导而来的。所以，管理的顺序应该是：尊重、帮助、影响、引导、约束五步曲。步子不要乱，否则，对方就要踩你的脚。

你尊重孩子，孩子会尊重你；你尊重员工，员工会尊重你；你尊重下属，下属会尊重你，这是人最基本的良知。王阳明说：良知即天理。所以这也是天理。

曾子在《大学》里说：“知止而后有定”，这个“知止”，其实就可以理解为我们内心对别人的尊重。尊重会让我们做任何事情都懂得“止”，最后，彼此之间就能形成和谐的家庭、和谐的企业、和谐的组织和团队。

生意人为何头疼管理

在跟很多人打交道的过程当中，我发现一个现象：很多人做生意挺厉害的，比如说办一个贸易公司，一年能赚个千把万；但真要去投资办个厂，马上发现不赚反赔，就是赚也赚得很辛苦，远没有自己纯粹做生意的时候赚得洒脱。也有的人靠办厂赚钱，但很讨厌跟厂里的人和事打交道，而习惯于在生意场上跟客户打交道。这种人往往要找一个好的拍档，才能把工厂管好赚钱。不管这个拍档是兄弟，还是伴侣，还是合伙人，还是自己特别信得过的下属，总之，找不到这样的拍档，他就会整天处在不安和烦恼当中，找到了这样的拍档，他的事业就会顺利很多。

办厂和贸易的区别，本质是管理和经营的区别。一个工厂，正常也就会有一百人，几百人，乃至几千人，以及与这些人相对应的无数细小的事情。产品是一个一个零配件加工组装出来的，工厂是靠一个一个员工形成的工作链条来完成一个一个订单而成活的。这里的每一个细节、每一个动作、每一个人都不会创造奇迹，但无数个这样的细节和动作的累积，却决定着企业的生存，管理就成了头等大事。

一个人可以在一分钟之内签一个亿的大单，但工厂里头却没有任何人的一个动作值一个亿。他们的价值不体现在运气上、机会上，而体现在累积上，也就是体现在管理上。所以，深刻理解管理和生意的差别，对于靠管理才能生存的人来讲非常重要，否则，就很有可能依靠生意能赚钱，而依靠管理你就得赔钱，或者管理会成为你的噩梦。

生意的本质是占有，管理的本质是存在。

所有人做生意都是为了拥有更多的财富，占有欲是他们行为背后永恒的动力。而财富以货币的方式，往往也会让人得到这样的满足，体现为账上的钱越来越多，或者是资产越来越庞大。老板们个个成了成功的占有者，这就是占有模式和生意模式的对应。也就是说，重占有的心态可以让你的生意成功，但遗憾的是，以这样的心态进入到管理领域，你会寸步难行。

首先，你面对管理领域当中最活跃的，也是最重要的因素——人，你就会傻眼，因为他不是你可以占有的对象。很多人管理做不好，就是他的占有欲强烈得让他的下属们无法接受，即便金钱也无法弥补这种占有欲给下属们带来的心理的不快。

那工厂里的事又是老板可以占有的吗？其实老板们根本就不想去占有这些事。他们压根儿就不想管生产计划怎么做，品质问题怎么解决，采购的物料能否及时回来，尽管这些事情对于工厂的运作、订单的完成，以及企业的赢利至关重要。但老板们往往是能拜托别人就拜托别人，能少操心就少操心。实在不行，非得自己去管，那也是牢骚满腹地管的，只想着自己有一天能把肩上的担子卸下来，所以，这些事他们反而真不想占有。

在管理当中，人，我们无法占有；事，我们又不想占有，当然，其实也占有不了。那我们这些习惯靠占有欲来行事的人，在占有欲的驱使下去行动的人，该如何来跟管理当中的人和事打交道，就必然成了一个纯粹的生意人新的课题。

转变观念吧！重占有的思维方式帮不了我们，重存在才是我们新的思路。

何谓“存在”呢？对于占有而言，存在是指那些不以你的主观意志为转移的事物，或者说你主宰不了的事物。我们能主宰我们下属的命运吗？如果你觉得你能主宰，你觉得是你成就了他，你觉得他什么都得听你的，那我只能说你的感觉太好。早点儿为你主宰不了他的那一天做好准备吧，否则，你会措手不及的。因为，本质上你没有在主宰他。他为了自己的利益，在跟你保持着这样的一种状态而已，这背后仍然是他自己的决定。

工厂里面的那些事就更难以被谁的主观意志去主宰了：供应商的物料不及时回来，车间就不可能生产出产品；前工序不能及时交下来，后工序就没东西可做；交下来的东西都不配套，你就装配不了。

这是一个系统，系统当中的任何一个人的主观意志，都主宰不了系统的运作。所以，工厂里的人才会那么怨声载道，而统领整个系统的人，又因为不知道系统当中具体的细节，而无法有效地发号施令。这就是很多企业有计划难落实，有决策不执行的现状。

所以，对于我们主宰不了的人和事，我们多强的占有欲都是无能为力的，相反只能起副作用，影响大家的工作情绪，导致事情要么没人管，要么人人管。

重存在的思维方式是放下自己的占有欲，承认自己主宰不了别人，重视别人的需求和存在，尊重别人，帮助别人，把别人视为和自己同等价值的存在、一体的存在。

谁都不是占有者，谁也都不是占有物，都只是存在。存在于企业这个共同的平台上，各尽所能，各有所需。大家的存在感起来了，企业的存在感也就会起来，企业就会在市场上存在得较好。

企业的那些事，我们也得视它们为一种存在，而不是我们可以随意处置的占有物。因此，我们就需要尊重这些事情本身的客观规律。要让计划执行到位，就要在大家制定计划时，充分发表意见，暴露问题，将问题的解决时间和责任人落实到位。计划做出来以后，要每天排查问题的解决情况，及时觉知异常的出现，并快速处理，最后形成严格的生产指令，给到工作单位。每天及时总结业绩，进行激励。

这里没有谁在凭主观意志主宰这些事，而只有及时的沟通、排查、总结，快速发现问题，快速处理异常，这种机制倒更像是人为事服务。视事情为存在，使我们不得不经常去了解做排查的对象，而这种了解和排查恰恰是为了能够让事情更顺利地发展。在这里，我们对事情是有恭敬心的，而不是随意去主宰它的。

总之，有效的管理是需要我们放下占有欲的。只有以存在的心态，才能让一个企业像一台精密的机器一样高效地运作。尽管我们可以开着豪车，四处奔驰，但我们并不敢对这台车的故障和内部的机械运行随意地处置，因为这关系到我们的生命。所以，一切的占有，本质上都只是存在。

对一切都生起恭敬心、感恩心，我们就会幸福地存在。为所欲为的人占有得越多，烦恼和痛苦就越多。存在是没有烦恼和痛苦的，因为它是因缘具足的。存在的就是合理的，你所认为的不合理的存在，只是你的占有欲在起作用而已。**放下占有欲，存在的一切都是美好的，这就叫“止于至善”（《大学》）。**

后记 人生的苦从何而来

现在好像大家都觉得苦，有钱的累得辛苦，没钱的想得辛苦，苦究竟从何而来呢？

苦其实来源于我们内心的对立状态，来源于我们的自我意识。小孩刚生下来不久，他是没有自我意识的，所以，小孩是没有苦恼的。当然，他也会哭闹，但这种哭闹是对疼痛、饥饿、不适的直接反应，而不是我们成年人讲的苦。所以，小孩一般吃饱了，身体没有什么不适，他就是安静的，或者是快乐的。而不像我们大人没病没灾，钱也不少，生活也很优越，却还是感觉到生活很苦。

当然，这种无忧无虑的孩童时光，随着孩子自我意识的产生，随着孩子懂得将自己和外界区分开来，他的天真和快乐也就慢慢减少了。因为他有“我”要执着的东西了，他有“我”与外界的对立了，痛苦和烦恼在他未来的人生当中，就会与他如影随形了。

我们都知道《易经》是中华文化的源头，其实《易经》的思想却只是阴阳而已，称之为“一阴一阳之谓道”。所谓的阴、阳在《易经》的六十四卦里头，就是两个最基本的元素阴爻（--）和阳爻（—）。而所谓的穷尽人生宇宙无穷变化的六十四卦，只不过是阴爻（--）和阳爻（—）交替使用而已。

我们一直感到神奇的是，这千变万化的宇宙大千世界，至今都让我们的科学家们无法彻底破解，怎么就会在五六千年前被我们的老祖宗给轻易破解了？《易经》是个谜，无论道家、儒家、兵家、法家，可以说诸子百家都是从《易经》的思想演化而来的，可以说没有哪一种思想能像《易经》一样，衍生出如此丰富多彩而又各不相同的思想流派。这一现象一直让现代的中国人谈到《易经》就有高深莫测之感，觉得它既高深又玄妙，不可不信，又无法坚信，总之，是个谜。因为它太神奇了，它永远似有似无地活在中国人的心里。

其实，看看小孩的成长，我们就懂得《易经》了。真正的人生，而非自然意义上的生命是从对立开始的。当我们将自己与周围分开，脑袋中形成一个“我”和“我以外”的概念时，对立就开始了，人生也就开始了。从此，有一个“我以外”的世界来与“我”对立。

今天与明天对立，现状与目标对立，贫穷和富有对立，管理和被管理对立，男人和女人对立，父母和孩子对立，生与死对立。总之，有了对立的心，就会有无穷无尽对立的相，难怪《道德经》说：“有无相生，难易相成，长短相形，高下相盈，音声相和，前后相随，恒也。”

我们的人生可以说是伴随着对立开始，所以抓住了对立，也就抓住了人的本质。人生不过是对立的心态在不同情景下的变化而已，或者说，对立的心态不停地演变，就是我们丰富多彩的人生。

所以，用阴阳两极的对立，来解释和模拟变幻莫测的人生，只能说明我们的老祖宗早就悟透了人“生于对立”这样一个事实和本质，这也就是“一阴一阳之谓道”的含义。因为道是用来走的，我们的人生注定会走在对立的路上。

听起来是否感觉人生很悲哀？其实，真正的智慧都是残酷的，希帕索斯的智慧让他被扔进大海，苏格拉底的智慧让他喝毒汁而死，布鲁诺的智慧让他被教会烧死……所以，智慧和真相从来不是让人感觉那么舒服的。

估计我们的老祖宗也懂得明哲保身，说出阴阳对立这种人生的本质，却又不肯说破；搞出阴阳八卦，让大家娱乐；说出一个“道”让大家思考，再加上“道可道，非常道”，让你百思不得其解，以免迁怒于他们。

其实，事情说破了，就是“人生是苦”。苦从何来呢？源于对立。

那人生就无解了吗？答案就在问题中。对立是人心生出来的，你的内心把对立消除，不就一了百了了吗？自我意识别太强烈，懂得把自己和周围融为一体，多照顾别人的感受和需要，你的人生肯定就顺利很多。

不让现状和目标对立，别天天想着自己活得不好，好像别人都活得比自己好，非得变成别人那样才能幸福，你就肯定活得轻松很多。其实，你真正了解一下别人，你所羡慕的人，也许正在抱怨自己的人生不如意呢！那要不要有人生目标？当然可以有，但不要天天惦记着那个目标，而应该脚踏实地做好眼前的事，才能实现那个目标。《道德经》讲的“千里之行，始于足下”就是这个意思。有目标，但不要让目标与现状对立。

不要让疾病与健康对立，希望健康，不希望生病是人之常情，正如很多人喜欢晴天，不喜欢阴雨天一样。但不要让疾病与健康对立，要接受疾病，才利于健康。

不要让父母和孩子对立。父母有父母的想法，孩子有孩子的想法，相互尊重，爱才能落地，否则就会以爱的名义绑架孩子。很多父母在对孩子的爱中有过多的“自我意识”，并不是从孩子出发，这才是父子关系或母女关系矛盾的根源。

人生是苦，但也并非不能解脱，解脱之道，就在于放下我执，消除对立的心态，好事、坏事都当成修行。这样，你的人生就会“止于至善”(《大学》)。